머리말 PREFACE

상식 문제는 퀴즈대회뿐만 아니라 취업을 위한 필기시험, 면접, 각종 이벤트 등 거의 모든 곳에서 출제되고 있습니다. 상식을 쌓기 위한 정보의 양은 방대하지만 상식과 관련된 문제를 찾으려고 인터넷을 검색하면 제대로 정리된 문제가 적어 난감했던 경험은 누구나 한 번은 겪었을 것입니다. 서점에 가 봐도 상식퀴즈 도서는 찾아보기가 힘들지요.

그리하여 시사상식연구소는 〈뇌가 섹시해지는 꿀잼 상식퀴즈〉를 내놓게 됐습니다. 〈뇌가 섹시해지는 꿀잼 상식퀴즈〉는 인터넷에 잘 노출되지 않고 정리도 잘 되어 있지 않은 TV 퀴즈 프로그램 문제를 비롯해 기본적으로 알아야 하는 일상적인 상식부터 취업에 필요한 상식 문제까지 유익한 내용을 모두 담았습니다. 지루함은 빼고 재미는 가득 채워 남녀노소, 언제 어디서나 쉽고 가볍게 볼 수 있도록 구성했습니다. 퀴즈대회나 취업 준비뿐만 아니라 이루고 싶은 일, 가고 싶은 길이 있다면 이 책이 길잡이 역할을 할 것입니다.

수려한 외모보다 수려한 두뇌가 매력 있는 시대입니다. 어린이부터 어른까지, 지식과 센스를 겸비한 스마트한 지성인이 되는 기적을 경험하고 싶다면 망설이지 마세요. '천천히 그러나 서둘러서' 이 책과 함께한다면 모든 분야에 강하고, 빛나는 존재로 거듭나게 될 것입니다.

이 책의 특징

❶ 평소 찾기 힘들지만, 알아두면 도움이 되는 문제들로 구성했습니다.

❷ 분야별, 수준별, 유형별로 퀴즈를 배치하여 필요한 내용을 손쉽게 찾아볼 수 있습니다.

❸ 자세한 해설로 깊이 있는 지식을 쌓을 수 있습니다.

❹ 〈장학퀴즈〉, 〈유퀴즈 온 더 블럭〉, 〈옥탑방의 문제아들〉 등 실제 퀴즈 프로그램에 출제됐던 문제들을 풀어볼 수 있습니다.

❺ 지루하게 공부하지 않아도 머리에 쏙쏙 꽂힙니다.

구성과 특징

1 상식이 터지는 분야별 퀴즈

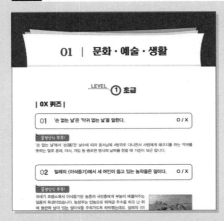

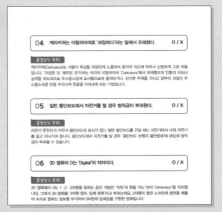

▶ 문화 · 예술 · 생활부터 영화 · 연예까지의 상식을 분야별, 수준별, 유형별로 나눠 OX퀴즈와 객관식, 주관식 퀴즈로 구성했으며, 실제 퀴즈대회에 나왔던 문제들도 알차게 담았다!

2 실전 Quiz! Quiz!

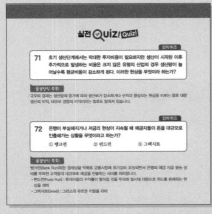

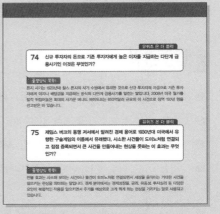

▶ TV 퀴즈 프로그램에 나왔던 최신 출제문제들은 분야별로 따로 정리하여 한눈에 살펴볼 수 있도록 했다. 활용도 높은 문제들로 보다 쉽고 재미있게 상식을 섭렵할 수 있다!

3 상식을 다잡는 연상퀴즈

▶ PART1에서 섭렵한 상식을 복합적으로 응용시키는 단계이다. 공부한 상식을 떠올리며 생각하고 또 생각하면 상식의 깊이는 깊어지고 기억은 오래갈 것이다!

4 꼭 알아야 할 테마상식

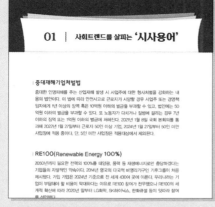
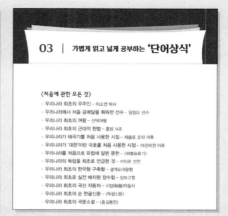

▶ 방대한 상식 중에서도 꼭 알고 있어야 하는 '기본'이 있다. 하지만 일일이 찾아서 공부하기는 어려운 법. 테마상식을 통해 기본을 갖춘 스마트한 지성인으로 거듭나보자!

목차 CONTENTS

Part 1

상식이 터지는
분야별 퀴즈

뇌가 섹시해지는

꿀잼 상식퀴즈

01 | 문화·예술·생활

LEVEL ① 초급

| OX 퀴즈 |

01 '손 없는 날'은 '악귀 없는 날'을 말한다.   O / X

> **꿀잼상식 쏙쏙!**

'손 없는 날'에서 '손(損)'은 날수에 따라 동서남북 4방위로 다니면서 사람에게 해코지를 하는 악귀를 뜻하는 말로 혼례, 이사, 개업 등 중요한 행사의 날짜를 정할 때 기준이 되곤 합니다.

02 밀레의 〈이삭줍기〉에서 세 여인이 줍고 있는 농작물은 밀이다.   O / X

> **꿀잼상식 쏙쏙!**

19세기 프랑스에서 이삭줍기란 농촌의 극빈층에게 부농이 베풀어주는 일종의 특권이었습니다. 농장주는 빈농으로 하여금 추수를 하고 난 뒤에 들판에 남아 있는 밀이삭을 주워가도록 허락했는데요. 밀레의 〈이삭줍기〉는 추수가 끝난 들판에서 이삭을 줍고 있는 나이 든 세 농촌 여인의 모습을 그리고 있습니다.

03 사물놀이에서 천둥소리를 상징하는 악기는 '북'이다.   O / X

> **꿀잼상식 쏙쏙!**

사물놀이는 꽹과리, 장구, 북, 징을 가지고 하는 악기놀이 또는 연주를 의미합니다. 네 가지 악기는 자연에 비유되는데 북은 구름을, 꽹과리는 천둥을, 장구는 소나기를, 징은 바람을 상징합니다. 이는 농사에 필요한 자연환경과 연결하여 의미를 부여한 것입니다.

04 캐리커처는 이탈리아어로 '과장하다'라는 말에서 유래했다. O / X

꿀잼상식 쏙쏙!

캐리커처(Caricature)는 사물의 특징을 과장되게 노출하여 풍자적 의도에 따라서 신랄하게 그린 작품입니다. '과장된 것, 왜곡된 것'이라는 의미의 이탈리아어 'Caricatura'에서 유래했으며 인물의 외모나 성격을 의도적으로 우스꽝스럽게 묘사함으로써 풍자하거나, 진지한 주제를 가지고 일부러 과장과 우스꽝스러운 면을 부각시켜 웃음을 자아내게 하는 기법입니다.

05 일반 횡단보도에서 자전거를 탈 경우 범칙금이 부과된다. O / X

꿀잼상식 쏙쏙!

자전거 운전자가 자전거 횡단보도의 표시가 없는 일반 횡단보도를 건널 때는 자전거에서 내려 자전거를 끌고 지나가야 합니다. 횡단보도에서 자전거를 탈 경우 '횡단보도 보행자 횡단방해'에 해당돼 범칙금이 부과될 수 있습니다.

06 3D 영화의 D는 'Digital'의 약자이다. O / X

꿀잼상식 쏙쏙!

3D 영화에서 D는 1 · 2 · 3차원을 말하는 공간 개념인 '차원'의 뜻을 지닌 단어 'Dimension'을 의미합니다. 그래서 3D 영화를 '3차원 영화, 입체 영화'라고 부르는데요. 2차원의 평면 스크린에 평면을 꿰뚫어 속으로 향하는 정보를 부가하여 3차원의 입체감을 구현한 영화입니다.

07 2023 노벨문학상은 욘 포세가 받았다. O / X

꿀잼상식 쏙쏙!

2023 노벨문학상의 영예는 노르웨이 작가 욘 포세에게 돌아갔습니다. 그는 소설가로 데뷔했으나 극작을 시작한 이후 현대 연극의 최전선을 이끄는 동시대 최고 극작가의 반열에 올랐으며, 이외에도 에세이와 시, 아동문학 등을 발표해 장르를 넘어 종횡무진하는 글쓰기로 유명합니다. 스웨덴 한림원은 "그의 혁신적인 희곡과 산문은 이루 말로 다 할 수 없는 것들을 말로 표현했다"며 수상 이유를 소개했습니다.

08 지도의 등고선은 간격이 넓을수록 경사가 급하다. O / X

🍯 꿀잼상식 쏙쏙!

등고선은 해발고도와 지형의 경사를 나타낼 때 쓰이며, 경사가 급한 곳일수록 등고선이 밀집하여 있고 완만할수록 간격이 넓습니다.

| 객관식 |

09 해방 직후부터 6·25 한국전쟁까지를 배경으로 한 소설 〈광장〉의 작가는 누구인가?

① 이문열　　　　② 최인훈　　　　③ 이문구

🍯 꿀잼상식 쏙쏙!

최인훈의 중편소설 〈광장〉은 주인공 '이명준'이 6·25 한국전쟁 과정 속에서 이념 대립 때문에 파멸되어가는 이야기를 다루고 있습니다.

10 찰흙을 빚어서 도자기처럼 구운 조소 공예를 가리키는 말은?

① 니엘로(Niello)
② 앨러배스터(Alabaster)
③ 테라코타(Terra Cotta)

🍯 꿀잼상식 쏙쏙!

이탈리아어로 '테라'는 '땅, 흙'을 뜻하며, '코타'는 '굽기'를 의미합니다. 테라코타는 찰흙을 빚어 구워서 만드는 모든 공예품을 총칭하는 말로, 도자기와 석상을 포함하는 용어입니다.

11 국가에서 지정한 무형문화재 제1호는 종묘제례악이다. 그렇다면 무형문화재 제2호는 무엇인가?

① 갓일　　　　② 판소리　　　　③ 양주별산대놀이

> **꿀잼상식 쏙쏙!**

국가무형문화재 제1호~제5호를 순서대로 나열하면 종묘제례악, 양주별산대놀이, 남사당놀이, 갓일(갓을 만드는 일), 판소리입니다. 제2호인 양주별산대놀이는 탈놀이로서 초파일, 단오, 추석에 주로 연희됐으며, 양반에 대한 풍자와 서민 생활의 빈곤함 등을 폭로하고 있습니다.

12 향기가 후추의 톡 쏘는 성질과 닮았다고 알려진 것은?

① 페니로열민트　　　② 스피어민트　　　③ 페퍼민트

> **꿀잼상식 쏙쏙!**

페퍼민트는 항균과 통증 완화에 효과가 있어 고대 이집트에서는 식용과 약용 및 방향제로, 고대 그리스에서는 향수의 중요한 성분으로 사용하였습니다. 맛과 향은 톡 쏘는 것이 특징이고 정신적 피로와 우울증을 해소해줍니다. 더울 때에는 차갑게 해주고 추울 때에는 따뜻하게 해주는 성분이 해열과 발한을 돕습니다.

13 〈알프스 소녀 하이디〉에서 하이디가 앓고 있는 병은 무엇인가?

① 전염병　　　　② 상사병　　　　③ 몽유병

> **꿀잼상식 쏙쏙!**

독일 프랑크푸르트의 삭막한 도시 생활을 견디기 힘들었던 하이디는 알프스의 고향을 그리워하다가 몽유병에 걸리게 됩니다.

14 중국의 지역 요리 중 강한 향신료를 이용해 얼얼하고 매콤한 맛을 내는 것은 무엇인가?

① 광동요리　　　② 사천요리　　　③ 북경요리

사천요리는 중국 서쪽의 청도, 쓰촨, 후베이, 후난 지역에 위치한 요리를 뜻합니다. 다양한 향신료를 사용해 요리가 각각 다른 맛을 내고 마파두부, 훠궈 등의 요리가 유명합니다. 현지에서는 천채(川菜) 혹은 사천채계(四川菜系)라고도 부릅니다.

15 자동차 제동장치 'ABS'에서 A는 무엇의 약자일까?

① Anti-lock
② Automatic-lock
③ Air-lock

ABS(Anti-lock Brake System)
자동차가 주행할 때 4개의 바퀴에 똑같은 힘이 실리지 않는데요. 이런 상태에서 급제동을 하면 일부 바퀴에 Lock-up 현상, 즉 바퀴가 잠기는 현상이 발생합니다. 이럴 경우 차가 전복될 위험이 있으므로 이런 문제를 방지하려면 바퀴가 잠기지 않도록 브레이크를 밟았다 놓았다 하는 동작을 해야 합니다. 이를 사람이 아닌 기계적인 장치를 이용하여 1초에 10회 이상 반복하면서 제동이 이루어지도록 하는 것이 ABS의 원리입니다.

| 주관식 |

16 원래 이것은 '함께', '동시에'를 의미하는 프랑스어에서 유래했다. 음악에서는 두 사람 이상이 하는 연주나 중창, 중주를 뜻하며 연주를 평가할 때 '이것'이 좋다거나 나쁘다는 식으로 평가하기도 한다. 처음부터 함께 결합시켜 조화를 이루게 디자인한 옷을 가리키기도 하는 이 용어는 무엇인가?

꿀잼상식 쏙쏙!

앙상블(Ensemble)이란 두 사람 이상의 연주자에 의한 합주 또는 합창을 말합니다. 같은 악기, 다른 악기에 관계없이 듀엣에서 투티(Tutti)라 불리는 총주까지 모두 앙상블에 속하며, 코러스 앙상블, 브라스 앙상블, 색소폰 앙상블 등의 용어도 있습니다.

17 이 소설의 무대로 등장하는 전남 보성의 중도방죽과 철다리 등이 유명 관광지로 각광받았다. 한국 근현대사를 다룬 최고의 작품으로 꼽히는 이 소설은 1980년대 출간된 이후 200쇄 인쇄, 800만부 판매라는 기록을 세웠다. 염상진, 하대치 등 등장인물만 200명이 넘는 이 대하소설은 무엇인가?

꿀잼상식 쏙쏙!

조정래 작가의 대하장편소설인 〈태백산맥〉은 총 4부로 구성되어 있습니다. 이 소설은 해방 이후 대결과 갈등을 통해 한(恨)의 세계와 이데올로기의 세계를 결합시켜 뜨거운 감동의 공간을 창조해냈으며, 근대사의 가장 중요한 사건들을 본격적으로 다루었다는 점에서 문학적인 의의가 크다고 볼 수 있습니다. 또 다른 장편 〈아리랑〉과 〈한강〉까지, 조정래 작가는 한국의 근대사를 전부 담은 작가입니다.

18 레오나르도의 작품 〈모나리자〉와 미켈란젤로의 작품 〈죽어가는 노예〉 등이 소장돼 있는 프랑스의 박물관은?

꿀잼상식 쏙쏙!

루브르 박물관은 바티칸 박물관, 영국 박물관과 함께 세계 3대 박물관 중 하나입니다. 프랑스 파리의 대표적인 랜드마크라고 할 수 있으며, 과거 궁전으로 사용되었습니다. 특히 역대 프랑스 국왕들(루이 13세, 루이 14세 등)이 수집해놓은 방대한 양의 미술품이 소장되어 있는데, 등록이 완료된 것만 20만 점이 넘는다고 합니다.

19 한국 최초의 야수파 화가라 불리는 구본웅의 〈친 구의 초상〉은 개인의 초상만이 아닌 당대 지식인 의 모습을 잘 보여줬다고 평가된다. 그림 속의 주인공은 구본웅의 친한 친구인데, 스스로의 삶 을 권태로워하며 자학적으로 끌고 갔던 천재 시 인이다. 이 사람은?

꿀잼상식 쏙쏙!

이상은 1935년 전후에 활동한 대표적인 자의식의 작가이자 초현실주의의 시인으로서 우리 문학사상 가장 이채로운 존재로 평가되는 인물입니다. 시와 수필, 소설에 걸쳐 두루 작품 활동을 한 일제강점기 의 대표적 작가입니다.

20 고전파 오라토리오의 최고 걸작으로 꼽히는 이 음악은 17세기 영국의 시 인 존 밀턴의 이 작품을 바탕으로 작곡한 것으로 알려져 있다. 구약성서를 소재로 하며, 아담과 하와의 타락과 에덴동산에서의 추방을 그린 이 장편 서사시의 제목은?

꿀잼상식 쏙쏙!

〈실낙원〉은 영국의 시인 밀턴의 장편 서사시로 알려져 있습니다. 아담과 하와(이브)의 타락과 낙원에 서의 추방을 묘사하여 인간의 '원죄'를 주제로 하고 있는데요. 총 12권에 사탄이 아담과 하와를 유혹하 는 모습부터 신의 섭리를 믿으며 낙원을 떠나는 아담과 하와의 모습을 섬세하고 장중하게 묘사하여, 밀턴은 셰익스피어 다음가는 대시인이라는 명성을 얻었습니다.

21 이것이 첨가된 일부 화장품이 인기를 끌면서 관심이 높아졌으며, 생산량이 적어 값이 비싼 편이다. 러시아산이 유명한 세계 3대 진미 중 하나인 이것은?

> **꿀잼상식 쏙쏙!**

캐비아는 러시아산이 가장 유명하며, 유럽 전역으로 수출됩니다. 캐비아는 철갑상어 이외에 연어 · 대구 · 잉어 등의 생선알을 이용하여 같은 방법으로 만든 대용품도 존재합니다. 노화방지에도 상당히 효과가 있어서 화장품으로도 만들어지고 있습니다.

22 울릉도는 우리나라에서 눈이 가장 많이 내리는 곳 중 하나이다. 이러한 기후 특성 때문에 울릉도에는 독특한 외벽이 발달했다. 지붕의 처마 끝에서 땅에 닿는 부분까지 둘러치는 이것은 주로 울릉도의 전통가옥에서 볼 수 있는데, 바람과 눈을 막아주는 이 벽은 무엇인가?

> **꿀잼상식 쏙쏙!**

우데기는 한겨울에 눈이 많이 내리는 울릉도에서 설치하는 방설벽입니다. 여름에는 햇살을 막아 시원하게 하고, 겨울에는 찬바람을 막아주며, 각종 곡물의 저장공간 역할도 합니다. 눈이 많이 내리고 바람이 많이 부는 울릉도의 특성에 맞도록 본채의 벽 바깥쪽에 별도로 설치합니다.

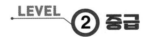

LEVEL ② 중급

| OX 퀴즈 |

23 재즈 음악을 연주할 때 '페이크(Fake)'는 즉흥 연주를 뜻한다.　　O / X

> **꿀잼상식 쏙쏙!**

재즈의 가장 큰 특징은 즉흥성이며, 'Fake, Ride, Jam, Improvisation, Ad-lib' 등은 즉흥 연주를 뜻합니다.

24 우리나라 지폐의 최초 도안으로 선정된 인물은 세종대왕이다. O / X

우리나라 지폐에 맨 처음 인물을 넣은 것은 1956년 오백환권을 만들 때로, 당시 이승만 대통령의 초상을 넣었다고 합니다.

25 양파는 동일한 무게의 마늘보다 칼로리가 높다. O / X

양파는 100g당 약 40kcal를 내며, 마늘은 100g당 120kcal를 낸다고 합니다.

26 '쉬커버리(She-covery)'는 코로나19 이후 큰 폭으로 감소했던 여성 고용이 팬데믹 종료 후 빠른 속도로 증가하는 현상을 말한다. O / X

'쉬커버리(She-covery)'는 여성을 뜻하는 'She'와 회복을 뜻하는 'Recovery'의 합성어로 코로나19 팬데믹 시기 큰 폭으로 감소했던 여성 고용률이 팬데믹 종료 후 빠르게 증가하는 현상을 일컫는 말입니다. 이는 팬데믹 당시 여성 고용 악화와 여성의 대량실직 현상을 의미했던 '쉬세션(She-cession)'에 대비되는 개념으로, 코로나19의 장기화로 여성이 많이 종사하는 교육 · 서비스업 등의 업종이 직격탄을 맞으면서 많은 여성이 일자리를 잃는 결과로 이어진 바 있습니다.

27 생텍쥐페리의 소설 〈어린 왕자〉에 등장하는 '나(비행사)'가 불시착한 사막은 아프리카 나미비아에 있는 나미브 사막이다. O / X

〈어린 왕자〉의 화자로 등장하는 '나'는 아프리카 모로코의 타르파야 근처에 있는 사하라 사막에 불시착하게 됩니다. 아프리카 북부에 있는 사하라 사막은 세계에서 가장 넓은 사막으로 알려져 있습니다.

28 음과 음 사이를 끊어지지 않도록 부드럽게 연주하라는 뜻의 음악 용어를 '레퀴엠'이라고 한다. **O / X**

꿀잼상식 쏙쏙!

레가토(Legato)는 음과 음 사이를 끊어지지 않게 부드럽게 연주하라는 뜻의 음악 용어로 현악기 연주에서 주로 사용합니다. 레퀴엠(Requiem)은 '죽은 이를 위한 노래(진혼곡)'라는 뜻의 대규모 관현악 음악의 갈래입니다.

29 플루트는 목관악기이다. **O / X**

꿀잼상식 쏙쏙!

목관악기는 각각의 키에 음이 정해져 있는 방식의 관악기로 플루트, 색소폰, 오보에, 클라리넷, 리코더, 바순 등이 있습니다. 과거에는 주로 목재로 만들어졌으나 현대에 와서는 금속 등 목재가 아닌 다른 재질로 만들어지는 경우가 많습니다.

30 발레의 발상지는 이탈리아이다. **O / X**

꿀잼상식 쏙쏙!

발레는 르네상스 시기에 이탈리아에서 발생해 프랑스에서 본격적으로 대중화됐으며, 오늘날의 발레를 정립하고 전파한 나라는 러시아입니다.

31 그리스 신화에서 말하는, 아무런 고통 없이 행복만 가득했던 시기를 '황금 시대'라 한다. **O / X**

꿀잼상식 쏙쏙!

황금 시대는 현대에도 모두가 행복하게 사는 태평성대를 가리키는 일반명사로도 쓰이지만, 그리스 신화에서는 황금 인간들이 살던 시기를 가리키기도 합니다. 그리스 신화가 구분하는 시대로는 황금 시대, 은의 시대, 청동의 시대, 영웅의 시대, 철의 시대가 있습니다.

| 객관식 |

32 3 · 1 운동 당시 독립선언서가 낭독된 곳으로 알려진 곳은 어디인가?

① 사직 공원　　　　② 탑골 공원　　　　③ 정동 공원

꿀잼상식 쏙쏙!

탑골 공원은 대한민국 서울특별시 종로구 종로2가에 있는 공원입니다.

33 다음 중 '사소한 지식'을 가리키는 말은 무엇인가?

① 트리비아(Trivia)

② 메세나(Mecenat)

③ 아모르파티(Amor Fati)

꿀잼상식 쏙쏙!

트리비아(Trivia)는 우리말로는 '잡학, 토막 상식, 일반적인 상식' 등으로 해석할 수 있습니다. 생활 속에서 별 도움이 되지는 않지만 흥미로운 정보들을 가리키는 말입니다.

34 이슬람 여성들이 신체를 가리기 위해 착용하는 의복 중 가리는 부위가 가장 넓은 것은 무엇인가?

① 히잡(Hijab)　　　　② 니캅(Niqab)　　　　③ 부르카(Burka)

꿀잼상식 쏙쏙!

부르카는 머리부터 발끝까지 모두 가리고 눈은 망사로 처리하는 복장입니다. 히잡은 얼굴에 두르는 두건, 니캅은 눈 아래 얼굴을 가리는 마스크 형태의 수건을 가리킵니다.

35 김난도 교수의 도서 〈트렌드 코리아 2024〉에서 강조된 2024년 소비 트렌드가 아닌 것은?

① 분초사회　　　　② 뉴 디맨드 전략　　　③ 육각형 인간

꿀잼상식 쏙쏙!

김난도 서울대 소비자학과 교수가 2024년 제시한 10대 소비 트렌드로는 ▲ 분초사회 ▲ 호모 프롬프트 ▲ 육각형 인간 ▲ 버라이어티 가격 전략 ▲ 도파밍 ▲ 요즘 남편, 없던 아빠 ▲ 스핀오브 프로젝트 ▲ 디토소비 ▲ 리퀴드폴리탄 ▲ 돌봄경제 등이 있습니다.

36 이탈리아 로마의 콜로세움을 완공한 고대 로마의 황제는 누구인가?

① 티투스　　　　② 도미티아누스　　　③ 아우구스투스

꿀잼상식 쏙쏙!

로마의 콜로세움은 베스파시아누스가 건설 시작을 명령했으며, 이후 티투스를 거쳐 도미티아누스 시대에 완공 및 개장되었습니다. 콜로세움에서는 검투사들의 대결 등 다양한 쇼가 벌어져 로마 시민들을 만족시켰습니다.

37 컴퓨터 그래픽이나 모션캡쳐 등의 기술로 가상 캐릭터를 만든 후, 이 캐릭터를 이용해 인터넷 방송을 진행하는 사람을 무엇이라고 하는가?

① 버츄얼 유튜버　　　② 프로게이머　　　③ 크리에이터

꿀잼상식 쏙쏙!

버츄얼 유튜버(Virtual Youtuber)란 컴퓨터 그래픽(CG), 모션캡쳐 등의 기술을 활용해 만든 가상의 캐릭터로 유튜브 등을 통해 인터넷 방송을 진행하는 크리에이터를 일컫는 말로 줄여서 브이튜버(VTuber)라고도 합니다. 실제 사람이 모션캡쳐 장비를 착용해 움직임을 따고 목소리를 더빙하는 방식으로 방송하기 때문에 일반적인 유튜버들처럼 시청자들과 실시간 소통이 가능합니다.

38 다음 노벨상의 수상 분야 중 주최 기관이 다른 하나는?

① 화학상　　　　② 생리의학상　　　　③ 물리학상

꿀잼상식 쏙쏙!

물리학상, 화학상, 경제학상은 스웨덴 왕립과학아카데미에서, 노벨생리의학상은 카롤린스카 의학연구소에서 주최 및 수상자를 결정합니다.

39 다음 중 우리나라의 대표적인 토종견에 속하지 않는 견종은?

① 진돗개　　　　② 풍산개　　　　③ 차우차우

꿀잼상식 쏙쏙!

차우차우는 중국에서도 역사가 긴 토종견 중 하나로 곰과 사자를 닮은 외형을 가진 견종입니다. 과거 경비견으로 길러졌으며, 사냥에도 활용된 것으로 알려져 있습니다. 추운 기후에 적합한 이중모를 가지고 있어 더위에 취약한 편이고, 혀가 검정색 또는 진한 보라색인 것이 특징으로 꼽힙니다. 한편 진돗개와 풍산개는 과거 사냥을 목적으로 기르던 한국의 토종 견종으로 현재 천연기념물로 지정되어 있습니다.

40 다음 중 대한민국의 장애인의 날은 언제인가?

① 4월 18일　　　　② 4월 20일　　　　③ 4월 22일

꿀잼상식 쏙쏙!

장애인복지법 제14조 제1항은 장애인에 대한 국민의 이해를 깊게 하고 장애인의 재활의욕을 높이고자 매년 4월 20일을 장애인의 날로 규정하고 있으며, 장애인의 날로부터 1주간을 장애인 주간으로 합니다.

41 다음 중 성악에서 남성의 음역대를 가리키는 말이 아닌 것은?

① 테너 　　　　　② 알토 　　　　　③ 바리톤

> **꿀잼상식 쏙쏙!**

알토는 여성 목소리 중 가장 낮은 음을 내는 성악가를 가리킵니다. 남성 음역의 경우 가장 낮은 베이스와 그다음인 바리톤, 가장 높은 테너가 있습니다. 남성이 여성의 음역대를 소화해내 부르는 경우 카운터테너라 부르기도 합니다.

| 주관식 |

42 바흐의 이 곡은 과거에는 관현악 모음곡 3번 중 〈에어〉라는 제목으로 불렸으나, 1870년대 바이올리니스트인 빌헬미가 편곡하면서 이 제목으로 더 유명해졌다. 바이올린의 가장 낮은 현만을 이용해 연주됐다고 하여 이름이 붙여진 이 곡은 무엇일까?

> **꿀잼상식 쏙쏙!**

원래 악곡은 바흐의 〈관현악 모음곡 3번 라장조〉의 일부인데, 바흐의 후원자인 레오폴트 왕자를 위해 쓰인 곡입니다. 원래는 현악기로 연주됐지만, 빌헬미가 가장 낮은 현인 G선만을 이용해 연주하는 바이올린 독주곡으로 편곡해 오늘날 〈G선상의 아리아〉로 불립니다. 20세기에 들어오면서 오케스트라의 앙코르곡이나 대중적인 명곡으로서 연주되고 있습니다.

43 미국의 한 여성이 벼룩시장에서 7달러에 구입한 그림이 7만 5,000달러 이상으로 평가되는 이 화가의 진품으로 판명돼 화제가 됐었다. 말년에는 관절염 때문에 손가락이 불편한데도 붓을 묶어서 그림을 그릴 만큼 열정적이었으며, '행복을 그리는 화가'로 유명하다. 이 화가는?

> **꿀잼상식 쏙쏙!**

오귀스트 르누아르(Auguste Renoir)는 인상파 그룹의 한 사람으로서 빛나는 색채를 표현했습니다. 프랑스 미술의 우아한 전통을 근대에 계승한 뛰어난 색채가로 〈라 그르누예르〉, 〈목욕하는 여인들〉 등 걸작이 많이 있습니다. 말년에는 지병인 류머티즘성 관절염 때문에 손가락에 연필을 매고 그리면서도 그림을 그렸다고 전해지고 있습니다.

44 조선 시대의 유일한 음악지침서인 이것은 성종의 명령으로 엮은 악규집이다. 〈동동〉, 〈정읍사〉 등의 가사가 한글로 실렸고 궁중의식에서 연주하던 음악과 악기 등에 대한 설명이 적혀 있는 이 책은?

꿀잼상식 쏙쏙!

〈악학궤범〉은 조선 시대 성종의 명에 따라 제작된 악전(樂典)입니다. 〈악학궤범〉에 실린 가사가 모두 한글로 되어 있으며, 향악에 대한 이론과 제도, 법식들이 그림과 함께 상세히 설명돼 있습니다. 우리에게 친숙한 〈동동〉이나 〈정읍사〉와 같은 문학작품들도 이곳에 실려 지금까지 전해진 것입니다. 그전까지 한문 가사만 기록했던 국정 음악 서적에 처음으로 우리말 가사가 등장했다는 점, 악기와 무용 등을 종합적으로 다룬 음악 학술 이론서라는 점에서 그 의의가 크다고 볼 수 있습니다.

45 이탈리아어로 '자비를 베푸소서'라는 뜻의 이것은 성모마리아가 죽은 그리스도를 안고 있는 모습을 표현한 그림이나 조각상을 말한다. 특히 미켈란젤로의 이것이 대표작으로 손꼽히는데, 미켈란젤로의 3대 조각작품 중 하나인 이것은?

꿀잼상식 쏙쏙!

피에타 상은 미켈란젤로의 3대 조각작품(다비드 상 · 모세 상 · 피에타 상) 중 하나이며, 그의 이름이 기록되어 있는 유일한 작품입니다. 마리아가 두른 어깨띠 위에 '피렌체인 미켈란젤로 부오나로티 제작'이라는 글이 새겨져 있습니다.

46 역사기술 방식의 하나로, 인물이 아닌 어느 특정한 사건에 대한 자료를 모두 모아서 사건의 전말을 기술하는 것이 특징이다. 동양의 역사편찬 체제의 하나로 기전체, 편년체와 함께 동양의 3대 역사편찬 체제인 이것은?

꿀잼상식 쏙쏙!

기사본말체는 전통적으로 동양에서 쓰는 역사서술 체제로 사건별로 제목을 앞으로 세우고 관련된 기사를 한데 모아 서술하는 방식입니다. 중국 남송 때 원추가 〈자치통감〉을 활용하여 〈통감기사본말〉을 편찬한 데서 비롯되었습니다. 기존에는 편년체와 기전체가 연대순이나 인물 · 분야별 순으로 사건을 서술하여 기록이 흩어지고 중복됐던 것에 비해 기사본말체는 어떤 일의 원인과 전개과정, 영향까지 일관되게 서술되어 있습니다.

47 1월을 뜻하는 'January'는 로마 신화에 등장하는 문의 수호신인 이것에서 유래됐다. 이는 문이 시작과 끝을 상징하는 데서 유래한 것인데, 두 개의 얼굴을 가지고 있어 앞과 뒤를 살피고 과거와 미래를 함께 볼 수 있다고 알려진 이것은?

꿀잼상식 쏙쏙!

야누스는 그리스 신화에는 나오지 않는 로마 신화의 신입니다. 로마인들은 문에 앞뒤가 없다고 생각해, 야누스의 얼굴도 앞뒤 구분이 없다고 여겼습니다. 미술작품에서는 4개의 모습으로 그려지기도 합니다. 영어에서 1월을 뜻하는 January는 '야누스의 달'을 뜻하는 라틴어 '야누아리우스(Januarius)'에서 유래한 것입니다.

48 조선 시대 왕명을 출납하던 비서실 일기인 이것에는 제반 행정사무, 의례적 사항 등이 기록되어 있다. 2001년 유네스코 세계기록유산으로 지정된 이것은?

꿀잼상식 쏙쏙!

조선 시대 승정원은 왕명의 출납을 관장하는 역할을 하였는데, 승정원에서 취급한 사건들과 문서들이 기록된 책이 〈승정원 일기〉입니다. 1999년 4월에 국보로 지정되어 현재는 서울대학교 규장각에 소장되어 있는데요. 이는 조선 시대의 최고 기밀기록이며, 우리나라 역사 연구의 귀중한 보물입니다.

49 프랑스의 대표 디저트 중 하나이다. '천 겹의 잎사귀'라는 뜻으로, 이스트를 넣지 않은 퍼프 패스트리에 속한다. '흥미진진한 스펙터클과 함께 진지한 주제들을 층층이 쌓아올린다'는 의미를 가진 이론의 이름에서 나온 이것은?

> **꿀잼상식 쏙쏙!**

밀푀유는 맛있는 파이의 켜가 여러 겹을 이루는 패스트리로, 달콤하고 바삭바삭한 프랑스식 고급 디저트입니다. 보통 사각형의 모양을 하고 있으며, 2~3겹의 퍼프 패스트리와 그 사이마다 발린 속재료(과일+휘핑 크림, 커스터드 크림)로 이뤄져 있습니다. 표면에는 슈가 파우더나 코코아 파우더, 치즈 가루를 뿌려 장식한 것이 특징입니다.

LEVEL ③ 고급

| OX 퀴즈 |

50 세레나데는 이탈리아어로 '저녁 음악'이라는 뜻이다.　　　　O / X

> **꿀잼상식 쏙쏙!**

세레나데(Serenade)는 17~18세기에 이탈리아에서 발생한 연흥을 위한 가벼운 연주곡을 일컫습니다. '저녁 음악'이라는 뜻으로 본래는 옥외 음악이었던 것이 나중에는 연주회용 악곡을 의미하게 되었습니다. 성악에서의 세레나데는 해거름에 사랑하는 여성이 기대고 있는 창가에서 남성이 부르는 사랑의 노래를 뜻하며, 기악에서도 해거름의 휴식 때 사람들에게 들려주기 위하여 만든 음악을 의미합니다.

51 고전을 가리키는 '클래식(Classic)'의 어원인 그리스어 '클라시쿠스(Classicus)'는 '신(神)의 것'이라는 의미가 있다.　O / X

꿀잼상식 쏙쏙!

'클래식(Classic)'의 어원인 그리스어 '클라시쿠스(Classicus)'는 원래 '상류층의 것'이라는 의미가 있었으나 점차 '뛰어난 것'이라는 의미를 포함하게 되었고 이후 '고전적인 것'이라는 의미가 되었습니다.

52 미국의 '자유의 여신상'은 항구 등대로 사용된 적이 있다.　O / X

꿀잼상식 쏙쏙!

자유의 여신상은 1866년 프랑스가 미국에 기증한 것으로 뉴욕 항으로 들여온 후, 1902년까지는 항구에서 등대로 이용했습니다. 1901년까지 미국 등대관리 위원회가 자유의 여신상 운영을 책임졌습니다.

53 매년 11월 25일 '여성 폭력 추방의 날', 이에 동조하는 이들은 핑크색 리본을 달고 나와 여성 폭력 근절을 촉구한다.　O / X

꿀잼상식 쏙쏙!

여성 폭력 근절과 관련된 리본 색은 '흰색'입니다. 11월 25일은 UN이 정한 세계 여성 폭력 추방의 날로, 이에 동조하는 이들은 매년 흰색 리본을 달고 나와 여성 폭력 근절 촉구 집회를 열고 있습니다.

54 '비르투오소(Virtuoso)'는 연극에서 무대에 처음 서는 배우를 뜻하는 용어이다.　O / X

꿀잼상식 쏙쏙!

에소르디엔테(Esordiènte)에 대한 설명입니다. 이탈리아어로 '비르투오소'는 '덕이 있는, 고결한'이라는 의미로서 기교가 뛰어난 예술가, 대가의 반열에 오른 연주자를 뜻합니다. 대표적인 비르투오소로는 '악마의 연주자'라고 불렸던 바이올리니스트 파가니니가 있습니다.

55 온천 등의 목욕시설을 통해 심신이 안정되게 하는 시설을 뜻하는 스파 (Spa)는 라틴어 'Salus Per Aqua'에서 유래했다는 설이 있다. O / X

꿀잼상식 쏙쏙!

'스파(Spa)'는 '물을 통해 건강을 찾는다'는 의미의 라틴어 '살루스 퍼 아쿠아(Salus Per Aqua)'의 줄임말에서 유래했다는 설이 있습니다.

56 아서 코난 도일의 추리소설 〈셜록 홈스〉에서 셜록 홈스의 조수 존 왓슨의 직업은 코난 도일의 직업과 같다. O / X

꿀잼상식 쏙쏙!

아서 코난 도일은 영국 에든버러 의대와 대학원을 수료한 의학박사이며, 존 왓슨도 의사이자 전기 작가입니다. 참고로 최초의 팬덤은 19세기 말 영국의 인기 추리소설의 주인공 셜록 홈스의 사망을 계기로 그의 팬들이 모여 커뮤니티를 형성한 것이라고 합니다.

57 디즈니 애니메이션 〈라이온 킹〉에 나와 유명해진 대사 '하쿠나 마타타'는 '고맙다'는 뜻의 스와힐리어이다. O / X

꿀잼상식 쏙쏙!

스와힐리어 '하쿠나 마타타(Hakuna Matata)'는 '모든 것이 다 잘 될 거야, 걱정할 게 없다'는 뜻입니다. 〈라이온 킹〉의 주인공 심바의 친구인 티몬과 품바가 이 말을 계속해서 외쳐 전 세계적으로 유명한 말이 됐습니다.

58 독일의 화가 알브레히트 뒤러의 작품 〈기사, 죽음 그리고 악마〉는 인그레이빙 방식으로 제작되었다. O / X

꿀잼상식 쏙쏙!

1514년작 〈기사, 죽음 그리고 악마〉는 인그레이빙 방식으로 제작되었습니다. 인그레이빙(Engraving)이란 동판이나 강철판 등에 뷔렝(금속 조각용 칼)이나 에쇼프 같은 도구로 그림을 새기는 것입니다. 이는 지폐 조판에도 사용됩니다.

59 18세기 프랑스에서는 흑색 점토와 유리 소재를 결합한 연질 자기로 만든
공예품이 인기를 끌어 궁전과 귀족 저택을 장식하였다.　　　**O / X**

꿀잼상식 쏙쏙!

연질 자기의 발달로 인해 프랑스 세브르 등 수많은 도시에 공예품을 생산하는 공방이 생겨났습니다.
연질 자기는 백색 점토와 유리 소재를 결합해 만든 것입니다.

| 객관식 |

60 보통 낮에 시작해 해가 지기 전에 끝나는 공연으로서, 낮 시간대에 시간이
자유로운 관객 등을 대상으로 하는 공연을 가리키는 말은?

① 마티네(Matine)　　② 수아레(Soiree)　　③ 마탱(Matin)

꿀잼상식 쏙쏙!

마티네(Matine)는 '오전 중'을 뜻하는 프랑스어 '마탱(Matin)'에서 유래했습니다. 이와 상대적으로 수아
레(Soiree)는 일몰 후의 밤 공연을 뜻합니다.

61 문학의 기능과 사회적 맥락을 중시하는 문학비평 이론으로서, 1910년대
~1920년대 러시아에서 발흥한 문예사조는?

① 형식주의　　　　② 공리주의　　　　③ 고전주의

꿀잼상식 쏙쏙!

형식주의는 문학이 독자에게 미치는 영향과 사회적·역사적 기능을 중시한 문학비평 사조입니다. 작
품 생성의 사회적 배경이나 사상, 작가의 생애 등을 배치한 채, 독립된 하나의 언어 세계로서 작품을
이해하고 그 구조 및 수법과 형태를 밝히려 하는 특징이 있습니다.

62 프랑스의 화가 에드가 드가의 작품 중 '무용수'를 소재로 다루지 않은 그림은?

① 〈댄스 교습소〉   ② 〈국화 옆의 여인〉   ③ 〈오를레앙시(市)의 불행〉

꿀잼상식 쏙쏙!

〈댄스 교습소〉, 〈오를레앙시(市)의 불행〉 등은 모두 무용수를 소재로 한 그림입니다. 〈국화 옆의 여인〉은 평상복을 입은 여인이 테이블 위의 국화 옆에 앉아 있는 그림입니다.

63 오페라에서 프리마돈나(Prima Donna)는 주로 어떤 음역대의 여자 가수가 맡는가?

① 알토   ② 소프라노   ③ 메조소프라노

꿀잼상식 쏙쏙!

프리마돈나는 소프라노 음역대를 노래하는 오페라의 여성 주연 가수를 의미하는데요. '프리마(Prima)'는 '첫 번째'라는 뜻이며, '돈나(Donna)'는 '숙녀'라는 뜻입니다. 남자 주연 가수는 프리모우오모(Primo Uomo)라고 부릅니다.

64 단테가 평생에 걸쳐 흠모한 여인이자 단테의 걸작 〈신곡〉에 나오는 여성으로 '완벽한 여성'의 대명사로 불리는 이는 누구인가?

① 프리네   ② 세미라미스   ③ 베아트리체

꿀잼상식 쏙쏙!

베아트리체는 〈신곡〉 속에서 주인공이자 작가 자신인 단테를 이끄는 인물입니다. 단테는 어린 시절 베아트리체를 처음 만나 사랑에 빠진 후 결국 이루어지지 못한 채 평생 그리워했다고 합니다.

65 화려한 색으로 환상적인 생물을 표현하는 멕시코의 민속 조각 예술을 무엇이라 하는가?

① 알레브리헤   ② 칸시온   ③ 마리아치

꿀잼상식 쏙쏙!

알레브리헤(Alebrije)는 환상적·비현실적인 생물에 다채로운 색감을 입힌 조각상으로 1936년 페드로 리나레스에 의해 창시되었습니다. 2007년부터 멕시코 대중예술박물관 후원으로 알레브리헤 퍼레이드가 매년 개최되기도 합니다.

66 다음 중 1895년 처음 개최됐으며, 가장 오래된 비엔날레(미술 전시회)는 무엇인가?

① 리옹 비엔날레   ② 베니스 비엔날레   ③ 상파울루 비엔날레

꿀잼상식 쏙쏙!

비엔날레는 '2년마다'라는 뜻의 이탈리아어로, 국제 미술 전시회의 대명사가 되었습니다. 1895년 이탈리아 베니스에서 처음 열렸으며, 그밖에도 상파울루 비엔날레, 이스탄불 비엔날레, 하바나 비엔날레, 요하네스버그 비엔날레, 광주 비엔날레 등이 있습니다.

67 '낙서, 맥없는 연주'라는 뜻의 단어로 낙서와 예술의 중간에 있는 미술작품을 무엇이라 하는가?

① 두들링   ② 라오콘   ③ 보티시즘

꿀잼상식 쏙쏙!

두들링(Doodling)은 일상생활에서 그린 낙서의 이미지를 주는 예술작품입니다. 낙서와 다양한 일상의 사물이 쓰이기도 합니다.

68 김동인의 〈배따라기〉에 나오는 소설의 배경이 되는 섬은 어디인가?

① 강화도   ② 오동도   ③ 남해도

꿀잼상식 쏙쏙!

〈배따라기〉는 김동인이 1921년 발표한 단편소설로서, 강화도에서의 결혼과 갈등의 이야기를 담고 있습니다. '배따라기'는 원래 서도 민요의 하나로, 어부들이 신세타령을 하는 노래로 알려져 있습니다.

| 주관식 |

69 생강목에 속하는 다년생 식물로서 인도를 중심으로 한 열대 · 아열대 지역에서 주로 재배한다. 카레 가루의 향신료로도 쓰는 이것은 무엇인가?

꿀잼상식 쏙쏙!

강황은 줄기와 뿌리를 주로 식용이나 약용으로 사용합니다. 중국이나 인도, 동남아시아 부근에서 많이 재배되며, 우리나라는 전남 진도, 해남, 부안 등지에서 재배되고 있습니다.

70 인체미의 상징적인 효과를 얻기 위해 머리나 팔, 다리 등을 생략한 조각작품을 말한다. '몸통'을 뜻하는 이탈리아어에서 유래한 이 미술 용어는?

꿀잼상식 쏙쏙!

토르소는 목 · 다리 · 팔 등이 없는 동체만의 조각품으로 몸체를 뜻하는 이탈리아어에서 기원한 용어입니다. 때때로 볼 수 있는 팔 · 다리나 목이 없는 몸통의 조각은 미완성 작품이 아닙니다. 팔이나 다리를 생략하고 인체미의 상징적인 효과를 얻기 위해서 표현한 결과입니다.

71 "당신 직업은 도대체 화가입니까 아니면 사진가입니까?"라는 사람들의 질문에 "나는 내가 그리고 싶지 않은 것을 사진으로 찍는다. 그리고 내가 사진 찍을 수 없는 것을 그린다"라고 답변한 미국의 사진작가이자 화가인 이 사람은, 사진에 의한 빛의 조형에 흥미를 가지면서 포토그램의 효과를 살린 작품을 많이 남겼다. 이 사람은?

꿀잼상식 쏙쏙!

만 레이(Man Ray)는 미국의 초현실주의 사진작가로 피사체를 사용하지 않고 직접 필름을 감광시키는 레이요그램(Rayogram)과 포토그램(Photogram)을 제작했습니다. 포토그램이란 카메라를 사용하지 않고 직접 인화지 위에 재료들을 놓고 빛을 쬐는 방식으로 제작하는 표현 기법 또는 결과물을 말합니다. 사진을 '재현 기능'에서 탈피하여 '창조 기능'으로 변화시켰다는 의미를 가지고 있으며, 결과물은 추상적이고 초현실적인 느낌을 줍니다.

72 최근 인플레이션에 따른 물가상승으로 식비를 아끼기 위해 도시락을 직접 싸서 다니는 사람들이 늘어나고 있다. 일정 기간 먹을 식사를 한꺼번에 미리 준비해두고 끼니마다 먹는 사람들을 가리켜 ▓▓▓▓▓ 족이라고 한다.

꿀잼상식 쏙쏙!

밀프렙(Meal Prep)족은 도시락을 직접 싸서 다니는 사람을 일컫는 신조어로, 여기서 밀프렙이란 식사를 뜻하는 영단어 'Meal'과 준비를 뜻하는 'Preparation'이 합쳐진 용어입니다. 최근 고물가 시대가 지속되면서 점심비용을 아끼려는 직장인들을 중심으로 밀프렙족이 증가하는 추세입니다.

73 20세기 초현실주의 화가 달리의 그림 〈기억의 지속〉에 나오는 '녹아내리는 시계'는 과도하게 숙성된 이 치즈로부터 영감을 얻은 것이라고 전해진다. 프랑스 노르망디 지방에서 흰 곰팡이를 숙성시켜 만든 이 치즈는?

꿀잼상식 쏙쏙!

카망베르 치즈는 나폴레옹 1세가 프랑스 국내를 진군하던 중에 카망베르 지방에서 치즈를 발견하였다고 하여 붙여진 이름입니다. 단백질 분해속도가 매우 빠르며, 자극적인 냄새가 나지만 맛이 매우 좋은 치즈입니다. 보통 3~7주의 숙성기간을 거치며 부드럽고 톡 쏘는 맛이 있어 유럽 내에서도 인기가 많이 있습니다.

74 브라질 대중음악으로 삼바(Samba)에서 나온 음악 형식이지만 삼바보다 멜로디가 더 감미롭고, 타악기가 덜 강조된 음악의 형태는 무엇인가?

'새로운 경향, 새로운 흐름'이라는 뜻의 포르투갈어 이름을 가진 보사노바(BossaNova)는 1960년대 초 브라질에서 일어난 새로운 리듬의 재즈 음악입니다. 삼바에서 나온 음악 형식이긴 하지만 삼바보다 멜로디가 더 감미롭고, 타악기가 덜 강조된다는 특징이 있습니다.

75 〈도덕서한〉을 쓴 로마 네로의 스승과 〈유토피아〉를 쓴 영국 헨리 8세의 스승은 모두 왕의 총애를 받아 최고의 자리에 오르지만 역모를 했다는 이유로 죽게 된다. 두 사람은 각각 누구인가?

루키우스 안나이우스 세네카(Lucius Annaeus Seneca)는 네로 황제의 과욕에 위태로움을 느낀 나머지 황제에게 간청하여 관직에서 은퇴하였으나 역모로 의심받자 스스로 자살하였고, 토마스 모어(Thomas More)는 반역죄로 처형되었습니다.

76 약 2,800억원이 넘는 가격에 거래되면서 당시 역대 미술품 판매 최고가를 경신한 것으로 알려진 〈카드놀이 하는 사람들〉은 이 화가의 작품이다. '사과 하나로 파리를 정복하겠다'는 말을 남겼던 이 화가는 특히 사과를 주제로 한 작품을 많이 그렸다. 이 사람은 누구인가?

프랑스의 화가인 폴 세잔(Paul Cézanne)은 사물의 본질적인 구조와 형상에 주목하여 자연의 모든 형태를 원기둥과 구, 원뿔로 해석한 독자적인 화풍을 개척했습니다. 추상에 가까운 기하학적 형태와 견고한 색채의 결합은 고전주의 회화와 당대의 발전된 미술 사이의 연결점을 제시했으며, 피카소와 브라크 같은 입체파 화가들에게 지대한 영향을 주어 '근대회화의 아버지'로 불립니다.

정답 71 만 레이 72 밀프렙 73 카망베르 치즈 74 보사노바
75 루키우스 안나이우스 세네카, 토마스 모어 76 폴 세잔

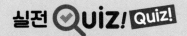

장학퀴즈

77 〈밀로의 비너스〉는 고대 그리스 시대 헬레니즘기의 대표작 중 하나로 '밀로'는 사람 이름이다.　　　　　　　　　　　　　　　　　　　 O / X

꿀잼상식 쏙쏙!

〈밀로의 비너스〉는 고대 그리스의 조각으로, 1820년 키클라데스 제도의 하나인 밀로(메로스) 섬의 한 농부에 의해 발견된 대리석 아프로디테(비너스) 상입니다.

장학퀴즈

78 그루밍족이란 패션과 미용에 아낌없이 투자하는 남자를 일컫는 말이다.　　　　　　　　　　　　　　　　　　　　　　　　　　　　 O / X

꿀잼상식 쏙쏙!

그루밍족(Grooming族)은 패션과 미용 등 외모를 가꾸기 위해 아낌없이 투자하는 남자를 일컫는 용어입니다. 그루밍(Grooming)이란 마부가 말을 목욕시키고 빗질하는 것을 뜻하는 'Groom'에서 유래한 단어로 '차림새, 몸단장'이라는 뜻입니다. 그루밍족이 증가하면서 남성 전용 화장품과 남성 전용 미용실인 바버샵, 남성 옷만을 취급하는 멀티샵 등도 늘어나는 추세입니다.

장학퀴즈

79 르네상스 시대 이탈리아에서 시작된 춤으로 우아함의 대명사로 불리며 발끝으로 서는 포즈가 인상적인 춤의 장르는?

꿀잼상식 쏙쏙!

발레(Ballet)는 음악, 무대장치, 의상 등을 통해 특정 주제의 이야기를 종합적으로 표현하는 무용의 장르로, '춤을 추다'라는 뜻의 이탈리아어 'Ballare'에서 유래한 용어입니다.

80 인생의 한순간을 예리하게 포착해 작가의 상상력으로 재치 있게 묘사한 짧은 소설을 가리키는 말로 주로 빠른 전개와 반전을 선보이며 짧은 글 속에 유머와 풍자가 담겨 있는 이것은 무엇인가?

꿀잼상식 쏙쏙!

콩트(Conte)는 단편소설보다도 짧은 소설을 이르는 말로 주로 인생의 한 단면을 예리하게 포착해 그리는데, 그 속에 유머, 풍자, 기지를 담고 있습니다.

81 강제 이주 노동자들의 노동요와 찬송가 등이 섞여 탄생한 음악 장르로, 우울을 뜻하는 영단어인 이것은 무엇인가?

꿀잼상식 쏙쏙!

블루스(Blues)는 19세기 말 미국의 흑인들에 의해 탄생한 음악 장르로 이별 뒤의 쓸쓸한 마음을 노래하는 내용이 주를 이루고 있습니다. 기타가 보급된 이후 기타 반주에 맞춰 부르는 형태로 발전했으며, 재즈에 도입되면서 재즈의 음악적 기반을 형성하기도 했습니다.

82 '비방하다'라는 뜻의 라틴어에서 유래한 말로 오늘날에는 의미가 확대되어 '사람의 능력을 테스트하는 과제'라는 뜻으로 SNS에서 하나의 놀이문화로 자리 잡게 된 이것은?

꿀잼상식 쏙쏙!

챌린지(Challenge)는 '도전하다'라는 뜻으로 중세 유럽에서는 이의를 제기하는 행동을 일컫는 말로 사용되기도 했습니다. 최근에는 SNS의 숏폼을 중심으로 특정 미션을 수행하거나 춤을 추는 영상을 올리는 등의 놀이문화를 가리키는 말로 의미가 확대됐습니다.

83 전 세계적으로 미혼남녀가 증가하면서 나타난 새로운 결혼 문화로, 자신의 행복을 위해 헌신하겠다는 의미가 담긴 이 웨딩은 무엇인가?

꿀잼상식 쏙쏙!

전통적인 결혼관에서 벗어난 솔로 웨딩(Solo Wedding)은 결혼을 하지 않는 비혼주의와 달리 자기 자신과 결혼식을 올림으로써 스스로에게 최선을 다하겠다고 다짐하는 의미를 담고 있습니다.

84 최근 MZ세대가 흔히 겪는다고 알려진 공포증이 있다. 사회불안장애 중 하나로 SNS 소통이 활성화되면서 생긴 이것은 무엇인가?

꿀잼상식 쏙쏙!

전화공포증(콜포비아, Call-phobia)은 전화통화를 기피하는 현상으로 통화보다 문자나 모바일 메신저 등으로 소통하는 것을 더 선호하는 것을 말합니다. 스마트폰이 등장한 이후 텍스트를 이용한 소통에 더 익숙해지면서 전화하는 것을 어색해하거나 두려워하는 사람들이 많아진 것으로 나타났습니다.

85 '하늘이 내려준 벌레'로 불리는 이것은 연필심과 식용유의 원료로 사용되며, 이것의 천연단백질을 추출하면 인공고막도 만들 수 있다. 이것은 무엇인가?

꿀잼상식 쏙쏙!

누에는 90% 이상이 단백질로 이루어져 있어 인체에 자연 흡수된다는 점 때문에 수술용 실 등 의료용으로도 활용되고 있습니다. 또한 누에고치로 만든 인공고막은 온도와 습도에도 변형이 없어서 구멍이 있어도 안전하게 재생될 수 있다고 합니다.

86 이것은 이탈리아 로마 폴리 대공의 궁전 정면에 있는 분수이다. 로마에서 가장 큰 바로크식 분수이며, 이곳에 동전을 던지면 로마에 다시 올 수 있다는 이야기가 전해진다. 이탈리어로 삼거리를 뜻하는 숫자 3과 길을 뜻하는 말에서 이름이 유래한 이곳은 어디인가?

꿀잼상식 쏙쏙!

트레비 분수 높이는 25.9m, 너비는 19.8m입니다. 바로크 양식으로 지어진 것으로는 예술성이 가장 뛰어나다는 평을 받고 있기도 합니다.

87 분단문학의 기념비적 작품으로 평가받는 최인훈의 소설 〈광장〉에는 주인공이 반공 포로로 잡혀 이곳에 수용됐다가 중립국으로 떠나는 내용이 나온다. 한국전쟁 당시 최대 17만 3,000명을 수용했던 포로수용소가 있던 이곳은 어디인가?

꿀잼상식 쏙쏙!

거제포로수용소는 1950년 6월 25일 한국전쟁에 의한 포로들을 수용하기 위해 1951년 2월부터 고현, 수월 지구를 중심으로 설치되었습니다. 1951년 6월 말까지 인민군 포로 15만, 중국군 포로 2만명 등 최대 17만 3,000명의 포로를 수용하였습니다.

정답
77 X 78 ○ 79 발레 80 콩트 81 블루스 82 챌린지 83 솔로 웨딩 84 전화공포증(콜포비아) 85 누에
86 트레비 분수 87 거제도

02 | 우리말 · 한자

LEVEL ① 초급

| OX 퀴즈 |

01 '우동'의 표준어는 '가락국수'이다.　　　　　　　O / X

> **꿀잼상식 쏙쏙!**

우동은 일본어이고 우동의 표준어는 가락국수입니다. 가락국수는 가락을 굵게 뽑은 국수를 일컫습니다.

02 해 뜨는 시각은 해가 지평선 위로 완전히 떠오른 순간을 말한다.　O / X

> **꿀잼상식 쏙쏙!**

일출은 해의 윗부분이 지평선에 나타나기 시작하는 때를 기준으로 하고 일몰은 해의 윗부분이 지평선 아래로 사라지는 때를 기준으로 합니다.

03 '심금을 울린다'에서 '금'은 가야금을 뜻한다.　　　　　O / X

> **꿀잼상식 쏙쏙!**

'심금을 울린다'에서 '심금'은 '마음 심(心)'과 '거문고 금(琴)'이 합쳐진 말로 '마음의 거문고'라는 뜻입니다. 어떠한 계기로 인해 마음에 감동을 받았을 때 '심금을 울리다'라고 표현합니다.

04 백합꽃의 '백'은 '흰 백(白)'자를 쓴다. O / X

> **꿀잼상식 쏙쏙!**

백합은 일백 백(百)자를 써서 한자로 '百合'이라고 씁니다. 이는 백합의 구조와 관련이 있는데, 땅속의 양분을 보관하는 알뿌리(구근)의 수가 매우 많아 그 수가 마치 100개인 것 같다는 뜻에서 '백개의 합'이라는 이름이 붙여졌다고 합니다. 백합은 흰색 꽃만 있는 것이 아니라 노란 꽃도 있으며 햇볕을 직접 쬐지 않는 숲이나 그늘 또는 북향의 서늘한 곳에서 자랍니다.

05 '능소니'는 늑대의 새끼를 말한다. O / X

> **꿀잼상식 쏙쏙!**

능소니는 곰의 새끼를 말합니다. 우리말에는 동물의 새끼를 따로 지칭하는 말들이 있습니다. '가사리'는 돌고기의 새끼이고, '간자미'는 가오리의 새끼를 의미합니다. '고도리'는 고등어, '굴뚝청어'는 청어, '노가리'는 명태의 새끼이고, '개호주'는 호랑이, '꺼병이'는 꿩, '초고리'는 매의 새끼를 의미합니다.

06 '불후의 명곡'에서 '불후'는 '다시 오지 않는'이란 뜻이다. O / X

> **꿀잼상식 쏙쏙!**

한자로 '아니 불(不)', '썩을 후(朽)'를 써서 썩지 않음을 뜻합니다. 영원토록 변하지 않거나 없어지지 않음을 비유적으로 이르는 말로 '불후의 명작을 남기다', '불후의 업적을 이뤄내다' 등으로 쓰입니다.

07 옷감이나 재목을 치수에 맞춰 자르는 일을 순우리말로 '마름질'이라고 한다. O / X

> **꿀잼상식 쏙쏙!**

천이나 모피, 가죽 등을 치수에 맞게 자르는 일을 순우리말로 '마름질'이라고 하며 동의어로는 '재단'이 있습니다.

08 '짚신도 제 짝이 있다'라고 하지만 전통 짚신은 왼발과 오른발 구분 없이 만들었다.　　　　　　　　　　　　　　　　　　　　　　　　　　　　　**O / X**

'짚신도 제 짝이 있다'라는 속담은 어디서나 구할 수 있는 흔한 짚신도 왼쪽과 오른쪽의 짝이 있으니 아무리 보잘것없는 사람도 제 짝이 있다는 뜻입니다. 하지만 짚신은 오른쪽과 왼쪽을 구별하여 만들지 않습니다. 짚신은 신는 사람이 왼쪽에 신으면 왼쪽이 되고, 오른쪽에 신으면 오른쪽이 되는데, 그렇게 몇 번을 신다보면 원래는 왼발과 오른발 구분이 없게 만들어졌지만 신는 사람의 발 모양에 따라 한 켤레의 신으로 서로 짝이 됩니다.

| 객관식 |

09 한글 맞춤법상 표기법이 틀린 단어는 무엇인가?

　　① 오뚝이　　　　　　② 강낭콩　　　　　　③ 암닭

'암닭'은 틀린 표기법으로 '암탉'으로 써야 합니다.

10 마이동풍은 이백의 시에서 유래한 말이다. 여기서 '동풍'은 어떤 계절의 바람인가?

　　① 봄　　　　　　　　② 여름　　　　　　　③ 가을

마이동풍(馬耳東風)은 '동풍이 전해오는 봄의 기쁨도 둔감한 말의 귀에는 아무런 반응을 불러일으키지 못한다'는 뜻으로, 다른 사람의 말을 전혀 마음에 두지 않고 흘려버리는 것을 말합니다.

11 효(孝)와 가장 거리가 먼 것은?

① 온고지정　　　② 망운지정　　　③ 풍수지탄

> 🍯 꿀잼상식 쏙쏙!

온고지정(溫故之情)이란 옛일을 돌이켜 생각하고 그리는 마음이나 정을 의미합니다.
- 망운지정(望雲之情) : 구름을 보며 그리워한다는 뜻으로 타향에 계신 부모님을 생각함
- 풍수지탄(風樹之歎) : 부모에게 효도를 다하려고 생각할 때에는 이미 돌아가셔서 그 뜻을 이룰 수 없음

12 속담 '자다가 봉창 두드린다'에서 봉창의 재료는?

① 유리　　　② 비단　　　③ 종이

> 🍯 꿀잼상식 쏙쏙!

봉창(封窓)은 채광과 통풍을 위하여 벽을 뚫어서 작은 구멍을 내고 창틀이 없이 안쪽에 종이를 발라 봉한 창으로 한옥 창의 원형은 봉창입니다. 부엌이나 창고 같은 곳의 환기나 채광을 위해 토벽을 뚫고 창틀도 없이 막대를 얽어 만든 작은 창을 말합니다.

13 대한민국의 지명을 뜻하는 순우리말 중 광주를 가리키는 것은?

① 서라벌　　　② 한밭　　　③ 빛고을

> 🍯 꿀잼상식 쏙쏙!

광주(光州)의 고유어는 빛고을입니다.
- 서라벌 : 경주
- 한밭 : 대전

14 화가 나거나 근심이 있어 눈썹 사이를 찡그릴 때, 흔히 미간에 '이 한자'를 그린다고 한다. 이 한자는 무엇일까?

① 水   ② 川   ③ 火

꿀잼상식 쏙쏙!

'미간에 川(내 천)자를 그린다'는 표현은 '마음이 언짢거나 수심에 싸여 얼굴을 잔뜩 찌푸리다'라는 뜻으로 쓰입니다.

| 주관식 |

15 이 말은 〈삼국지〉에서 유래된 사자성어이다. 제갈공명이 대군을 이끌고 위나라 진창성을 공격했지만, 위나라는 1,000명도 안 되는 군사로 성을 지켜냈다. 이에 제갈공명은 진창성을 가리키며 이 말을 했는데, '공격하기가 어려워 쉽사리 함락되지 않는다'는 뜻의 이 사자성어는 무엇인가?

꿀잼상식 쏙쏙!

난공불락(難攻不落)은 철옹성과 같은 의미로 워낙 대응하는 힘이 강해 다루기 어려운 상대를 가리키는 표현입니다.

16 다음 보기는 이 왕과 관련된 일화에서 유래된 사자성어이다. 이 왕은 누구일까?

- 두문불출 : 고려의 신하들이 새 왕조를 섬기길 거부하고 경기도 개풍군 두문동에 들어가 나오지 않았다는데서 유래
- 이전투구 : 정도전이 팔도를 평할 때 함경도를 표현한 말
- 함흥차사 : 심부름을 간 사람에게서 소식이나 회답이 오지 않음을 비유

꿀잼상식 쏙쏙!

태조 이성계는 국호를 조선으로 짓고, 수도를 한양으로 옮겼습니다. 정도전의 도움으로 조선의 기틀을 마련했으며 과거제를 강화하고 중앙집권적 국가를 만들었습니다. 하지만 세자 책봉 과정에서 실수를 저질렀고 이방원의 난이 일어나는 계기를 만들었습니다.

17 다음에 제시된 작은말과 큰말의 낱말 쌍을 보고 다음 빈칸에 알맞은 것을 적으시오.

- 소곤소곤 – 수군수군
- 올록볼록 – 울룩불룩
- 알록달록 – ░░░░░░

🍯 꿀잼상식 쏙쏙!

얼룩덜룩은 '여러 가지 어두운 빛깔의 점이나 줄 따위가 고르지 아니하게 무늬를 이룬 모양'을 의미합니다.

18 '바다가 나를 부르더라고, 아무래도 어부가 내 ░░░░░░인 것 같아'에서 '타고난 직업이나 직분'을 뜻하는 ░░░░░는 무엇인가?

🍯 꿀잼상식 쏙쏙!

천직(天職)은 타고난 직업이나 신분을 의미합니다.

19 고사성어 '조삼모사'는 중국 송나라 때 ░░░░░을/를 키우던 저공이라는 사람의 일화에서 유래되었다. 이 동물에 해당하는 것은?

🍯 꿀잼상식 쏙쏙!

조삼모사(朝三暮四)는 원숭이에게 아침에는 세 개, 저녁에는 네 개의 도토리를 주는 것을 의미하는데, 잔 술수를 이용해 상대방을 현혹시키는 것을 의미합니다.

20 조선의 문신 김상헌의 시조 '가노라 삼각산아 다시 보자 한강수야 고국산천을 떠나고자 하랴마는 시절이 하 수상하니 ▓▓▓▓하여라'에서 빈칸에 알맞은 말은?

🍯 꿀잼상식 쏙쏙!

제시된 시조는 청나라와의 전후협상으로 김상헌이 소현세자와 아우 봉림대군(효종)을 데리고 청나라의 심양으로 함께 볼모로 잡혀가던 도중 삼각산을 지나가며 읊은 것입니다. '올동말동'은 '다시 올 수 있을지 영영 못 오게 될지'라는 뜻의 옛날식 표현입니다.

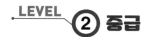

LEVEL ② 중급

| OX 퀴즈 |

21 '소라색'이라는 낱말을 순화하면 '감색'이다.   O / X

🍯 꿀잼상식 쏙쏙!

'소라색'의 '소라'는 '하늘'을 뜻하는 일본어입니다. 따라서 '하늘색'이 순화된 표현이며, '감색'은 진한 남색을 뜻합니다.

22 고대 그리스의 '아고라', 고대 로마의 '포럼'이라는 용어는 '외치다'라는 뜻이었다.   O / X

🍯 꿀잼상식 쏙쏙!

'아고라(Agora)'와 '포럼(Forum)'은 '도시 광장'을 뜻하던 말로, 자유로운 사교와 토론이 벌어지던 곳이었습니다. 현대에는 '의사소통'이나 '직접민주주의'를 지칭하는 용어로 사용합니다.

23 '추호도 없다'에서 '추'는 한자로 '가을 추(秋)'자를 쓴다. O / X

꿀잼상식 쏙쏙!

'추호도 없다'에서 '추호'라는 말은 가을철에 털갈이하여 새로 돋아난 짐승의 털 또는 매우 적거나 조금인 것을 비유하는 말입니다. 그래서 한자로는 '가을 추(秋)'에 '터럭 호(毫)'를 씁니다.

24 순우리말 '나부시'와 뜻이 가장 유사한 한자어는 '공손(恭遜)'이다. O / X

꿀잼상식 쏙쏙!

'나부시'는 작은 사람이 공손하게 머리를 숙여 절하는 모양, 또는 천천히 땅 쪽으로 내리거나 차분하게 앉는 모양을 뜻하는 부사입니다.

25 순우리말 '단골'은 '무당(巫堂)'에서 유래했다. O / X

꿀잼상식 쏙쏙!

'당골'은 원래 호남 지방에서 무당을 뜻하던 말이었는데, 점을 치거나 굿을 할 때 미리 정해둔 특정 당골만을 부르는 풍습이 있었습니다. 이 말이 현대의 단골이 되었습니다.

26 '달포가 지나도록 소식이 없다'에서 '달포'는 열흘을 말한다. O / X

꿀잼상식 쏙쏙!

달포는 시간을 나타내는 명사로 대략 한 달이 조금 넘는 기간을 말합니다.

27 무연 휘발유의 '무연'은 연기가 나지 않는다는 뜻이다. O / X

꿀잼상식 쏙쏙!

무연 휘발유의 '무연(無鉛)'은 '납이 들어 있지 않다'는 뜻입니다. 납 성분으로 인해 발생하는 대기오염을 감소시키기 위해 만들어졌는데요. 이처럼 사에틸납이 들어 있지 않은 환경 휘발유를 무연 휘발유라고 합니다.

> **28** 전통 상차림에서 사용하는 그릇 중 '보시기'는 밥을 담는 그릇이다. O / X

꿀잼상식 쏙쏙!

전통 상차림에 사용하는 그릇 중 '보시기'는 김치를 담는 반찬 그릇을 말합니다. 사발보다는 크기가 조금 더 작고, 속이 깊으며, 주로 놋쇠 · 사기 · 은 등으로 만들고 있습니다.

> **29** 신부 쪽에서 신랑 쪽으로 정성 들여 만들어 보내는 음식을 뜻하는 '이바지'는 맛있어서 입에 바짝 대고 먹는다는 뜻에서 유래했다. O / X

꿀잼상식 쏙쏙!

'대접하다, 봉양하다'는 뜻의 옛말 '이받다'에서 유래한 '이바지'는 점차 '공헌하다'라는 추상적인 뜻이 더해져 '도움'이라는 뜻으로도 쓰입니다.

> **30** 망구(望九)는 90세를 뜻하는 말이다. O / X

꿀잼상식 쏙쏙!

망구(望九)는 '90세를 바라본다'는 뜻으로 81세를 의미합니다. 망구는 본래 좋은 뜻이었으나 지금은 의미가 약간 변형되어 할미에 망구가 덧붙여져 나잇값도 못하는 망령된 할미라는 부정적인 의미로 쓰입니다.

| 객관식 |

> **31** 국립국어원은 제품이 출시될 때 남들보다 먼저 구입해 사용하는 소비자를 일컫는 말 '얼리 어답터'의 순화어로 ▨▨▨▨을/를 선정했다. 이것은?
>
> ① 먼저 알린이   ② 앞선 사용자   ③ 얼른 지른이

꿀잼상식 쏙쏙!

얼리 어답터(=앞선 사용자)는 최첨단 제품을 먼저 구입해 사용해보지 않고는 못 견디는 사람들을 의미합니다.

32 순우리말 '곰비임비'가 가장 적절히 사용된 문장은?

① 경사스러운 일이 곰비임비 일어난다.
② 영희는 생각이 안나 곰비임비했다.
③ 곰비임비한 영수는 절대 돈을 빌려주지 않는다.

꿀잼상식 쏙쏙!

곰비임비는 물건이 거듭 쌓이거나 일이 계속 일어나는 것을 나타내는 말입니다.

---

33 실낱같이 가늘게 퍼진 구름을 무엇이라 하는가?

① 오리구름　　　　② 매지구름　　　　③ 모루구름

꿀잼상식 쏙쏙!

실낱같이 가늘게 퍼진 구름을 오리구름이라고 합니다.
• 매지구름 : 비를 머금은 검은 조각구름
• 모루구름 : 모루 또는 나팔꽃 모양의 구름

---

34 다음 중 한글 맞춤법에 맞는 단어들로만 묶인 것이 아닌 것은?

① 언덕받이, 딱다구리, 귀고리
② 아귀찜, 가시랭이, 헹가래
③ 등살, 모가치, 한사리

꿀잼상식 쏙쏙!

'언덕받이'는 '언덕바지'로, '딱다구리'는 '딱따구리'로 써야 합니다.

35 다음 그림은 마소의 등에 얹는 기구이다. 이와 가장 관련이 깊은 순우리말은?

① 길수   ② 길체   ③ 길마

꿀잼상식 쏙쏙!

'길마'는 짐을 싣거나 수레를 끌기 위해 소나 말 등의 등에 얹는 안장을 뜻합니다. '길수'는 묘한 이치나 도리, '길체'는 한쪽으로 치우쳐 있는 자리 등을 뜻합니다.

36 우리말에는 짐승의 새끼를 나타내는 낱말이 많다. 다음 중 호랑이의 새끼를 의미하는 말은?

① 꺼병이   ② 능소니   ③ 개호주

꿀잼상식 쏙쏙!

개호주는 호랑이의 새끼를 의미합니다.
- 꺼병이 : 꿩의 새끼
- 능소니 : 곰의 새끼

37 다음 중 순우리말 단위 명사 '활'과 가장 연관이 깊은 것은?

① 매   ② 돛   ③ 기와

꿀잼상식 쏙쏙!

'활'은 돛을, '병'은 사냥에서 매를, '우리'는 기와(2,000장)를 세는 단위입니다.

38 일본어의 영향을 받은 다음 낱말 중 다듬어 순화한 말로 가장 적절하지 않은 것은?

① 무데뽀 → 막무가내

② 다대기 → 웃고명

③ 십팔번 → 애창곡

'다대기'는 일본어로 '두드림, 다짐'을 가리키는 말입니다. 따라서 '다진 양념'으로 순화해서 사용해야 합니다.

| 주관식 |

39 세르반테스의 동명의 소설 속 주인공 돈키호테는 스스로를 기사로 착각하는 몽상과 광기로 인해 현실 세계와 충돌하는 인물로 그려진다. 돈키호테를 순우리말로 표현한다면?

'얼바람둥이'란 실없이 허황된 짓을 하는 사람을 낮잡아 이르는 순우리말입니다.

40 히말라야에는 우리말로 된 봉우리가 있다. 이름이 없던 이 봉우리를 우리나라 산악원정대가 세계 최초로 정복하면서 이름을 붙였다. 봉우리의 이름은?

직지봉은 현존하는 세계 최고의 금속활자본인 〈직지심체요절〉에서 따온 이름입니다.

41 다음 빈칸에 들어갈 말은 무엇인가?

> 까마득한 날에
> 하늘이 처음 열리고
> 어데 닭 우는 소리 들렸으랴
> … 중략 …
> 다시 천고의 뒤에
> 백마 타고 오는 ▨▨▨이 있어
> 이 광야에서 목 놓아 부르게 하리라

보기의 시는 이육사의 〈광야〉로 1945년 12월 17일 자유신문에 〈꽃〉과 함께 발표되었습니다. 빈칸에 들어갈 말은 초인(超人)입니다.

42 다음이 공통으로 설명하는 동음이의어는?

• 여럿이 남의 물건을 훔쳐다 먹는 장난
• 대기 중의 수증기가 지상의 물체 표면에 얼어붙는 것

동음이의어란 소리는 같지만 의미가 다른 낱말을 말합니다. 서리는 '떼를 지어 남의 과일이나 곡식, 가축 따위를 훔쳐 먹는 장난'이라는 뜻이나 '대기 중의 수증기가 물체 표면에 얼어붙은 것'이라는 뜻 등 소리만 같을 뿐 단어의 의미가 다른 동음이의어들이 있습니다.

43 속담 '▨▨▨ 추위는 꾸어서라도 한다'에서 빈칸에 들어갈 말은?

추위를 꾸어서라도 소한(小寒) 때는 반드시 추운 법이라 하여 이르는 말입니다.

44 모내기에서 '모'란 옮겨 심으려고 가꾼 어린 식물을 뜻한다. 그렇다면 김매기에서 '김'은 무엇을 뜻하는 말인가?

꿀잼상식 쏙쏙!

김매기란 작물을 재배하는 곳에 생장하는 잡초를 뽑아 없애는 일을 말합니다.

45 남의 아버지를 높여 이를 때는 춘부장이라고 한다. 그렇다면 윗사람의 딸을 높일 때는 무엇이라고 하는가?

꿀잼상식 쏙쏙!

윗사람의 딸을 높일 때는 영애라고 합니다.

46 조선 시대 과거에 급제한 사람들에게 '신래위'라고 호명하며 급제 증서를 주었다. 이때 선배들이 급제자의 얼굴에 먹칠을 하거나 옷을 찢는 등 짓궂은 장난을 쳤다는 데서 이 말이 유래했다. 현재는 '옳으니 그르니 하며 남을 못살게 구는 행동'을 일컫는 이것은 무엇일까?

꿀잼상식 쏙쏙!

'실랑이'란 서로 주장하며 옥신각신하는 일을 뜻하는데, '실랑이를 당하다', '나는 아이들과의 실랑이로 몹시 피곤했다'와 같이 활용할 수 있습니다.

47 아기가 만세를 부르듯 머리 위로 두 팔을 벌리고 자는 잠을 뜻하는 순우리말은?

꿀잼상식 쏙쏙!

'나비잠'은 갓난아이가 두 팔을 머리 위로 벌리고 자는 잠을 가리키는 순우리말입니다.

| OX 퀴즈 |

48 '하마평'은 관리의 이동이나 임명에 관한 세간의 풍설을 뜻한다. O / X

🍯 꿀잼상식 쏙쏙!

하마평은 관직의 이동·승진이 이뤄질 때 그 후보자에 대해 떠도는 세간의 소문을 말합니다. 정계 개편이나 개각, 정부조직 개편 등이 이뤄질 때 누가 어떤 자리에 임명될 것이라는 등의 소문이 떠도는 것을 가리킵니다.

49 '배 썩은 것은 딸을 주고 밤 썩은 것은 며느리 준다'는 속담은 미운 사람일수록 잘해주고 나쁜 감정을 쌓지 말아야 한다는 뜻이다. O / X

🍯 꿀잼상식 쏙쏙!

제시된 속담은 '배는 썩은 부분을 도려내도 먹을 것이 있으나 밤은 작아서 썩으면 성한 부분이 거의 없다'는 뜻으로, 며느리보다 한 핏줄인 딸을 더 아낀다는 뜻입니다.

50 괭이갈매기는 울음소리가 고양이와 비슷해서 붙은 이름이다. O / X

🍯 꿀잼상식 쏙쏙!

괭이갈매기라는 이름은 울음소리가 고양이의 울음소리와 비슷하다고 하여 지어졌습니다. 몸길이 약 46cm, 날개길이 34~39cm의 중형 갈매기이며, 머리와 가슴·배는 흰색이고 날개와 등은 잿빛입니다.

51 '두만강(豆滿江)'의 '두만'은 매우 풍요로움이라는 뜻의 함경도 방언 '투먼'을 음역한 것이다. O / X

🍯 꿀잼상식 쏙쏙!

'두만강'의 '두만'은 여진어 '투먼(萬)'에서 기원한 말로, 무수히 많은 물줄기가 이 강으로 흘러든다고 해서 붙여진 이름입니다.

52 가세가 흔들릴 정도로 재산이 없어진다는 뜻의 '거덜이 나다'에서 '거덜'은 거친 일을 할 때 입는 일종의 작업복을 뜻하던 말이다. O / X

꿀잼상식 쏙쏙!

'거덜'은 원래 궁궐에서 말을 관리하던 종을 뜻하던 말인데, 이들이 우월감에 사로잡혀 몸을 흔들며 우쭐거린 데서 '몹시 흔들린다'는 의미가 붙었습니다.

53 '자선 바자회'에서 '바자(Bazzar)'는 '시장'을 뜻하는 페르시아어 'Bazar'에서 유래했다. O / X

꿀잼상식 쏙쏙!

'바자르(Bazar)'는 향료, 작물, 소금, 금 등을 교환하는 상점이 모인 일대를 뜻했으며, 현재도 튀르키예 (터키) 등지에서는 '시장'이라는 의미로 쓰입니다.

54 '땀직땀직'은 매우 곤란한 처지를 당해 식은땀을 삐질삐질 흘리는 모양을 뜻한다. O / X

꿀잼상식 쏙쏙!

'땀직땀직'은 말이나 행동이 한결같이 매우 속이 깊고 무게가 있는 모양을 뜻하는 의태 부사입니다.

| 객관식 |

55 다음 중 순우리말 '말코'와 가장 연관이 깊은 것은?

① 우물 　　　　 ② 베틀 　　　　 ③ 노새

꿀잼상식 쏙쏙!

'말코'는 베틀에 딸린 기구의 하나로서, 길쌈(실을 내어 옷감을 짜는 일)을 할 때에 베가 짜여 나오면 피륙(직물)을 감는 대를 가리킵니다.

56 우리말에서 만(萬) 이상의 큰 수의 명칭은 만 배 단위로 체계를 이룬다. 다음 중 가장 큰 수는?

① 구(溝) ② 간(澗) ③ 양(穰)

꿀잼상식 쑥쑥!

①은 10의 32제곱, ②는 10의 36제곱, ③은 10의 28제곱을 의미합니다.

57 다음 순우리말 중에 그 표기가 올바르지 않은 것은?

① 시르죽다 ② 바자위다 ③ 너부대다

꿀잼상식 쑥쑥!

③ 너부대다는 '나부대다'라고 써야 올바른 표기입니다. '나부대다'는 '얌전히 있지 못하고 철없이 촐랑거리다'라는 뜻입니다.
• 시르죽다 : 기운을 차리지 못함
• 바자위다 : 성질이 너그러운 맛이 없음

58 다음 중 '일고경성(一顧傾城)'과 가장 관련이 깊은 문학작품 속 인물은?

① 〈춘향전〉의 성춘향
② 〈별주부전〉의 별주부
③ 〈아기 돼지 삼형제〉의 늑대

꿀잼상식 쑥쑥!

'일고경성'은 한 번 돌아보면 성이 기운다는 뜻으로, 뛰어난 미인을 이르는 말입니다.

59 다음 낱말 중에서 '해' 또는 '햇'의 의미가 나머지와 다른 하나는?

① 해름   ② 햇귀   ③ 햇병아리

> 🍯 **꿀잼상식 쏙쏙!**
>
> ③의 '햇–'은 '얼마 되지 않은'이라는 뜻의 접두사입니다. ① · ②의 '해'는 하늘에 떠있는 태양을 뜻합니다.
> • 해름(=해거름) : 해가 서쪽으로 넘어가는 일. 또는 그런 때
> • 햇귀 : 해가 처음 솟을 때의 빛

60 다음 중 '여기저기 옮겨 다니면서 한 줄기씩 내리는 소나기'를 뜻하는 순 우리말은?

① 웃비   ② 는개   ③ 산돌림

> 🍯 **꿀잼상식 쏙쏙!**
>
> 산돌림은 '산기슭으로 내리는 소나기'를 뜻하기도 합니다.
> • 웃비 : 아직 우기(雨氣)는 있으나 좍좍 내리다가 그친 비
> • 는개 : 안개비보다는 조금 굵고 이슬비보다는 가는 비

61 다음 중 '삼년불비(三年不蜚)'와 의미가 가장 유사한 속담은?

① 삼 년 학질에 벼랑 떼밀이
② 강태공 위수 변에 주 문왕 기다리듯
③ 삼 년 가뭄에 하루 쓸 날 없다

> 🍯 **꿀잼상식 쏙쏙!**
>
> '삼년불비(三年不蜚)'는 '3년 동안이나 날지 않는다'는 뜻으로, 훗날 웅비할 기회를 기다림을 이르는 말입니다. '강태공 위수 변에 주 문왕 기다리듯'은 큰 뜻을 품고 때가 오기를 기다리는 모양을 비유적으로 이르는 속담입니다.
> • 삼 년 학질에 벼랑 떼밀이 : 큰 손해를 보면서 걱정거리를 떨쳐 버리는 것을 이르는 말
> • 삼 년 가뭄에 하루 쓸 날 없다 : 계속 날이 개어 있다가 무슨 일을 하려고 하는 날 공교롭게도 날씨가 궂어 일을 그르치는 경우를 비유

62 다음의 낱말 중에서 그 낱말을 주로 사용하는 장소가 가장 다른 하나는?

① 모루   ② 기관쇠   ③ 불목하니

> 🍯 꿀잼상식 쏙쏙!

①은 대장간에서 불린 쇠를 올려놓고 두드릴 때 받침으로 쓰는 쇳덩이를 뜻합니다. ② · ③은 주로 사찰에서 쓰는 말입니다.

63 비와 관련한 속담 '봄비는 일비, 여름비는 잠비, 가을비는 떡비, 겨울비는 이것'에서 겨울비에 해당하는 것은?

① 술비   ② 약비   ③ 돈비

> 🍯 꿀잼상식 쏙쏙!

'술비'는 농한기인 겨울에는 술을 마시며 놀기 좋다는 의미를 담고 있습니다.
• 약비 : 약이 되는 비라는 뜻으로, 꼭 필요한 때에 내리는 비를 이르는 말

| 주관식 |

64 바람의 종류를 뜻하는 순우리말 중에서 서쪽에서 불어오는 바람을 뜻하는 것은?

> 🍯 꿀잼상식 쏙쏙!

동풍은 샛바람, 서풍은 하늬바람, 남풍은 마파람, 북풍은 된바람을 의미합니다.

65 24절기 중 더위가 물러가는 시기로, 양력 8월 23일경을 지칭하는 절기는?

> **꿀잼상식 쏙쏙!**

처서(處暑)는 입추(立秋)와 백로(白露) 사이에 들며, 태양이 황경 150도에 달한 시점으로 양력 8월 23일 무렵, 음력 7월 15일 무렵입니다. 여름이 지나면 더위도 가시고 신선한 가을을 맞이하게 된다는 의미로, 더위가 그친다는 뜻에서 붙여진 이름입니다.

66 '제법 마음에 들 만하다'는 뜻의 순우리말은 무엇인가?

> **꿀잼상식 쏙쏙!**

'마뜩하다'는 '제법 마음에 들 만하다'라는 뜻으로 "나는 그의 행동이 마뜩하지 않다"처럼 활용할 수 있습니다.

67 훈민정음의 창제 당시 자음과 모음의 총 글자 수는?

> **꿀잼상식 쏙쏙!**

훈민정음 창제 당시에는 반치음(ㅿ), 여린히읗(ㆆ), 옛이응(ㆁ)을 포함한 자음 17개, 아래아(ㆍ)를 포함한 모음 11개였으나 현재는 자음 14개, 모음 10개로 되어 있습니다.

68 마음이 확고하게 서서 움직이지 않는다는 뜻의 '이립'은 몇 세인가?

> **꿀잼상식 쏙쏙!**

공자(孔子)의 〈논어(論語)〉 속 나이
- 15세 지학(志學)
- 20세 약관(弱冠)
- 30세 이립(而立)
- 40세 불혹(不惑)
- 50세 지천명(知天命)
- 60세 이순(耳順)
- 70세 종심(從心)
- 77세 희수(希壽)
- 88세 미수(米壽)

69 태극기의 4괘 중 '물'을 상징하는 것은?

건곤감리(乾坤坎離)
- 건(乾) : 하늘과 봄, 동쪽 그리고 인을 뜻함
- 곤(坤) : 땅과 여름, 서쪽 그리고 의를 뜻함
- 감(坎) : 달(물)과 겨울, 북쪽 그리고 지를 뜻함
- 리(離) : 해(불)와 가을, 남쪽 그리고 예를 뜻함

70 아기를 점지하는 신이 '삼신할머니'라면, 부엌을 지키는 신은?

조왕신은 조신 · 조왕대신 · 부뚜막신 등의 이름으로도 불립니다. 그의 본질이 화신(火神)이기 때문에 부엌에서 존재하게 되었으며, 먼 옛날부터 부녀자들과 깊은 관계를 갖고 있습니다.
- 터주신 : 집터를 지켜주는 신으로 토지신, 터줏대감 등으로 불리며, 한 가정의 땅을 관장하는 신입니다.
- 성주신 : 가내의 평안과 부귀를 관장하는 가옥신 중 가장 우두머리 신으로 일명 성주대감 또는 성조라고도 하며, 대들보에 존재한다고 하여 상량신(上樑神)이라고도 합니다.

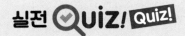
우리말 겨루기

71 일이 뜻대로 잘 될 때 우쭐하여 뽐내는 기세가 대단함을 뜻하는 사자성어는?

🍯 꿀잼상식 쏙쏙!

기고만장(氣高萬丈)은 '기운이 만 길에 이를 만큼 치솟았다'는 뜻으로 오만방자(傲慢放恣)와 비슷한 말입니다. '펄펄 뛸 만큼 대단히 성이 남'을 의미하기도 합니다.

우리말 겨루기

72 '엉뚱한 대답'을 뜻하는 말은? (첫소리 : ㄷㅁㅅㄷ)

🍯 꿀잼상식 쏙쏙!

'동문서답(東問西答)'은 물음과는 전혀 상관없는 엉뚱한 대답을 말합니다.

우리말 겨루기

73 '모르는 사이에 조금씩 조금씩'이라는 뜻의 우리말은?

🍯 꿀잼상식 쏙쏙!

시나브로는 아주 느리게 일이 진행되는 것을 비유하는 말로, 주로 동사 앞에서 그 움직임을 꾸며주는 역할을 합니다.

우리말 겨루기

74 다음 중 맞춤법이 틀린 것은?

① 고정란   ② 인사난   ③ 모임난

🍯 꿀잼상식 쏙쏙!

'인사난'은 '인사란'으로 써야 올바른 표현입니다. 신문이나 잡지 따위에서 인사(人事)나 소식을 알리는 기사를 싣기 위해 마련된 지면을 뜻하는 말입니다.

75 뾰족한 송곳은 가만히 있어도 주머니를 뚫고 나오듯 재능이 남다르면 반드시 드러나기 마련이라는 뜻의 사자성어는 무엇인가?

꿀잼상식 쏙쏙!

낭중지추(囊中之錐)는 '주머니 속의 송곳'이라는 뜻으로 재능이 뛰어난 사람은 숨어 있어도 저절로 사람들에게 알려진다는 의미의 사자성어입니다.

76 중국 춘추 시대 거문고의 명수로 이름이 높았던 백아와 그의 벗이었던 종자기의 우정에서 유래한 사자성어로 절친한 우정을 비유할 때 쓰이는 이것은 무엇인가?

꿀잼상식 쏙쏙!

백아절현(伯牙絶絃)은 '백아가 거문고 줄을 끊었다'는 뜻으로 백아는 종자기가 죽자 자신의 음악을 알아주는 이가 없다며 거문고 줄을 끊고 다시는 거문고를 연주하지 않았다는 이야기에서 유래한 사자성어입니다. 자기를 알아주는 참다운 벗의 죽음을 슬퍼한다는 의미가 담겨 있습니다.

77 연극에서 막이 끝난 뒤 다음 막이 오르기까지 의상을 갈아입거나 무대를 점검하는 시간을 이것이라고 불렀다. 흔히 짬을 내 다른 일을 할 때 '이것을 이용하다'라고 표현하는 이것은 무엇인가?

꿀잼상식 쏙쏙!

막간(幕間)은 연극에서 유래한 말로 어떤 일의 한 단락이 끝나고 다음 단락이 시작되는 동안을 뜻하는 말입니다.

78 원래 '눌러서 넘어뜨린다'는 뜻으로 흔히 월등한 힘이나 능력으로 우위를 점했을 때 '상대방을 이것하다'라고 사용하는 말은 무엇인가?

꿀잼상식 쏙쏙!

압도(壓倒)는 뛰어난 힘이나 재주로 남을 눌러 꼼짝 못 하게 하는 것을 의미하는 말입니다.

79 이것은 원래 귀금속을 문질러서 그 품질을 알아보는 데 쓰는 검은 빛깔의 단단한 돌을 가리킨다. 또 어떤 사물의 가치나 사람의 능력을 평가하는 데 기준이 될 만한 사물을 비유해서 사용하기도 한다. 이것은 무엇인가?

꿀잼상식 쏙쏙!

시금석(試金石)이란 어떤 사물의 가치나 사람의 능력 등을 평가하는 데 기준이 될 만한 사물을 비유하여 이르는 말로 쓰이지만, 문학비평에서 가장 위대한 시인들의 정선된 짧은 문장을 지칭하는 문학용어로도 사용됩니다.

80 '호미로 막을 것을 ▨▨▨▨(으)로 막는다'는 속담이 있다. 일이 쉬울 때 미리 하지 않고 나중에 큰 힘을 들이게 되는 것을 비유하는 속담이다. 여기서 이것은 흙을 파헤치거나 떠서 던지는 농기구다. 보통 서너 명이 함께 사용하는 이 농기구는 무엇인가?

꿀잼상식 쏙쏙!

가래는 정지작업이나 흙을 옮기는 작업 등에서 흙을 파서 던지는 데 쓰는 농기구입니다.

정답 71 기고만장 72 동문서답 73 시나브로 74 ② 75 낭중지추 76 백아절현 77 막간 78 압도 79 시금석 80 가래

03 | 역사

LEVEL ① 초급

| OX 퀴즈 |

01 구석기 시대에는 주로 동굴이나 강가의 막집에서 살았다.　　O / X

> **꿀잼상식 쏙쏙!**

구석기 후기에 이르러서 담 자리 및 불 땐 자리가 발견됨에 따라 강가의 막집에서 거주했음을 알 수 있습니다.

02 신석기 시대에는 결혼 상대를 다른 씨족에서 구해야 하는 족외혼이 행해졌다.　　O / X

> **꿀잼상식 쏙쏙!**

신석기 시대는 폐쇄적인 독립 사회였지만 족외혼으로 부족을 이루었습니다.

03 조선 전기의 양민들은 자신의 능력에 따라 관리로 진출할 수 있었으나, 법제적으로는 큰 제약을 받았다.　　　　　　　　　　　　　　　　O / X

꿀잼상식 쏙쏙!

양민은 교육과 정치적 출세에 있어서 법제적 자유인이었습니다.

04 현재까지 전해지는 문화유산 중에 세계에서 가장 오래된 목활자 인쇄물은 〈고금상정예문〉이다.　　　　　　　　　　　　　　　　　O / X

꿀잼상식 쏙쏙!

현전하는 최고의 목활자 인쇄물은 〈무구정광대다라니경〉(신라, 751년)입니다. 〈고금상정예문〉은 고려가 1234년에 인쇄한 금속활자본으로서 현재 전해지지는 않고 있습니다.

05 고대 삼국의 전성기를 이끌었던 광개토대왕(고구려), 근초고왕(백제), 진흥왕(신라) 중에서 가장 이른 시기에 즉위한 왕은 근초고왕이다.　　O / X

꿀잼상식 쏙쏙!

재위 기간을 살펴보면 근초고왕은 346~375년, 광개토대왕은 391~412년, 진흥왕은 540~576년입니다. 따라서 가장 이른 시기에 즉위한 왕은 근초고왕이 맞습니다.

06 우리나라 '신문의 날'은 서재필 박사가 창간한 〈독립신문〉 창간일과 같다.　　　　　　　　　　　　　　　　　　　　　　　　　O / X

꿀잼상식 쏙쏙!

한국 최초의 민간신문 〈독립신문〉(1896년)의 창간일을 기념해 1957년 4월 7일을 제1회 '신문의 날'로 지정했습니다.

07 남한과 북한의 정부가 최초로 합의한 평화 통일안은 남북기본합의서 (1991)이다.　　　　　　　　　　　　　　　　　　　　　　O / X

🍯 꿀잼상식 쏙쏙!

1972년 7·4 남북공동성명은 남북한 정부가 최초로 합의한 평화 통일안이며, 이후 남북한의 통일 논의에 대한 기본 기준이 되었습니다.

08 1954년 사사오입 개헌은 3선 금지 조항으로 인하여 당시 이승만의 3대 대통령 선거 진출이 불가능한 것이 배경이 되어 일어났다.　　　　O / X

🍯 꿀잼상식 쏙쏙!

사사오입 개헌은 3선 금지 조항 폐지 개헌안 발의에서 국회 표결 결과 정족수 1명 부족으로 부결되었을 때 사사오입(반올림)으로 개헌안을 통과시킨 것을 말합니다.

09 그리스의 폴리스 중 하나인 아테네는 엄격한 군사교육과 강력한 군대로 유명했다.　　　　　　　　　　　　　　　　　　　　　　　　O / X

🍯 꿀잼상식 쏙쏙!

그리스의 폴리스 중 하나였던 스파르타는 폐쇄적 사회 체제와 엄격한 군사교육 그리고 강력한 군대 등으로 유명하여 오늘날의 '스파르타식 교육'과 같은 단어가 생겨나게 되었습니다. 반면 아테네는 강력한 군대보다는 민주주의 철학 등 인류의 정신문명의 발전을 중요시하였습니다.

10 우리나라에서 최초로 화약을 발명한 사람은 장영실이다.　　　O / X

🍯 꿀잼상식 쏙쏙!

우리나라 최초로 화약을 발명한 사람은 고려 후기의 무관이자 무기발명가였던 최무선입니다. 당시 전 세계에서 화약을 생산할 수 있었던 나라는 중국밖에 없었고, 중국은 그 제조법이 외부로 유출되지 않도록 각별한 노력을 기울였습니다. 하지만 최무선은 끈질긴 노력으로 제조법을 알아내 화약을 국내에서 생산했고, 화통도감을 설치해 화약과 무기를 만들어냈습니다.

| 객관식 |

11 한반도에서 다음 유물이 처음 등장한 시기의 사회상에 대한 설명으로 옳은 것은?

① 거푸집을 사용해 도구를 만들었다.
② 슴베찌르개와 활을 이용해 사냥을 하였다.
③ 농경과 목축을 통해 식량을 생산을 하기 시작했다.

> **꿀잼상식 쏙쏙!**

반달 돌칼과 비파형 동검은 청동기 시대의 유물이며, 거푸집도 청동기 시대에 사용됐습니다. ②는 구석기, ③은 신석기 시대의 생활상을 나타냅니다.

12 선사 시대와 역사 시대를 구분하는 기준으로 적절한 것은?

① 문자 사용 유무   ② 계급 발생 유무   ③ 농경과 목축의 시작

> **꿀잼상식 쏙쏙!**

문자 기록이 없던 시기를 선사 시대, 문자로 기록을 남긴 시기를 역사 시대라고 합니다.

13 다음 중 최초로 고조선의 건국 연대를 기원전 2333년으로 밝히고 있는 역사서는 무엇인가?

① 〈동국통감〉　　　② 〈해동역사〉　　　③ 〈제왕운기〉

꿀잼상식 쏙쏙!

〈동국통감〉은 조선 성종 대에 서거정 등이 편찬한 역사서입니다. 고조선부터 고려 말까지의 역사를 편년체로 정리하였는데요. 중국 요나라 임금의 즉위년에 비교하여 고조선의 건국 연대를 기원전 2333년으로 밝히고 있습니다.

14 다음 중 제도의 성격이 나머지와 가장 먼 것 중 하나는 무엇인가?

① 상피제도　　　② 사심관제도　　　③ 기인제도

꿀잼상식 쏙쏙!

상피제도를 제외한 나머지 제도는 지방 호족의 기반 강화에 대한 견제의 성격을 띠고 있습니다. 상피제도란 고려 선종 대에 실시된(1092) 제도로 관료체계의 원활한 운영을 위해 지방 파견 관리가 자신의 가족과 친척이 사는 지방에 부임할 수 없도록 하는 것을 말합니다.

15 1380년 최무선이 화포를 사용해 왜구를 격퇴한 전투는 무엇인가?

① 진포대첩　　　② 행주대첩　　　③ 황산대첩

꿀잼상식 쏙쏙!

진포대첩은 나세, 최무선 등이 이끄는 고려 수군이 군산 앞바다에서 처음으로 화약 무기를 사용해 왜구를 크게 무찌른 해전입니다. 행주대첩은 1593년 임진왜란 때 권율이, 황산대첩은 1380년 이성계가 지리산 부근 황산에서 왜구의 침입을 격퇴한 전투를 말합니다.

16 1920년대 대한민국 임시정부를 중심으로 추진한 독립운동 단체들의 통합 운동으로서, 그 결과 1927년 신간회 결성을 이끈 '운동'은?

① 사회주의 운동　　② 민족 유일당 운동　　③ 한인애국단의 투쟁

꿀잼상식 쏙쏙!

3·1 운동 이후 독립운동 단체 사이에서 이념 갈등이 불거지자 민족운동의 분열을 해결하고자 이념을 초월한 민족 유일당 운동이 일어나게 되었습니다.

17 다음 중 이승만 정권과 관련이 없는 것은?

① 발췌 개헌　　② 사사오입 개헌　　③ 5·16 군사정변

꿀잼상식 쏙쏙!

5·16 군사정변은 1961년 5월 16일 박정희의 주도로 육군사관학교 8기생 출신 군인들이 제2공화국을 폭력적으로 무너뜨리고 정권을 장악한 군사정변을 말합니다. 5·16 군사정변은 박정희 정부가 출범하게 된 계기가 되었습니다.

18 '퇴폐주의'를 뜻하는 프랑스어로 로마 제국의 쇠퇴과정에서 나타난 '병적 향락주의'를 모델로 한 예술경향은?

① 헤게모니　　② 데카당스　　③ 니힐리즘

꿀잼상식 쏙쏙!

데카당스(Decadence)는 19세기 후반 유럽 전역에 유행했던 퇴폐적 경향이나 예술운동을 가리키는 말입니다. 대표적인 예술가들로는 프랑스의 보들레르, 베를렌, 말라르메, 랭보 등이 있습니다.
• 헤게모니(Hegemony) : 어느 한 집단이나 국가 등이 다른 집단이나 국가 등을 지배하는 것
• 니힐리즘(Nihilism) : '아무것도 존재하지 않는다'는 뜻으로 허무주의를 의미

| 주관식 |

19   삼국은 귀족 합의 기구를 중심으로 국정이 운영되었는데, 고구려는 제가 회의, 백제는 정사암회의, 신라에는 이 회의가 있었다. 이 회의는?

화백회의는 신라에서 진골 이상의 귀족들이 모여 국가의 중대사를 의논한 회의 기구로 만장일치를 통해 중요 사항을 처리했습니다.

20   612년 고구려가 수나라 양제의 대군을 맞이하여 대승을 거둔 전투이다. 을지문덕이 살수(薩水, 지금의 청천강)에서 수나라 별동대 30만을 수장시킨 이 전투는?

살수대첩은 612년(영양왕 23) 고구려가 수나라 양제의 침공을 격퇴하고 대승리를 거둔 싸움을 가리킵니다.

21   고구려에서 농민생활의 안정을 위해 194년 고국천왕이 실시한 정책이다. 봄에 곡식을 빌려주었다가 가을에 갚도록 한 이 제도는?

진대법은 흉년이나 춘궁기에 농민에게 양곡(糧穀)을 대여해주는 고구려의 사회보장제도입니다. 기록상으로는 고구려 고국천왕 16년(194년)에 3월부터 7월까지 관곡을 풀어서 진대하였다가 10월에 환납하도록 한 것이 최초입니다. 후에 고려 시대 의창, 조선 시대의 환곡으로 이어졌습니다.

22 신라 제17대 왕으로 '마립간'이라는 왕의 칭호를 처음 사용했으며, 김씨 세습 왕권을 확립한 사람은?

내물왕은 신라 제17대 왕입니다. 마립간이란 우두머리, 수장(酋長)의 의미로 왕을 의미합니다. 박, 석, 김의 3성에서 번갈아 왕을 선출하는 대신, 김씨에 의한 왕위 세습을 이룸으로써 중앙집권 체제를 정비하고 고대 국가의 기틀을 마련하였습니다.

23 이것은 372년 고구려 소수림왕 때 설립된 국립 교육기관이다. 귀족의 자제를 대상으로 유교적 정치 이념을 교육하였던 이 기관은?

태학은 고구려의 교육기관으로, 372년(소수림왕 2년)에 세웠다고 전해집니다. 현재 기록으로 남아 있는 우리나라 최초의 학교입니다.

24 조선 후기 실학자 박지원은 청나라 건륭제의 70번째 생일을 축하하는 사절로 연경을 방문해 보고 들은 것을 기록했다. 이 책은 압록강 국경을 건너가 연경을 거쳐 건륭제의 여름 별궁에서 다시 베이징에 돌아오기까지 약 두 달간의 일을 시간과 분야별로 나누어 기록했는데, 당시 중국의 정치 · 경제 · 사회 등 광범위한 분야를 상세히 기술한 이 책은?

〈열하일기〉는 박지원이 44세에 청나라 건륭제의 만수절에 사절로 가게 되면서 보고 들은 것을 기록한 기행문입니다. 발표 당시에는 보수파들에게 비난을 받기도 했으나 중국의 신문물을 망라한 서술로 실학사상을 상세하게 소개하는 등 매우 실용적이며 유용한 책입니다.

25 이것은 전국 시대를 통일한 진의 시황제가 실용서적을 제외한 모든 사상 서적을 불태우고 자신을 비판하는 유학자들을 죽인 사건이다. 승상 이사 의 건의로 시행된 이 조치는 무엇인가?

분서갱유란 불사를 분(焚), 글 서(書), 구덩이 갱(坑), 선비 유(儒)로 '책을 불사르고, 선비들을 생매장시 킨다'는 뜻입니다.

26 중국 혁명의 선도자로서 신해혁명 후 임시 대총통으로 추대된 바 있으며, 삼민주의의 제창을 통해 중국 혁명의 임무 완수를 추진했다. 1968년 대한 민국 정부로부터 임시정부를 지원한 공으로 건국훈장 대한민국장이 추서 되기도 한 이 사람은?

삼민주의로 대표되는 쑨원은 중국 혁명의 선도자이자 정치가입니다. 만주족이 세운 청나라를 타도하고 한족의 새로운 국가를 세우자는 주장을 하였으며, 모든 국민이 정치적으로 평등한 권리를 갖자는 민권 확립 외에도 경제적 불평등을 해소시키려고 노력했습니다. 특히 신해혁명을 통해 새로운 공화국인 중화민국 정부를 수립하는 데 가장 큰 역할을 했던 인물입니다.

27 14~16세기 일어난 문화운동으로 학문이나 예술의 부활, 재생이라는 뜻을 가진 말은?

르네상스는 재생 · 부활의 의미를 가진 프랑스어 'Renaissance', 이탈리아어 'Rinascenza'에서 유래 된 말로 고대 그리스 · 로마 문화의 부흥을 목적으로 하는 운동입니다. 이탈리아에서 시작됐으며 프랑 스, 독일, 영국 등 기타 유럽 지역에 전파되어 근대 유럽 문화를 꽃피우는 기반이 되었는데요. 이러한 르네상스 문화는 인간 중심적이라는 특징을 가지고 있습니다.

| OX 퀴즈 |

---

28 한나라 무제가 고조선을 멸망시키고 고조선의 일부 지역에 군현을 설치한
이후 8조에 불과하던 법 조항도 60여 조로 늘어났다. **O / X**

> **꿀잼상식 쏙쏙!**

기원전 108년 고조선 멸망 이후 한나라가 군현을 설치하자 급격한 사회 변동이 일어났고, 토착민들이
단결해 한(漢) 군현의 억압과 수탈에 맞섰습니다. 또한 8조에 불과하던 법 조항도 60여 조로 늘어났
고, 풍속도 각박해졌습니다.

---

29 조선 시대에도 이혼제도가 있었다. **O / X**

> **꿀잼상식 쏙쏙!**

조선 시대에는 유교의 영향으로 '정절'을 강조했지만 당시에도 이혼은 존재했습니다. 주로 남편이 칠
거지악(七去之惡)이라는 이유를 들어 일방적으로 처에게 이혼을 요구하는 경우가 대부분이었습니다.

---

30 강화도 조약 이후 일본에 파견되어 일본의 근대화 실상을 파악한 외교사
절은 영선사이다. **O / X**

> **꿀잼상식 쏙쏙!**

일본에 파견한 외교사절은 수신사로, 강화도 조약 이전에 일본에 파견되었던 조선통신사의 근대적 표
현이라 할 수 있습니다. 영선사는 중국의 선진문물을 견학하고 미국과의 수교 문제를 협의하기 위해
청나라에 파견된 사절단으로 근대적 무기 제조법과 군사훈련법, 외국어 등을 습득하였습니다.

---

31 한반도의 고대 국가 중에서 신지, 읍차, 천군 등의 신분이 있었던 나라는 건국 초기 아사달을 수도로 정했다. O / X

> **꿀잼상식 쏙쏙!**

삼한은 신지, 읍차 등의 정치적 지도자와 천군이라는 종교적 지도자가 있었기 때문에 제정이 분리된 사회였음을 알 수 있습니다. 아사달은 고조선 건국 초기 수도로서, 정확한 위치는 알 수 없습니다.

32 신라는 삼국을 통일한 이후에 민족 융합 정책의 일환으로 고구려와 백제의 옛 지배층을 골품제도 체제에 편입시켰다. O / X

> **꿀잼상식 쏙쏙!**

신라는 고구려와 백제의 지배층뿐만 아니라 백성들도 신라의 국민으로 융합시키기 위해 지방 행정구역을 9주로 정비하면서 신라, 백제, 고구려의 옛 땅에 3개 주씩 설치해 중앙군인 9서당을 편성할 때 신라인뿐만 아니라 고구려계, 백제계, 말갈계까지 포함시켰습니다.

33 일제가 경복궁을 포위하고 고종을 협박해 설치한 정치 · 군사 담당 기관은 광무개혁을 주도하였다. O / X

> **꿀잼상식 쏙쏙!**

청 · 일 전쟁 후 일본의 강압으로 관제를 개혁하던 고종 31년(1894)에 설치된 군국기무처는 갑오개혁(1894)을 주도했습니다. 광무개혁(1897~1904)은 대한제국이 자주적 독립권을 수호하기 위해 실시한 내정 개혁입니다.

34 미국 윌슨 대통령이 발표한 14개조 평화 원칙에 자극을 받은 신채호 등의 독립운동가들은 상해에서 〈대동단결선언문〉을 발표했다. O / X

> **꿀잼상식 쏙쏙!**

윌슨 대통령이 비밀 외교 금지, 군비 축소, 민족 자결주의와 국제연맹 창설 등이 포함된 14개조 평화 원칙을 제시한 때는 1918년 1월이며, 독립운동가들이 단체간 단결을 촉구하고 황제의 주권이 국민에게 선양됐음을 선언한 〈대동단결선언문〉은 1917년 7월에 발표됐습니다.

35 고려 때 귀주대첩을 이루어낸 장군은 왕에게 건의해 개경 주위에 나성을 쌓을 것을 건의하기도 했다. O / X

꿀잼상식 쏙쏙!

강감찬 장군은 현종에게 나성을 축조할 것을 건의했으며, 1009년부터 시작된 나성 축조 공사는 1029년에 마무리됐습니다. 또한 강감찬 장군은 1020년 2월 귀주성에서 거란군을 크게 물리쳤습니다.

36 북한에서 사회주의 헌법이 제정되어 독재 체제가 완성된 이후에 남한에서는 5 · 16 군사정변으로 박정희 정부가 들어섰다. O / X

꿀잼상식 쏙쏙!

북한은 1972년 12월 27일 최고인민회의의 제5기 제1차 회의에서 사회주의 헌법을 제정했으며, 이날을 헌법절로 기념하고 있습니다. 남한에서 박정희의 주도로 육사 출신 군인들이 군사정변을 일으킨 날은 1961년 5월 16일입니다.

37 키레네 학파는 쾌락을 가장 가치 있는 인생의 목적이라 여겼으며 육체적 쾌락을 추구했다. O / X

꿀잼상식 쏙쏙!

키레네 학파는 쾌락을 선으로 추구한 고대 그리스 철학의 한 분파로 지중해의 도시 키레네의 지명에서 유래했습니다. 키레네 학파의 창시자 아리스티포스는 쾌락을 인생의 목적이라 하며 육체적 쾌락이 정신적 쾌락보다 우위에 있다고 보았습니다. 이런 점에서 에피쿠로스 학파가 추구하는 정신적 쾌락과 차이가 있습니다.

38 영화 〈라이언 일병 구하기〉의 배경인 노르망디 상륙작전이 펼쳐진 전쟁은 제2차 세계대전이다. O / X

꿀잼상식 쏙쏙!

노르망디 상륙작전은 제2차 세계대전 중이던 1944년 6월 6일 미 · 영연합군(총사령관 아이젠하워)이 북프랑스의 노르망디 해안에서 감행한 사상 최대의 상륙작전입니다. 이 작전은 전쟁 초기 서부전선에서 패하여 유럽 대륙으로부터 퇴각한 연합군이 독일 본토로 진공하기 위한 발판을 유럽 대륙에 마련하고자 감행한 것입니다.

39 신라의 활발한 영토 확장 정책을 설명하는 다음 지도에서 ㉠에 들어갈 왕의 이름으로 가장 적절한 것은?

① 눌지왕   ② 지증왕   ③ 진흥왕

꿀잼상식 쏙쏙!

지도에 있는 북한산비(555년), 창녕비(561년), 황초령비(568년), 마운령비(568년) 등의 순수비(임금이 살피며 돌아다닌 곳을 기념하기 위해 세운 비석)로 보아 ㉠의 왕은 신라의 제24대 임금 진흥왕(재위 540~576)임을 알 수 있습니다.

40 조선시대에 일어난 4대 사화의 발생 시기가 이른 순서대로 배치한 것을 고르면?

① 무오사화 – 갑자사화 – 기묘사화 – 을사사화
② 무오사화 – 기묘사화 – 을사사화 – 갑자사화
③ 갑자사화 – 을사사화 – 무오사화 – 기묘사화

꿀잼상식 쏙쏙!

무오사화(1498) – 갑자사화(1504) – 기묘사화(1519) – 을사사화(1545)

41 우산국을 정벌했던 신라 장군의 이름과 신라 때 국가 기밀과 정무를 담당한 최고기구의 이름에 공통으로 들어가는 글자는?

① 조영 　　　　② 사부 　　　　③ 해동

꿀잼상식 쏙쏙!

이사부는 지증왕 13년(512)에 가야와 우산국을 정벌했고, 진흥왕 11년(550)에는 고구려의 도살성과 백제의 금현성을 빼앗는 등 영토를 넓혔습니다. 집사부는 진덕여왕 5년(651)에 조조의 출납을 담당하던 품주를 고친 것으로, 흥덕왕 4년(829)에 다시 집사성으로 고쳤습니다.

42 흥선대원군의 개혁 정치와 관계가 없는 것은?

① 호포법의 시행
② 비변사의 기능 강화
③ 대전회통의 편찬

꿀잼상식 쏙쏙!

흥선대원군은 비변사의 기능을 축소하고, 의정부와 삼군부의 기능을 부활시켜 정치와 군사를 각각 담당하게 하였습니다.

43 1907년 대구에서 시작된 민족운동으로 제국신문, 황성신문, 만세보 등 언론 기관들의 지원을 받은 것은?

① 국채보상운동 　　② 물산장려운동 　　③ 애국계몽운동

꿀잼상식 쏙쏙!

국채보상운동이란 국민이 차관 1,300만원을 갚아 국가의 주권을 회복하고자 김광제, 서상돈 등의 제안으로 대구에서 시작된 운동입니다. 이후 대한매일신보, 황성신문, 제국신문 등의 지원을 받아 전국적으로 확산되었습니다. 2017년에는 그 기록물이 유네스코에 등재되기도 했습니다.

44 다음 중 조선의 임금 인조가 '삼배구고두(三拜九叩頭)'를 한 청나라의 황제는 누구인가?

① 숭덕제   ② 천명제   ③ 순치제

꿀잼상식 쏙쏙!

숭덕제(홍타이지)는 태조인 아버지 천명제(누르하치)의 뒤를 이어 청나라의 2대 황제로 등극해 내치와 후방의 안정을 도모했습니다. 이 과정에서, 인조의 등극 후 청나라에 적대적이던 조선을 침략해 항복시키고 1637년 삼전도에서 인조에게 삼배구고두를 하게 하였습니다.

45 다음 역사적 사건 중 가장 먼저 일어난 사건은 무엇인가?

① 프랑스 혁명
② 중국 1차 아편 전쟁
③ 일본 메이지 유신

꿀잼상식 쏙쏙!

프랑스 혁명은 바스티유 감옥을 습격한 1789년 7월 14일에 시작됐으며, 아편 전쟁은 1840년 7월 14일 영국의 청나라 공격으로 발발했습니다. 메이지 유신은 1867년 에도 막부 15대 쇼군 도쿠가와 요시노부가 메이지 천황에게 국가통치권을 돌려준 대정봉환 이후 메이지 연호를 쓰기 시작한 1868년에 시작됐습니다.

46 '밀라노 칙령'과 가장 관련 있는 로마 황제의 이름은 무엇인가?

① 콘스탄티누스   ② 트리야누스   ③ 아우구스투스

꿀잼상식 쏙쏙!

로마 콘스탄티누스 1세는 313년 밀라노 칙령을 내려 제국이 종교에 대해 중립적 입장을 고수한다고 포고하였습니다.

| 주관식 |

47 부여는 국왕이 중앙을 다스리고 가축의 이름을 딴 마가, 우가, 구가, 저가 등의 우두머리들이 사방의 각 부족을 다스리는 부족 연맹을 형성하였다. 이와 같은 부여의 지방 통치 방식은 무엇인가?

꿀잼상식 쏙쏙!

부여는 전국을 5개 지역으로 나누어 통치하였는데, 수도를 중심으로 동·서·남·북의 방위에 따라 지방을 4개 구역으로 나누었으며 그것을 사출도(四出道)라고 하였습니다.

48 이곳은 조선의 문신 양산보가 지은 정원으로 스승 조광조가 훈구파의 모함으로 유배당하자 세상의 뜻을 버리고 낙향해 지은 것이다. '기운이 맑고 깨끗하다'는 뜻의 양산보의 호를 따서 이름 지어진 이곳은 전라남도 담양에 있는 정원이다. 이곳의 이름은?

꿀잼상식 쏙쏙!

소쇄원의 주인인 양산보는 죽을 때 소쇄원을 남에게 팔지 말고, 어리석은 후손에게 물려주지 말라고 유언을 남길 정도로 아꼈다고 합니다. 대숲이 시원하게 우거져 있으며 나무 한 그루 한 그루에 선비의 마음과 그가 추구하던 이상이 담겨 있다고 합니다.

49 이 정책은 조선 시대 금난전권으로 중소 상인 등의 불만이 높아지자 1791년 정조가 실시한 정책이다. 육의전을 제외한 시전 상인의 금난전권을 폐지해 중소 상인의 자유로운 상업 활동을 보장했는데, 물가의 폭등을 막고 상품경제의 발달을 가져온 이 정책은 무엇인가?

꿀잼상식 쏙쏙!

신해통공이라고도 하는 통공정책은 도성 내 사상들의 자유로운 상업 활동을 허용하는 정책입니다. 이는 소상인 및 소상품 생산자들에 대한 규제 완화 정책으로 상품경제의 발달을 가져왔습니다.

50 멘토링은 경험과 지식이 많은 사람이 스승 역할을 해 조언을 하는 것을 뜻하며 그리스 신화에 나오는 이 사람의 친구 멘토르에서 유래했다. 트로이 전쟁에서 목마를 고안해 그리스군을 승리로 이끄는 데 공헌한 이 사람은 누구인가?

꿀잼상식 쏙쏙!

〈오디세이〉는 호메로스의 대서사시로 그리스 신화에 등장하는 영웅 오디세우스의 트로이 전쟁 모험담을 그린 작품입니다. 〈오디세이〉에 등장하는 오디세우스는 트로이 전쟁에 혁혁한 공을 세우지만, 출정 후 귀향하기까지의 오랜 기간 동안 그의 아들 텔레마코스는 오디세우스의 친구인 멘토르가 돌보았다는 이야기를 담고 있습니다.

51 영국의 솔즈베리 평원에 있는 고대 거석문화유물인 이것은 기원전에 구축된 것으로 추측되고 있다. 세계 불가사의 중 하나인 이것은?

꿀잼상식 쏙쏙!

유럽의 많은 문화유산 가운데 가장 의문이 많은 유적지가 런던 남서쪽에 위치한 스톤헨지입니다. 우주에 살고 있는 외계인이 와서 만들었다는 주장부터 중세 시대 마녀들이 자신이 원하는 것을 기원했다는 추측까지 아직 정확하게 밝혀진 것은 없습니다. 이 단어의 정확한 뜻은 '매달려 있는 바윗돌'이라는 의미입니다.

52 1815년 벨기에 남동부 지역에서 영국, 프로이센 등이 포함된 연합군이 프랑스군을 격퇴한 전투이다. 나폴레옹의 마지막 전투로 알려진 이것은?

꿀잼상식 쏙쏙!

워털루 전투는 1815년 6월 엘바섬에서 돌아온 나폴레옹 1세가 이끈 프랑스군이 영국, 프로이센 연합군과 벨기에 남동부 워털루(Waterloo)에서 벌인 전투로, 프랑스군이 패배하여 나폴레옹 1세의 지배가 끝나게 되었습니다.

| OX 퀴즈 |

53 고조선은 기원전 3세기경에 부왕(否王) 등의 강력한 왕이 등장해 왕위를 세습했다. **O / X**

> **꿀잼상식 쏙쏙!**
>
> 고조선은 기원전 4세기 말에는 왕을 칭할 정도의 국가 체제를 갖추었습니다. 기원전 3세기에는 부왕(否王), 준왕(準王) 등의 강력한 왕이 등장하여 왕위를 세습했으며, 그 밑에 상(相), 대부(大夫), 장군(將軍) 등의 관직을 두었습니다.

54 한반도에서 중앙의 군대 조직으로 9서당을 운용했던 국가에는 '만파식적'의 이야기가 전해졌다. **O / X**

> **꿀잼상식 쏙쏙!**
>
> 신라 진평왕 5년(583)부터 신문왕 7년(687)까지 운용된 9서당에는 민족 융합을 위해 신라인, 고구려인, 백제인, 말갈인 등이 두루 포함됐습니다. 피리를 불면 적군이 물러가고 재앙이 사라졌다는 만파식적 이야기에는 번영을 누리던 통일신라의 사회상이 반영돼 있습니다.

55 나당 전쟁에서 신라가 승리한 시기는 중국이 발해를 '해동성국'이라고 부르기 시작했던 시기보다 앞선다. **O / X**

> **꿀잼상식 쏙쏙!**
>
> 신라가 기벌포 전투에서 이김으로써 나당 전쟁에서 최종 승리하며 삼국통일을 완성한 시기는 문무왕 16년(676)입니다. '해동성국'은 발해의 제10대 임금인 선왕의 재위(818~830) 당시 전성기를 누리던 발해를 중국에서 부르던 말입니다.

56 고려는 무신을 뽑을 때도 과거제도를 통해 명경과와 제술과를 실시했다.

O / X

꿀잼상식 쏙쏙!

명경과는 유교 경전에 대한 이해 능력을, 제술과는 문학적 재능과 정책을 시험하는 것이며, 명경과와 제술과를 통해 문신을 뽑았습니다. 잡과는 법률 · 회계 · 지리 · 실용 기술학을 시험하는 것으로, 제술과를 통해 기술관을 뽑았습니다. 그러나 무신을 뽑는 무과는 실시되지 않았습니다.

57 영국에서 의회의 주도로 명예혁명이 일어난 이후 조선에서는 임진왜란 중에 여진족이 원군을 보내겠다는 것을 거절한 사건이 있었다. O / X

꿀잼상식 쏙쏙!

1598년 여진족이 원군 파견을 제의하자 조선과 명나라 연합군은 여진족이 연합군의 군사 정보와 조선의 지리를 정탐할 것을 우려해 거절했습니다. 한편 1688년 명예혁명이 일어나 절대왕정이 무너진 영국은 권리장전을 통해 입헌군주제의 기틀을 마련했습니다.

58 보불 전쟁의 결과로 프랑크푸르트 조약이 체결된 이후에 조선은 '대한제국'으로 국호를 변경했다. O / X

꿀잼상식 쏙쏙!

보불 전쟁(1870~1871), 즉 프로이센(독일)과 프랑스 사이에서 일어난 전쟁의 결과로 프로이센이 승리하며 프랑크푸르트 조약이 체결됐습니다. 조선이 '대한제국'으로 국호를 바꾼 시기는 1897년(고종 34년)입니다.

59 3 · 1 운동 이후 대두하여 민족운동에 영향을 끼친 사회주의 운동가들은 자본주의 체제를 인정함으로써 지주와 자본가 세력을 끌어들이려 했다.

O / X

사회주의 운동은 농민과 노동자를 단결시켜 일제를 타도하려는 목표와 더불어, 사유재산 제도에 바탕을 둔 자본주의 체제를 부정했습니다. 이로 인해 일제의 극심한 탄압을 받은 것은 물론이고 지주와 자본가들이 중심이 된 민족주의 운동과도 갈등과 분열을 겪었습니다.

60 1937년 중국 지린성 장춘현에서 일어난 만보산 사건에는 한국과 중국의 반일(反日) 투쟁 세력을 분열시키려는 일본의 음모가 숨어있었다. **O / X**

한국과 중국의 농민 간에 발생한 수로 싸움에서 일본 경찰이 한국 농민을 편들면서 중국 농민에게 발포했는데, 이를 계기로 국내와 만주에서 두 민족 사이에 유혈 충돌이 수차례 발생했고 중국인의 반한 감정이 확산돼 만주 지역의 동포들과 독립군은 활동에 어려움을 겪었습니다.

| 객관식 |

61 1971년 공주시 송산리에서 발견된 무령왕릉의 무덤 양식으로 맞는 것은?

① 돌무지무덤 　　　② 돌방무덤 　　　③ 벽돌무덤

벽돌무덤은 일정한 크기의 벽돌로 내부 매장시설을 축조한 무덤 양식을 말합니다. 현재 백제의 영역에서 발견된 벽돌무덤은 공주 송산리 고분군에 있는 송산리 6호분과 무령왕릉 2기가 대표적입니다.

62 다음 중 조선시대 한문학의 총결산이라 평가받는 〈동문선(東文選)〉의 정편, 속편, 신찬 등의 편찬에 참여하지 않은 인물은?

① 성삼문   ② 서거정   ③ 신용개

꿀잼상식 쏙쏙!

신라부터 조선 숙종 때까지의 시문(詩文)을 모아 엮은 〈동문선〉에는 성종 9년(1478)에 서거정 등이 왕명에 따라 편찬한 정편(正編)과 중종 때 신용개 등이 편찬한 〈속동문선〉 등이 있습니다.

---

63 1896년 '구본신참'을 정책이념으로 하여 집권층이 주도한 개혁은?

① 광무개혁   ② 갑오개혁   ③ 을미개혁

꿀잼상식 쏙쏙!

고종과 정부 집권층은 구본신참(舊本新參 ; 옛 것을 근본으로 하여 새 것을 참고한다)이라는 정책이념을 내세워 고종의 연호를 딴 광무개혁을 추진하였지만 집권층의 보수적 성향과 열강의 간섭으로 성과를 거두지는 못했습니다.

---

64 동학농민운동에 대한 출병 문제로 한반도 일대에서 발발한 청일 전쟁(1894~1895)의 결과로 체결된 강화 조약의 이름은?

① 황푸 조약   ② 즈푸 조약   ③ 시모노세키 조약

꿀잼상식 쏙쏙!

시모노세키 조약은 청일 전쟁 이후 두 국가가 제결한 강화 조약으로 조선의 완전한 독립, 요동 반도의 일본에의 할양 등이 주요 내용으로 담겨 있습니다. ①은 1844년에 청나라와 프랑스가 광저우 황푸(黃埔)에서 맺은 수호 통상 조약, ②는 1876년 산둥성 즈푸(芝罘)에서 청나라와 영국 사이에 맺은 조약을 말합니다.

65 우리나라가 처음으로 수출액 1,000억달러를 돌파한 시기 이후에 발생한 사건은?

① 대한민국 헌법 제9차 개정
② 서울에서 제24회 하계 올림픽 개최
③ 대한민국이 경제협력개발기구(OECD)에 가입

꿀잼상식 쏙쏙!

우리나라는 1964년 수출 1억달러, 1977년 11월 100억달러, 1995년 10월 1,000억달러를 돌파했습니다 (2022년 약 6,840억달러). ①은 1987년 10월, ②는 1988년 9월~10월, ③은 1996년 12월에 일어난 일입니다.

66 러시아 초원지대에서 활약한 최초의 기마 유목 민족에서 시작된 문명은?

① 사르마트   ② 스키타이   ③ 위구르

꿀잼상식 쏙쏙!

• 사르마트(Sarmat) : 기원전 5세기에서 기원후 4세기까지 중앙아시아 초원지대에 정착했던 유목민으로 흑해 북안의 초원지대를 배경으로 번성했던 스키타이보다는 약간 늦은 시기에 존재
• 위구르(Uighur) : 위구르라는 이름은 '연맹, 군집'이라는 의미에서 비롯된 것으로 알려짐. 몽골 고원과 중앙아시아에서 활약한 튀르키예(터키)계 민족으로 오늘날에는 중국 신장 웨이우얼 자치구에 주로 분포

67 1494년 포르투갈과 에스파냐 사이에 세계를 양분하여 지배하자는 내용을 담은 영토 조약은?

① 토르데시야스 조약   ② 사라고사 조약   ③ 메르센 조약

꿀잼상식 쏙쏙!

토르데시야스 조약은 15세기 후반(1494년), 탐험 지역들에 대한 소유권 분쟁을 해결할 목적으로 에스파냐(스페인)와 포르투갈이 체결한 사상 최초의 기하학적 영토 조약을 말합니다. 이 조약으로 브라질은 라틴아메리카에서 유일하게 포르투갈의 식민지가 되었습니다.

68 미국이 베트남 전쟁에 개입하게 된 계기가 된 사건은?

① 통킹만 사건   ② 사라예보 사건   ③ 워터게이트 사건

꿀잼상식 쏙쏙!

1964년 8월 미국의 정보수집함대 매독스호가 베트남 근해 통킹만 해상에서 공격을 받은 사건이 일어났는데, 미군은 이를 베트남 어뢰정의 공격이라 단정하여 본격적으로 베트남 전쟁에 개입하게 됩니다.

69 제2차 세계대전과 관련된 다음의 사건들 중 가장 먼저 일어난 것은?

① 카이로 회담
② 나가사키 원폭 투하
③ UN 창설

꿀잼상식 쏙쏙!

카이로 회담은 제2차 세계대전 때 이집트의 카이로에서 개최된 것으로 1943년 11월에 제1차 카이로 회담이, 그해 12월에 제2차 카이로 회담이 열렸습니다.
• 나가사키 원폭 투하 : 1945년 8월 9일
• UN 창설 : 1945년 10월 24일

| 주관식 |

70 현재 금강 하구에 해당되는 지역인 이곳은 백제에는 사비성을 지키는 중요한 관문이었다. 676년 신라가 당나라 수군에 승리하여 삼국통일을 완수하였던 이곳은?

꿀잼상식 쏙쏙!

기벌포는 백제 시대에 현재의 충청남도 서천군 장항읍(長項邑) 일대를 일컫던 명칭입니다. 나당 전쟁 당시 최후의 결전이 있었던 곳이기도 합니다. 금강 하구에 위치하고 있으며, 백제의 마지막 수도였던 사비성(泗沘城, 현 충청남도 부여군 부여읍)을 지키는 중요한 관문이었습니다.

71 이 나라는 카르타고를 비롯한 여러 식민 도시를 세우고 해상 무역을 통해 오리엔트 문명을 지중해 각지로 전했다. 알파벳의 기원인 표음문자를 사용한 이 나라는?

꿀잼상식 쏙쏙!

페니키아는 오늘날의 레바논, 시리아, 이스라엘 해안 지역의 정착촌을 중심으로 발달한 고대 해상 무역 문명을 의미합니다. 이들은 지중해 무역을 독점하고 알파벳의 기원인 표음문자를 사용했습니다.

72 이 전투는 제3차 페르시아 전쟁 중 그리스 연합 해군이 페르시아 해군을 격파시킨 해전이다. 이로 인해 페르시아의 그리스 정복과 서방 진출이 좌절되었는데, 이 해전은 무엇인가?

꿀잼상식 쏙쏙!

살라미스 해전은 수적으로 우세했던 페르시아군이 그리스 연합군에게 살라미스 해협에서 크게 패했던 전투를 말합니다. 해협이 너무 좁아 페르시아 군함들이 이동하면서 흩어져버려 수적인 우세는 오히려 전투에 있어서 장애로 작용했고, 그리스 함대는 이 기회를 놓치지 않고 전열을 이루어 페르시아에 결정적인 승리를 거두었습니다. 이 전투는 그리스-페르시아 전쟁의 전환점이 되었으며, 이때부터 그리스의 폴리스 연합은 반격에 나섰습니다. 여러 역사가들은 페르시아에 대한 승리가 고대 그리스를 발전시켰으며, 따라서 살라미스 해전을 인류사에서 대단히 중요한 전투라고 주장하고 있습니다.

73 인도 아그라의 남쪽 자무나 강가에 자리 잡았으며, 지구상에서 가장 아름답고 화려하다는 궁전 형식의 무덤으로 17세기 인도 무굴 제국 황제 샤자한이 아내를 위해 22년 동안 지은 이곳은?

꿀잼상식 쏙쏙!

타지마할은 인도의 대표적인 이슬람 건축으로 인도 아그라(Agra)의 남쪽, 자무나(Jamuna) 강가에 자리 잡은 궁전 형식의 묘지를 말합니다. 무굴 제국의 황제였던 샤자한이 아내를 추모하여 건축한 것으로 1983년 유네스코에 의해 세계문화유산으로 지정되었습니다.

74 제2차 세계대전이 끝날 무렵, 필리핀에 연합군이 상륙하자 일본군은 연합군의 진군을 막는 수단으로 이것 특공대를 편성하여 자살 공격을 했다. 13세기 몽골이 일본을 침입할 때 발생한 태풍인 '신풍(神風)'이라는 뜻의 이것은?

꿀잼상식 쏙쏙!

가미카제 특공대는 제2차 세계대전에서 폭탄이 설치된 비행기를 조종해 자살 공격을 감행했던 일본군 특공대입니다. 조종사들은 천황을 위해서 죽는 것을 명예로운 일이라고 여기며 연합군의 함대에 부딪치는 무모한 공격을 가했습니다. 그 뒤 가미카제라는 말은 위험을 감수하고 무모하게 행동하는 것에 비유되고 있습니다.

75 비잔틴 제국의 황제였던 이 사람의 이름에서 유래하였으며 '로마법대전'이라고도 불리는 이 법전은?

꿀잼상식 쏙쏙!

유스티니아누스 황제는 로마 제국을 부흥시키려는 의도로 학자들에게 명하여 유스티니아누스 법전(로마법대전)을 만들게 했습니다. 16명의 법학자들은 방대한 양의 로마 법률을 전 4부로 정리하였고, 이것은 중세 시대 유럽에 있는 여러 나라의 법률 발전에 큰 영향을 주었습니다.

76 자신을 '이탈리아의 솔로몬'이라고 말한 이 사람은 '검은 셔츠단'이라는 파시스트당의 전위대를 만든 뒤 모든 정당을 해체하고 일당독재 체제를 수립하였다. 공연 예술을 정치적 선전도구로 이용한 이 사람은?

꿀잼상식 쏙쏙!

무솔리니는 이탈리아의 정치가로 파시스트당 당수 · 총리(재임 1922~1943)였습니다. 파시즘 독재자의 대표적 인물로 찰리 채플린의 영화 〈독재자〉에서 히틀러와 함께 풍자의 대상이 되기도 했습니다.

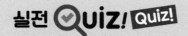
장학퀴즈

77   삼국지 3대 대전은 관도대전, 적벽대전, ▨▨▨▨▨ 이다.

> 꿀잼상식 쏙쏙!

이릉대전은 중국 삼국 시대 주요 전투 중 하나이자 삼국지 3대 대전으로 평가받는 전투입니다. 촉한의 황제 유비가 관우의 복수를 위해 오나라를 침공해 발발한 전투로 결국 오나라의 승리로 마무리되었습니다.

장학퀴즈

78   한국 여성 최초로 서양화를 전공했으며 여성에게 억압적인 사회 분위기에 맞서 '이혼고백서' 등을 통해 진보적인 여성관을 발표한 인물은?

> 꿀잼상식 쏙쏙!

시인이자 화가인 나혜석은 한국 최초의 여성 서양화가로서 최초로 개인전을 개최하는 등 활발하게 활동했으며, 시대를 앞서가는 진보적인 사고관으로 근대 신여성의 효시로 평가받고 있습니다.

유퀴즈 온 더 블럭

79   페루의 안데스 산맥에 위치한 이곳은 '늙은 봉우리'라는 뜻의 고대 도시이다. 세계 7대 불가사의 중 하나로도 꼽히는 이곳은 어디인가?

> 꿀잼상식 쏙쏙!

마추픽추는 해발 2,400m에 세워진 잉카 문명의 유적지로 1911년 한 고고학자에 의해 발견되기 전까진 존재가 알려지지 않아 '잃어버린 공중도시'라고 불렸습니다.

80 스페인어로 '금가루를 칠한 사람'이라는 뜻의 상상 속 도시로, 오늘날 '전설 속 황금 도시'라 전해져오는 이곳은 어디인가?

꿀잼상식 쏙쏙!

16세기 아마존강 인근에 위치한 엘도라도에 온몸에 황금을 칠한 왕이 살고 있다는 소문이 퍼졌는데요. 이에 스페인 탐험가들이 일확천금을 노리고 떠났지만 엘도라도를 발견한 자는 아무도 없었다고 합니다.

81 전혀 다른 분야가 만나 창조적인 아이디어를 이끌어내는 것을 '이것' 효과라 한다. 이는 15세기 이탈리아에서 예술가나 학자들이 교류할 수 있게 후원하여 르네상스 시대를 이끈 이 가문의 이름에서 유래된 것이다. 이 가문의 이름은 무엇인가?

꿀잼상식 쏙쏙!

메디치 가문은 이탈리아의 명문으로 르네상스 시대에 이탈리아의 피렌체를 지배했던 가문입니다. 예술을 이해하고 그 가치를 인정해 예술가들을 후원하는 데 앞장섰던 가문으로도 유명하며, 현재 악부로 남아있는 가장 오래된 오페라인 〈에우리디체〉를 메디치 가문의 결혼식에서 처음 선보였다고도 합니다.

82 일제강점기 독립운동 탄압의 상징인 종로경찰서에 폭탄을 던지고 일본 경찰과 1 : 1,000이라는 전설의 총격전을 벌인 사람으로 '동대문 홍길동'이라고 불린 인물은 누구인가?

꿀잼상식 쏙쏙!

김상옥 의사는 종로경찰서에 폭탄을 던져 폭파시킨 후 은신하다가 일본 경찰에게 발각당해 1,000여 명의 일본 경찰들에게 쫓기며 총격전을 펼쳤습니다. 그러나 궁지에 몰리자 그는 거사 전 동지들에게 '자결하여 뜻을 지킬지언정 적의 폭로가 되지는 않겠소'라고 남겼던 말처럼 스스로 생을 마감했다고 알려져 있습니다.

83 1923년 9월 일본에서 일어난 이 사건은 일본인이 조선인 8,000명~30,000명 이상을 무차별적으로 폭행·살인한 인종학살 사건이다. 이 사건은 무엇인가?

꿀잼상식 쏙쏙!

1923년 일본 관동 지역에서 대지진이 발생해 10만명이 넘는 인명피해가 발생했습니다. 민심이 흉흉해지자 당시 일본 정부는 국민들의 불만을 다른 곳으로 돌리기 위해 '조선인이 우물에 독을 넣었다'는 등의 근거 없는 소문을 퍼뜨렸고, 이에 일본인으로 구성된 자경단이 칼과 죽창을 들고 조선인들을 무차별적으로 살해하는 관동 대학살이 발생했습니다.

84 대부분의 사람들이 2월 14일을 밸런타인데이로 기억하지만 사실 대한민국 역사에서 2월 14일은 또 다른 의미가 있는 중요한 날이다. 조국의 독립을 위한 아픈 역사로 기록된 이 날은 어떤 날인가?

꿀잼상식 쏙쏙!

2월 14일은 1909년 10월 26일 이토 히로부미를 살해한 혐의로 체포된 안중근 의사가 사형 선고를 받은 날입니다. 이로부터 42일 만인 3월 26일에 32세의 젊은 나이로 순국한 안중근 의사는 마지막 순간까지 조국의 앞날을 걱정하며 "나는 천국에 가서도 마땅히 우리나라의 독립을 위해 힘쓸 것이다. 또한 대한 독립의 소리가 천국에 들려오면 춤을 추며 만세를 부를 것이다"라는 말을 남겼다고 합니다.

정답	77 이릉대전 78 나혜석 79 마추픽추 80 엘도라도 81 메디치 82 김상옥 83 관동 대학살 84 안중근 의사 사형 선고일

04 | 정치·법률·국제

LEVEL ① 초급

| OX 퀴즈 |

01 우리나라에서는 법적으로 호텔 등급을 무궁화로 표시한다.   O / X

> **꿀잼상식 쏙쏙!**

우리나라는 40여 년간 '무궁화'로 호텔 등급을 표시하다가 국제적으로 통용되고 있는 호텔 등급 표시인 '별'로 변경하여 사용하기로 했는데요. 이에 따라 2015년은 별과 무궁화를 함께, 2016년부터는 모두 별로 변경하여 호텔 등급을 표시하게 되었습니다.

02 방공식별구역은 영공과 같은 개념으로, 국제법적 기준이 엄격하게 적용된다.   O / X

> **꿀잼상식 쏙쏙!**

방공식별구역은 자국의 영토와 영공을 방어하기 위한 구역으로 국가안보 목적상 자국 영공으로 접근하는 군용항공기를 조기에 식별하기 위해 설정한 임의의 선을 말합니다. 국제법상 인정된 영공은 아니지만 이곳에 진입하는 군용항공기는 해당 국가에 미리 비행계획을 제출하고 진입 시 위치 등을 통보해줘야 합니다.

03 '게리맨더링'은 의회 안에서 소수당이 다수당의 독주를 막기 위해 이루어지는 합법적인 의사진행 방해 행위를 가리킨다. **O / X**

> 🍯 **꿀잼상식 쏙쏙!**

필리버스터에 대한 설명입니다. 게리맨더링은 자기 정당에 유리하게 선거구를 임의로 변경하는 것을 뜻합니다.

04 영장 없이 피의자를 긴급체포할 경우 24시간 이내에 구속영장을 청구해야 한다. **O / X**

> 🍯 **꿀잼상식 쏙쏙!**

긴급체포란 수사기관이 중대한 죄를 범했다고 상당히 의심되는 피의자를 체포영장을 발부받지 않고 체포하는 것을 말합니다. 긴급체포 후 구속할 이유가 없다면 즉시 석방해야 하며 48시간 내에 구속영장을 청구하지 않았을 경우에도 피의자를 즉시 석방해야 합니다.

05 국회의원 선거에서 득표수가 같은 경우, 나이가 더 많은 사람이 당선된다. **O / X**

> 🍯 **꿀잼상식 쏙쏙!**

국회의원 선거에서 득표수가 같게 나왔을 경우에는 후보 간 나이를 비교해 나이가 더 많은 사람이 당선되게 됩니다.

06 미성년자가 부모의 동의를 받아 혼인할 수 있는 연령은 남자는 만 18세, 여자는 만 16세이다. **O / X**

> 🍯 **꿀잼상식 쏙쏙!**

혼인적정연령은 호적상의 연령에 의하여 결정됩니다. 법률상 혼인적령은 남녀 모두 만 18세로 동일하고 만 18세가 된 사람은 혼인이 가능합니다. 그러나 미성년자가 혼인을 할 때는 부모의 동의를 얻어야 하며, 부모 중 일방이 동의권을 행사할 수 없을 때에는 다른 일방의 동의를 얻어야 합니다.

07 우리나라 선거법에 따르면 만 18세 이상의 국민은 국회의원의 피선거권이 있다. O / X

피선거권이란 선거에서 당선인이 될 수 있는 국민의 기본권 중 하나로 선거권과 마찬가지로 종교나 성별, 사회적 신분 등에 의해 차별되어서는 안 되는 권리입니다. 이에 따라 선거일 기준 5년 이상 국내에 거주하는 40세 이상의 국민은 대통령의 피선거권이, 18세 이상의 국민은 국회의원의 피선거권이 있으며, 또 선거일 기준 60일 이상 해당 지방자치단체의 관할 구역에 주민등록이 되어 있는 18세 이상의 국민은 그 지방의회의원 및 지방자치단체의 장의 피선거권이 있습니다.

08 남한과 북한의 국경일 중 날짜가 같은 날이 있다. O / X

8월 15일 '광복절'은 남한과 북한이 유일하게 날짜가 같은 공휴일입니다. 북한은 이 날을 '조국해방기념일'로 부르고 있습니다.

| 객관식 |

09 재산·납세·교육의 정도 또는 신앙 등에 의하여 선거권에 차등을 두지 않는 선거의 원칙은?

① 직접선거   ② 보통선거   ③ 평등선거

보통선거는 일정 연령 이상의 모든 주민에게 선거권을 부여하는 것이며, 평등선거는 모든 투표자의 표의 가치가 평등하다는 것을 의미합니다. 직접선거는 다른 사람이 대신할 수 없고 선거권을 가진 사람이 직접 투표를 하는 원칙을 말합니다.

10 정부의 중요 정책을 심의하는 국무회의의 의장은 누구인가?

① 대통령 ② 국무총리 ③ 국무위원

• 대통령 : 국무회의 의장으로 회의를 소집하고 이를 주재하는 역할
• 국무총리 : 국무회의 의장이 대통령이라면 부의장은 국무총리가 맡음
• 국무위원 : 정부의 최고정책심의기관인 국무회의의 구성원

11 국경일이 아닌 것은?

① 광복절 ② 현충일 ③ 한글날

국경일은 국가적인 경사를 축하하기 위해 법으로 정하여 온 국민이 기념하는 날을 말합니다. 우리나라의 국경일은 삼일절, 광복절, 한글날, 제헌절, 개천절이 있습니다.

12 선거에 출마한 후보가 내놓은 공약을 검증하는 운동을 무엇이라 하는가?

① 매니페스토 ② 로그롤링 ③ 아그레망

매니페스토란 선거와 관련하여 유권자에 대한 계약으로써의 공약, 즉 목표와 이행 가능성, 예산확보의 근거 등을 구체적으로 제시한 공약을 의미합니다.

13 선거법에서 투표내용을 조사할 수 있는 출구조사는 투표소에서 최소 몇 m 이상 거리를 두고 해야 할까?

① 50m ② 100m ③ 150m

공직선거법 제241조에 의거해 투표소로부터 50m 이내에서 질문하거나 투표마감 시각 전에 그 경위와 결과를 공표한 자는 3년 이하의 징역 또는 600만원 이하의 벌금에 처하게 됩니다.

14 '그림자 내각'이라는 의미로 야당에서 정권을 잡았을 경우를 예상하여 조직하는 내각을 무엇이라 하는가?

① 키친 캐비닛   ② 이너 캐비닛   ③ 섀도 캐비닛

꿀잼상식 쏙쏙!

섀도 캐비닛은 19세기 이래 영국에서 시행되어온 제도로 야당이 정권 획득을 대비하여 총리와 각료로 예정된 멤버를 미리 정해두는 것을 말합니다.

15 국민참여재판제도에 참여하는 배심원에 관한 내용 중 잘못된 것은?

① 만 20세 이상
② 무작위 선정
③ 평결에 관해 법적 구속력을 가짐

꿀잼상식 쏙쏙!

국민참여재판은 무작위로 선정된 만 20세 이상의 국민들이 배심원 또는 예비 배심원으로 참여하는 형사재판을 말합니다. 배심원으로 선정된 국민은 피고인의 유무죄에 관해 평결을 내리며, 피고인에게 선고할 적정한 형벌을 토의하는 등 재판에 참여하는 기회를 얻습니다. 하지만 배심원의 유·무죄에 대한 평결과 양형에 관한 의견은 법적인 구속력이 없습니다.

16 UN 안전보장이사회의 상임이사국이 아닌 나라는 어디인가?

① 미국   ② 영국   ③ 독일

꿀잼상식 쏙쏙!

UN 안전보장이사회(안보리) 상임이사국은 미국, 영국, 프랑스, 중국, 러시아입니다.

| 주관식 |

17 공론화란 해결책을 모색하는 과정에서 다양한 계층이 참여하여 서로의 의견을 나눈 후 정책을 결정하는 것을 말한다. 이러한 과정이 의사결정의 중심이 되는 민주주의 형식을 무엇이라 하는가?

꿀잼상식 쏙쏙!

'숙의(熟議)'는 '깊이 생각하여 넉넉히 의논함'을 뜻하는 것으로, 이러한 '숙의'가 의사결정의 중심이 되는 민주주의 형식을 숙의민주주의라고 합니다. 직접민주주의적인 형태로서 다수결로 대표되는 대의민주주의의 한계를 보완하는 기능을 합니다. 국민의 뜻이 직접적으로 반영되지 않는 대의민주주의에 대한 불신에서 비롯됐다고 평가합니다.

18 이것은 오존층 파괴물질의 생산과 사용을 규제하기 위해 1987년에 정식으로 체결된 국제협약이다. 1992년에 우리나라가 가입한 이 국제협약은?

꿀잼상식 쏙쏙!

몬트리올 의정서는 오존층 파괴물질의 규제에 대한 국제협약입니다. 1987년 몬트리올에서 정식 체결되었으며, 1989년 1월부터 발효되었습니다. 주요 내용은 오존층을 파괴하는 염화불화탄소(CFC) 사용을 자제하자는 내용을 담고 있습니다. 남극에 거대한 오존홀이 발견되자 이를 보호하기 위해 즉각적으로 발효되었습니다.

19 1993년 8월 고노 요헤이 일본 관방장관이 위안부 문제와 관련, 일본군 및 관헌의 관여와 징집, 사역에서의 강제를 인정하고 문제의 본질이 중대한 인권 침해였음을 승인하면서 사죄한 것으로 일본 정부의 공식 입장을 담은 이 담화는?

꿀잼상식 쏙쏙!

고노 담화에는 일본군 위안부 모집에 대해 일본군이 강제 연행했다는 것을 인정하는 내용이 담겨 있습니다.

20 물새 서식지로서 특히 국제적으로 중요한 습지에 관한 협약이라고 한다. 1971년 이란에서 채택된 이 협약은 물새 서식 습지대를 국제적으로 보호하기 위한 것인데, 우리나라는 창녕 우포늪, 제주 물영아리오름, 신안 증도갯벌 등이 이 협약의 보호를 받는다. 이 협약은 무엇인가?

꿀잼상식 쏙쏙!

람사르 협약은 습지와 물새 서식지 보호에 관한 대표적인 국제환경협약입니다. 람사르 협약은 1971년 이란의 람사르 지역에서 채택된 '물새 서식처로서 국제적으로 중요한 습지의 보전에 관한 국제협약'으로 동·식물의 서식지 기능과 생물자원의 생산 및 정화 기능을 갖춘 습지를 보전하기 위해 만들어졌습니다. 우리나라에서는 람사르 협약이 1997년 7월 발효됐고, 101번째 가입국이 됐으며, 강원도 인제군 대암산 용늪과 경남 창녕군 우포늪 일대 등이 등록되었습니다. 2021년 5월에는 경기 고양시 소재 장항습지가 우리나라 24번째 람사르 습지로 공식 인정을 받았습니다.

21 법률 용어로 소송에 있어서 원고의 청구를 타당성이 없다고 판단해 이를 배척하는 판결이나 결정을 뜻하는 것은 무엇인가?

꿀잼상식 쏙쏙!

기각은 소송에 있어서 원고의 소에 의한 청구나 상소인의 상소에 의한 불복 신청에 대해 이유가 없다고 판단하여 배척하는 판결 또는 결정을 말합니다.

22 이 조약은 1648년에 체결된 평화 조약으로, 이 조약이 맺어짐에 따라 독일을 주 무대로 유럽의 여러 나라들이 참여했던 30년 전쟁이 끝이 났다. 주권 국가들의 공동체인 근대 유럽의 정치구조가 나타나는 계기가 된 이 조약은?

꿀잼상식 쏙쏙!

베스트팔렌 조약은 독일 30년 전쟁을 끝마치기 위해 1648년에 체결된 평화 조약으로, 가톨릭 제국으로서의 신성 로마 제국을 사실상 붕괴시키고, 주권 국가들의 공동체인 근대 유럽의 정치구조가 나타나는 계기가 되었습니다.

23 이것은 매년 라스베이거스에서 전 세계 해커들이 모여 해킹에 대한 정보를 교류하고 CTF라는 해킹대회를 여는 해킹 콘퍼런스의 명칭이다. 전시 상황에 대비해 발령하는 방어준비태세를 가리키는 군사 용어이기도 한 이것은?

꿀잼상식 쏙쏙!

군사 용어로서의 데프콘은 전투준비태세 혹은 방어준비태세라고도 하며, 정규전에 대비해 발령하는 것을 말합니다. 모두 5단계로 구성되어 있고, 숫자가 낮아질수록 전쟁이 일어날 가능성이 높다는 것을 의미합니다. 한국의 경우는 데프콘 3이 발령되면, 우리나라 작전권이 한미연합 사령부로 넘어가고 군인들의 휴가 · 외출이 모두 통제됩니다.

24 매년 10월 17일은 세계 빈곤퇴치의 날이다. 이 날은 전 세계의 빈곤 · 폭력 · 기아로 희생된 사람들을 기리고 빈곤퇴치를 위해 이 기구에서 제정한 날인데, 2차 세계대전이 종결된 직후 1945년 국제평화와 안전유지를 목적으로 설립된 이 국제기구는 무엇일까?

꿀잼상식 쏙쏙!

국제연합은 1946년 붕괴된 국제연맹을 계승한 것으로 유엔(UN ; United Nations)이라고도 합니다. 이 명칭은 당시 미국 대통령인 루스벨트가 고안한 것이며, 제2차 세계대전 중 26개국 대표가 모여 추축국에 대항하여 계속 싸울 것을 결의했던 1942년의 '연합국 선언'에서 처음 사용하였습니다. 주요 활동은 크게 평화유지 활동 · 군비축소 활동 · 국제협력 활동으로 나눌 수 있으며, 2001년 세계평화에 기여한 공로가 인정되어 전(前) 국제연합 사무총장 코피 아난과 공동으로 노벨평화상을 받았습니다.

| OX 퀴즈 |

25 징고이즘은 공격적인 외교 정책을 만들어내는 극단적 · 배타적인 애국주의 혹은 민족주의를 뜻한다.　　　　　　　　　　　　　　O / X

> **꿀잼상식 쏙쏙!**

징고이즘(Jingoism)의 명칭은 1877년 러시아와 투르크 전쟁에서 유행한 노랫말에서 유래됐으며, 광신적이고 호전적인 애국주의를 뜻합니다.

26 외교사절을 파견할 때 기피인물인지 아닌지 알아보는 절차를 '페르소나 논 그라타'라고 한다.　　　　　　　　　　　　　　　　O / X

> **꿀잼상식 쏙쏙!**

외교사절을 파견하는 데는 상대국의 사전 동의가 필요한데, 이 상대국의 동의를 아그레망(Agrément)이라고 합니다. 아그레망을 받은 사람은 '페르소나 그라타(Persona Grata)'라고 하며, 받지 못한 사람은 '페르소나 논 그라타(Persona non–Grata)'라고 하는데 외교상 기피인물을 뜻합니다.

27 일본이 제2차 세계대전 당시 사용한 깃발로, 일본 군국주의의 상징으로 여겨지는 것은 욱일기이다.　　　　　　　　　　　　　　　O / X

> **꿀잼상식 쏙쏙!**

욱일기는 일본이 태평양 전쟁을 일으켜 아시아 각국을 침공했을 때 사용했던 깃발로, 일장기의 태양 문양 주위에 퍼져나가는 햇살을 형상화한 것입니다.

28 '코커스(Caucus)'는 소속 정당에 관계없이 국민 모두가 참여해 정당의 후보를 선출하는 제도를 가리키는 용어이다. O / X

꿀잼상식 쏙쏙!

'코커스(Caucus)'와 '프라이머리(Primary)'는 미국의 대통령 선거에서 정당별 후보를 선출하는 예비 경선의 방식을 말합니다. 코커스는 당원만 참가하는 폐쇄형 선거이며, 프라이머리는 당원이 아닌 일반인도 참여하는 개방형 경선입니다.

29 북한 국가(國歌)의 제목은 남한과 같이 '애국가(愛國歌)'이다. O / X

꿀잼상식 쏙쏙!

1947년 제정된 북한 헌법에 따르면 북한 국가(國歌)의 제목은 '애국가(愛國歌)'(박세영 작사, 김원균 작곡)이며, 모두 2절로 구성되어 있습니다.

30 미국의 연방헌법 제정 이후 제2대 대통령은 토머스 제퍼슨이다. O / X

꿀잼상식 쏙쏙!

미국의 제1대 대통령은 조지 워싱턴(1789~1797), 제2대는 존 애덤스(1797~1801), 제3대는 토머스 제퍼슨(1801~1809)입니다.

31 우리나라 축산법상 지렁이는 가축에 해당한다. O / X

꿀잼상식 쏙쏙!

우리나라 축산법상 지렁이는 가축에 속합니다. 다만 사전적인 분류가 아니라 축산법상 분류라는 전제가 있어야 합니다. 사전적으로 곤충과 환형동물로 분류되는 지렁이는 유일하게 축산법상 가축으로 인정받고 있습니다. 지렁이 사육농가들이 '농업농촌지원법'이 규정한 금융지원과 혜택을 받고자 지렁이를 가축으로 분류하기 위해 노력했고, 그 결과 2004년 2월 농림부 고시에 의해 가축으로 지정되었습니다.

| 객관식 |

32 다음 중 운전면허가 정지되는 벌점 또는 처분벌점의 현행 기준은?

① 20점 이상 　　　② 30점 이상 　　　③ 40점 이상

꿀잼상식 쏙쏙!

운전면허가 정지되는 벌점 또는 처분벌점 현행 기준은 40점 이상입니다. 벌점이 40점 미만인 경우에는 1년이 지나면 소멸되며, 무사고 · 도주차량 신고, 특별교통안전교육을 이수해 벌점을 감경 또는 소멸시킬 수 있습니다.

33 핵무기를 개발하는 나라와 정상적으로 경제적 거래를 하는 제3국의 기업과 은행, 정부 등에도 제재를 가하는 방식으로, 국제연합(UN)에서 이란 및 북한에 적용한 것은?

① 엠바고
② 세컨더리 보이콧
③ 벌크 캐시

꿀잼상식 쏙쏙!

세컨더리 보이콧은 우리말로 '2차 제재'라고 하는데, 대북 제재의 강도보다는 중국과 러시아 등 주변국의 협조가 더 중요하게 작용합니다.

34 오늘날 바티칸시국의 근위병들은 모두 '이 나라' 사람이라고 한다. '이 나라'의 이름은 무엇인가?

① 룩셈부르크 　　　② 아일랜드 　　　③ 스위스

꿀잼상식 쏙쏙!

충성심과 전투력이 강한 스위스 용병들은 중세 말기부터 계몽주의 시대까지 유럽 용병 시장에서 가장 사랑을 받았던 최고의 '브랜드'였습니다.

35 공적 채무의 재조정을 위한 선진 채권국 간 협의체로 1956년 아르헨티나 부채 문제에 관한 논의를 효시로 하는 것은?

① 파리 클럽(Paris Club)

② 로마 클럽(Club of Rome)

③ 사이버 파티(Cyber Party)

꿀잼상식 쏙쏙!

파리 클럽(Paris Club)은 전 세계 22개 채권국 국가의 비공식 그룹입니다. 경제적인 어려움을 겪고 있는 채무국들을 지원하는 것을 목표로 하고 있습니다.

36 대통령 선거의 선거기간은 후보자 등록 마감일의 다음날부터 선거일까지로 정해져 있다. 법규로 정해진 이 기간은 며칠인가?

① 14일　　　　　② 20일　　　　　③ 23일

꿀잼상식 쏙쏙!

공직선거법에서는 대통령 선거기간을 23일, 국회의원 선거와 지방자치단체의 의회의원 및 장의 선거기간을 14일로 규정하고 있습니다.

37 세계보건기구(WHO)를 상징하는 마크에 있는 동물은?

① 뱀　　　　　② 소　　　　　③ 매

꿀잼상식 쏙쏙!

세계보건기구(WHO)의 엠블럼은 방사형 세계지도에 평화를 상징하는 올리브 화환이 감싸진 국제연합(UN)의 엠블럼에 뱀이 지팡이를 휘감는 것을 형상화한 모양이 가운데에 더해져 있습니다. 여기서 뱀이 감긴 지팡이는 고대 그리스 신화와 관련이 있는데요. 아폴론의 아들이자 의술의 신인 아스클레피오스가 들고 다니는 단장에는 언제나 뱀이 말려 있었는데, 이 뱀은 아스클레피오스의 하인으로서 해마다 다시 부활하며 정력을 소생시킨다는 스태미나의 심벌이었습니다. 이에 따라 WHO를 상징하는 마크는 뱀이 되었습니다.

38 육상 실크로드와 해상 실크로드를 건설하려는 중국 시진핑 국가주석의 신경제 구상은?

① 대국굴기　　　② 흑묘백묘　　　③ 일대일로

과거 한나라 무제의 육상 실크로드와 명나라 영락제의 해상 실크로드를 아우르겠다는 것이 일대일로 (一帶一路)의 경제 구상입니다.

39 북한의 국화(國花)는 목란 꽃, 국견(國犬)은 풍산개, 국수(國樹)는 소나무이다. 그렇다면 북한의 국조(國鳥)는 무엇인가?

① 참매　　　　　② 까치　　　　　③ 크낙새

북한은 함경남도 덕성군 상돌리와 신태리를 북한의 국조(國鳥)인 참매 보호구인 덕성학술연구림으로 지정했습니다.

40 '김영란법'을 따를 때 처벌 대상에서 제외되는 경조사비의 최고액은 얼마인가?

① 3만원　　　　② 7만원　　　　③ 10만원

김영란법 시행령에서 정한 한도는 식사접대비 5만원, 선물 5만원, 경조사비 5만원입니다. 다만 경조사비의 경우에는 현금 5만원과 5만원짜리 화환을 함께 제공할 수 있습니다. 아울러 2017년 농축수산물에 한해 가액 한도가 10만원으로 오른 데 이어, 2022년에는 명절기간 선물할 수 있는 농축수산물 최고액이 20만원까지 상향됐습니다. 또 2023년 8월 30일부터 공직자 등이 직무 관련자와 주고받을 수 있는 농축수산물 최고액이 기존 10만원에서 15만원으로 오르고, 특히 명절인 설날과 추석 때에는 평상시 선물가액의 2배인 30만원까지 가능하게 하는 개정안이 시행됐습니다. 2024년 8월 27일부터는 기존 3만원이던 식사비를 5만원으로 상향하는 내용의 청탁금지법 시행령 개정안이 시행 중입니다.

| 주관식 |

41 1993년 9월 13일 당시 이스라엘 라빈 총리와 팔레스타인해방기구(PLO)의 아라파트 의장이 미국 백악관에서 맺은 평화 협정은?

> **꿀잼상식 쏙쏙!**

협정이 이루어지기 전 양측의 비밀 협상 장소였던 노르웨이 수도 오슬로를 따 '오슬로 협정'이라고 부릅니다.

42 1996년 12월 페루에서 발생한 '일본 대사관 점거 사건'에서 유래한 말로, 인질범이 인질에게 정신적으로 동화되는 현상은?

> **꿀잼상식 쏙쏙!**

리마 증후군은 인질범이 자신을 인질과 동일시하게 되어 결과적으로 공격적인 태도가 완화되는 현상을 말합니다.

43 과거 독일 나치의 나치 학살을 비판하는 유인물을 살포하다가 적발되어 구성원 모두 처형된 대학생 모임의 이름은?

> **꿀잼상식 쏙쏙!**

백장미단은 1942년 뮌헨대학교의 대학생들과 지도교수가 구성한 비폭력 저항 단체입니다. 단체의 명칭은 스페인 소설 〈백장미〉에서 비롯되었습니다.

44 2010년 12월 18일 튀니지의 벤 알리 정권에 반대해 시작된 대규모 반정부 혁명으로 튀니지의 국화에서 이름을 따온 혁명은 무엇인가?

> **꿀잼상식 쏙쏙!**

재스민 혁명으로 불리는 튀니지의 민주화 성공은 이후 중동과 북아프리카로 확산되어 '아랍의 봄'이라 불리는 연쇄적인 반정부 시위로 이어지게 되었습니다.

45 의회에서 한번 부결된 안건은 같은 회기 중에는 다시 제출할 수 없다는 원칙은?

일사부재의의 원칙은 회기 중에 이미 한번 부결된 안건에 대하여 다시 심의하는 것은 회의의 능률을 저해하며, 동일한 안건에 대하여 전과 다른 의결을 하면 어느 것이 회의체의 진정한 의사인지 알 수 없는 문제가 발생할 수 있다는 점에서 시행되는 제도입니다.

46 어떤 행위를 할 때 범죄가 아니었던 것이 후에 새로운 법에 의해 처벌될 수 없다는 법의 기본 원리로, 현재의 정책이나 법률이 과거의 행위나 재산권에 영향을 미치지 못하도록 만든 원칙이다. 적법 절차의 원리 중 하나인 '이 원칙'은?

적법 절차의 원리에는 법률불소급의 원칙, 죄형법정주의, 일사부재리의 원칙, 미란다 원칙이 있습니다. 이중 법률불소급의 원칙은 법의 효력은 법 시행 이후에 발생한 사항에만 적용되고, 시행 이전에 발생한 사항에 대해서는 소급하여 적용하지 않는 원칙을 말합니다.

47 정책의 현실성이나 가치판단, 옳고 그름 등 본래의 목적을 외면하고 일반 대중의 인기에만 영합하여 목적을 달성하려는 정치 형태는?

'포퓰리즘(Populism)'은 정치, 경제, 사회, 문화면에서 본래의 목적보다 대중의 인기를 얻는 것을 목적으로 하는 정치 행태를 의미합니다.

48 '영국'과 '탈퇴'를 뜻하는 합성어로 2016년 6월에 진행되었으며 영국의 유럽연합(EU) 탈퇴를 뜻하는 이 말은?

> **꿀잼상식 쏙쏙!**

브렉시트(Brexit)는 2016년 6월 23일 진행된 브렉시트 찬반 국민투표에서 투표에 참여한 영국 국민 3,355만명의 51.9%인 1,742만명이 브렉시트 찬성에 표를 던지면서 결정되었습니다. 영국이 EU를 탈퇴하면서 1993년 EU가 정식으로 출범한 이래 25년 만에 처음으로 탈퇴하는 회원국이 되었습니다.

LEVEL ③ 고급

| OX 퀴즈 |

49 프랑스의 국기인 삼색기(Le Drapeau Tricolore)에서 빨간색은 '피 흘려 쟁취한 자유'를 상징한다. O / X

> **꿀잼상식 쏙쏙!**

삼색기의 빨강은 박애를, 하양은 평등을, 파랑은 자유를 상징합니다. 삼색기는 1789년 프랑스 혁명 당시 바스티유 습격 사건 이후 국민군 총사령관이 된 라파예트가 시민에게 나누어준 모자의 빛깔에서 유래되었습니다.

50 국제연합(UN)의 회원국 중에 가장 늦게 가입한 나라는 발칸 반도에 있는 몬테네그로 공화국이다. O / X

> **꿀잼상식 쏙쏙!**

아프리카 북동부에 있는 남수단 공화국은 2011년 7월 14일에 UN에 가입했고, 몬테네그로는 2006년 6월 28일에 가입했습니다.

51 '샘의 아들 법(Son of Sam Law)'은 미국에서 누구든지 자신이 행한 범죄로 인해 윤택해져서는 안 된다는 취지로 제정된 법이다. O / X

샘의 아들 법은 연쇄살인범 데이비드 버코위츠가 자신의 범죄 이야기를 판매해 거액의 돈을 번 일에서 비롯됐으며, 이러한 이익은 몰수돼 피해자를 위한 기금으로 쓰이고 있습니다.

52 탄도미사일 중에 사정거리가 가장 긴 것은 ICBM이고, 가장 짧은 것은 BSRBM이다. O / X

탄도미사일은 사정거리에 따라 명칭이 다릅니다. 전술 단거리탄도미사일(BSRBM)은 150km 이하, 단거리탄도미사일(SRBM)은 1,000km 이하, 준중거리탄도미사일(MRBM)은 3,000km 이하, 중거리탄도미사일(IRBM)은 5,500km 이하입니다. 대륙간탄도미사일(ICBM)은 사거리 5,500km 이상의 탄도미사일을 일컫습니다.

53 프로파간다(Propaganda)는 영토의 변경 등 중대한 정치 문제를 결정할 때 행하는 국민투표를 뜻한다. O / X

플레비사이트(Plebiscite)에 대한 설명입니다. 프로파간다는 사회학에서는 어떤 것의 존재나 효능, 주장, 사상 등을 남에게 선전 및 설명해 동의를 구하는 일이나 활동을 뜻하고, 군사학에서는 백색 · 회색 · 흑색 선전을 아우르는 말입니다.

54 군사 무기에서 스텔스 기능이란 적외선 탐지, 전자기파 탐지, 음파 탐지에 대한 은폐 기술을 가리킨다. O / X

스텔스 기능이란 적의 모든 탐지 기능에 대한 은폐 기술 전체를 가리킵니다. 좁은 의미로는 전자기파를 사용하는 적의 레이더에 대한 은폐 기술만 가리키기도 하나, 사전적으로는 포괄적인 은폐 기술을 뜻합니다.

55 외국의 행정수반인 총리가 우리나라를 '실무 방문'할 경우에는 원칙적으로 현충탑 헌화 행사를 생략한다. O / X

꿀잼상식 쏙쏙!

외빈이 방한하는 경우에는 국빈 방문, 공식 방문, 실무 방문, 사적 방문 등으로 격을 구분해 외빈을 예우합니다. 원칙적으로 국가원수와 행정수반인 총리가 국빈 방문 또는 공식 방문하는 경우에만 현충탑에서 헌화합니다.

56 특별검사팀은 특검 임명 후 20일간 준비해 준비기간 만료일 다음날부터 60일 이내에 수사하며, 1회에 한해 연장할 수 있다. O / X

꿀잼상식 쏙쏙!

특검의 수사는 1회에 한해 대통령의 승인을 받아 30일까지 추가로 연장할 수 있습니다.

57 잘 정비된 무료 의료 체계, 카스트로의 장기 집권 등으로 유명한 쿠바는 2024년 8월 기준 남한과 북한 모두 국교를 맺고 있다. O / X

꿀잼상식 쏙쏙!

쿠바는 1949년 대한민국 정부를 승인하고 6 · 25 전쟁 당시 27만달러를 지원했으나, 1959년 쿠바 혁명으로 카스트로가 집권한 이후 한국과 단교했습니다. 그러다 2024년 2월 14일 한국과 쿠바 정부가 기습적으로 수교 사실을 발표했습니다. 양국은 공표시간을 '분' 단위까지 합의한 것으로 알려졌는데, 이는 북한의 반발과 방해 공작 가능성을 감안한 조치였다고 합니다. 쿠바와 북한은 1960년 8월에 수교에 합의했으며, 1961년에 아바나와 평양에 자국의 상주공관을 설치한 바 있습니다.

| 객관식 |

58 미국 성조기에는 1777년 6월 제정 당시 13개 주를 뜻하는 13개 줄과 별이 그려져 있었다. 현행 성조기의 별의 개수는?

① 48개 ② 49개 ③ 50개

꿀잼상식 쏙쏙!

가로줄은 1777년에 성조기 제정 당시의 주를 의미하는 13개로 고정되었습니다. 그러나 별은 새로운 주가 연방에 가입할 때마다 개수를 늘려 50개(지금까지 26번 변경, 1960년 하와이가 50번째 주로 승격)가 되었습니다.

59 미국에서 정치 후원금을 제한 없이 모금해 특정 후보를 지원하거나 낙마하게 하는 데 쓸 수 있는 '이것'은 무엇인가?

① 슈퍼팩 ② 이지 머니 ③ 하드 머니

꿀잼상식 쏙쏙!

슈퍼팩(Super PAC)은 미국의 억만장자들로 이뤄진 민간정치자금 단체입니다. 캠프에는 소속되어 있지 않고 외곽에서 선거 지지 활동을 벌이는 조직이며, 합법적으로 무제한 모금이 가능합니다. 무제한으로 기부할 수 있으나 후보나 정당과의 접촉, 협의가 금지된다는 점이 팩과 다릅니다.

60 다음 중 우리나라의 부통령을 역임하지 않은 정치인은?

① 이시영 ② 김성수 ③ 윤보선

꿀잼상식 쏙쏙!

우리나라의 역대 부통령은 초대 이시영, 제2대 김성수, 제3대 함태영, 제4대 장면, 제5대 이기붕 등 모두 5명입니다. 윤보선은 제4대 대통령입니다.

61 미국 CIA 비밀요원의 신분이 언론에 누설되며 불거진 리크게이트 당시 미국 대통령은 누구인가?

① 39대 지미 카터 대통령

② 40대 로널드 레이건 대통령

③ 43대 조지 W. 부시 대통령

꿀잼상식 쏙쏙!

미국의 칼럼니스트 로버트 노박(R. Novak)이 2003년 7월 워싱턴포스트에 기고한 칼럼에서 중앙정보국(CIA) 비밀요원의 신분이 노출됐고, 이로 인해 촉발된 리크게이트 때문에 조지 W. 부시 행정부는 타격을 입었습니다. 'Leak'는 '누설, 유출'을 뜻합니다.

62 다음 중 집회 및 시위에 관한 법률의 적용을 받지 않는 시위의 유형은?

① 촛불집회　　② 1인 시위　　③ 옥외집회

꿀잼상식 쏙쏙!

1인 시위는 집시법의 적용을 받지 않으며, 시위 금지 지역에서도 1인 시위는 가능합니다.

63 다음 중 청와대에 있는 문의 명칭은?

① 건춘문　　② 연풍문　　③ 영추문

꿀잼상식 쏙쏙!

청와대 동쪽에는 연풍문, 서쪽에는 시화문이 있습니다. 정문은 '11문'으로 불리며 청와대 개방 이후 정문을 통해 일반인 관람객의 출입이 이뤄지고 있습니다.

64 포괄적 · 점진적 환태평양경제동반자협정(CPTPP)은 미국과 일본이 주도 하던 환태평양경제동반자협정(TPP)에서 트럼프 전 미국 대통령이 탈퇴를 선언하면서 새롭게 추진된 경제동맹체다. 다음 중 CPTPP에 참여하지 않 는 나라는?

① 중국　　　　　　② 싱가포르　　　　　③ 베트남

꿀잼상식 쏙쏙!

CPTPP는 일본, 캐나다, 호주, 브루나이, 싱가포르, 멕시코, 베트남, 뉴질랜드, 칠레, 페루, 말레이시아, 영국 등 총 12개국이 참여하고 있는 경제동맹체입니다.

65 북한 김정은의 지시에 따라 실행된 신도시 계획으로, 평양 북부에 70층 아 파트를 비롯한 고층 빌딩들이 들어선 '이 거리'의 이름은?

① 당명(黨命)　　　　② 여명(黎明)　　　　③ 천명(天命)

꿀잼상식 쏙쏙!

김정은은 김일성을 위한 105주년 생일 선물이라고 강조하며 '여명거리' 조성에 박차를 가해 2017년 4 월 13일에 준공했습니다.

| 주관식 |

66 이 제도는 검찰이나 경찰의 인신 구속권의 남용을 막아 국민의 기본권을 보장하고자 하는 것이다. 누구든지 체포, 구속을 당한 때에는 그 구속의 정당성의 유무를 법원의 판사에게 심판받을 수 있는 권리를 뜻하는 이것은?

꿀잼상식 쏙쏙!

구속적부심은 피의자 측 청구에 의해 법원이 피의자의 구속이 적법한지 재심사하는 절차를 일컫는데 요. 적법하지 않은 절차나 권한이 없는 자에 의해 불법으로 구속될 경우 부당하게 인권이 침해당할 수 있는데 이를 방지하기 위해 법적 장치로 마련됐습니다.

67 우리나라 최초 근대형법인 〈형법대전〉에는 프랑스 등 세계 각국의 이 법에 해당하는 '견급불구율'이란 것이 있었다. 이는 '타인이 위험에 처한 것을 알고도 조치를 취하지 않은 자는 태(笞) 일백에 처한다'는 규정이다. 성경의 한 일화에서 유래한 이 법은 무엇인가?

착한 사마리아인의 법은 자신에게 특별한 위험을 발생시키지 않는데도 불구하고 곤경에 처한 사람을 구해주지 않은 행위를 처벌하는 법입니다.

68 피의자를 식별하기 위해 구치소나 교도소에 구금될 때 촬영하는 얼굴 사진을 무엇이라고 하는가?

머그샷(Mug Shot)이란 수사기관이 피의자의 얼굴을 식별하기 위해 구금 상태에서 촬영하는 얼굴 사진을 말합니다. '머그(Mug)'는 정식 법률 용어는 아니며, 18세기 영어권에서 얼굴을 속되게 이르던 은어에서 유래한 것으로 알려져 있습니다. 미국에서는 머그샷을 일반에 공개하는 것이 합법이지만, 우리나라에서는 신상공개가 결정돼도 피의자의 동의가 없으면 머그샷 공개가 불가능했었는데요. 이에 대한 논란이 계속되자 신상공개 대상을 확대하는 것을 골자로 한 '특정중대범죄 피의자 등 신상정보 공개에 관한 법률(머그샷 공개법)'이 국회 본회의를 통과해 2024년 1월 25일부터 시행됐습니다.

69 대통령 등 공직 후보자를 선발할 때 일반 국민이 직접 참여해 선출하는 방식은?

오픈 프라이머리는 대통령 등의 공직 후보를 선발할 때 일반 국민이 직접 참여하여 선출하는 방식으로, 국민에게 인기 있고 명망 있는 인물을 후보로 영입하는 데 유리합니다.

70 새로운 재정 지출 사업 추진 시 기존 사업 지출을 줄이거나 재원 대책을 의무적으로 마련해야 하는 제도는?

꿀잼상식 쏙쏙!

페이고 원칙은 'Pay as you go(번만큼 쓴다)'를 줄인 말로, 각 부처가 비용이 수반되는 정책을 만들때 이를 위한 세입 증가나 법정 지출 감소 등 재원확보 방안도 함께 마련하도록 의무화한 것입니다. 미국의 경우 1990년 재정건전성 회복을 위해 페이고 원칙을 도입했다가 2002년 폐지했으나 재정건전성 문제가 다시 불거지자 2010년 2월 관련법을 부활시켰습니다. 우리나라는 2010년 5월부터 페이고 원칙을 도입해 시행 중에 있습니다.

71 정부의 부당한 행정 조치를 감시하고 조사하는 일종의 행정통제 제도는?

꿀잼상식 쏙쏙!

옴부즈맨 제도는 행정 기능의 확대·강화로 행정에 대한 입법부 및 사법부의 통제가 실효를 거둘 수 없게 되면서 만들어진 보완책으로써, 국회를 통해 임명된 조사관이 공무원의 권력남용 등을 조사·감시하는 행정통제 제도입니다.

72 이것은 원래 소의 정수리를 찔러 죽이는 투우사를 뜻하는 스페인어에서 유래했다. 요즘은 정치에서 근거 없는 사실을 조작해 상대편을 중상모략 (中傷謀略)하거나 그 내부를 교란하기 위한 정치가들의 '흑색선전'을 가리킨다. 이것은 무엇인가?

꿀잼상식 쏙쏙!

마타도어(Matador)는 근거 없는 사실을 조작하여 상대방을 모략하고 혼란하게 하는 정치적 비밀선전을 의미합니다.

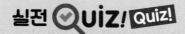

실전 Quiz! Quiz!

73 이것은 원래 영국 정부의 공식 보고서를 가리키는 말이었다. 오늘날 정부가 정치·경제 등 각 분야의 현상을 분석해 국민에게 정보를 알려주는 문서를 뜻하는 이것은 무엇인가?

꿀잼상식 쏙쏙!

백서는 정부가 국정의 실정을 국민에게 알리는 보고서로, 영국의 관행이 각국에 퍼지면서 공식 문서를 뜻하는 말로 사용하게 되었습니다. 1920년대 영국 정부가 외교 정책을 알리는 보고서의 표지가 백색이었기 때문에 '백서'라는 이름이 붙여졌다고 합니다.

74 매년 영국의 버킹엄 궁전에서는 종교 분야에서 인류를 위해 큰 업적을 남긴 사람에게 수여하는 이 상의 시상식이 열린다. '종교계의 노벨상'이라 불리는 이 상은 무엇인가?

꿀잼상식 쏙쏙!

템플턴상은 노벨상에 종교 부문이 없는 것을 안타깝게 생각한 영국의 사업가 J. M. 템플턴이 만든 상으로, 1973년 1회 수상자는 가난한 자들의 어머니라 불리는 테레사 수녀였습니다.

75 1965년에 생산된 차량 가운데 유독 이 색깔의 차량에서 잔고장이 발생하는 데서 유래했다. 우리나라에서는 결함 있는 자동차로부터 소비자를 보호하기 위해 2019년에 한국형 이것 법이 시행됐다. 이것은 무엇인가?

꿀잼상식 쏙쏙!

레몬법은 차량이나 전자제품에 결함이 있을 경우 제조사가 소비자에게 교환, 환불, 보상 등을 하도록 규정한 미국의 소비자 보호법으로 결함이 있는 중고차를 레몬에 비유하는 데서 유래했습니다.

76 기존 스토킹 처벌법에서는 이 조항 때문에 피해자를 보호하는 데 한계가 있었다고 한다. 이 조항은 어떤 내용인가?

꿀잼상식 쏙쏙!

기존 스토킹 처벌법 제18조 제3항 '반의사불벌죄'에 따라 피해자와 합의하면 가해자를 처벌할 수 없었는데요. 그러나 가해자가 합의를 목적으로 피해자를 위협하는 보복범죄가 발생할 수 있어 폐지를 요구하는 의견이 지속해서 제기돼 왔고, 실제로 스토킹 범죄 신고 후 앙심을 품은 가해자가 피해자를 살해하는 사건들이 계속 발생하면서 해당 규정을 삭제하는 개정안이 2023년 6월 국회 본회의를 통과해 시행 중에 있습니다.

77 최근 기업들에서 남성 육아휴직을 의무화하고 있지만 여전히 눈치를 보는 경우가 많다. 이에 정부는 영아기 자녀를 둔 부모의 육아휴직 활성화를 위해 2022년부터 이 제도를 시행했다. 이것은 무엇인가?

꿀잼상식 쏙쏙!

3+3 육아휴직제는 영아기 자녀를 둔 부모의 육아휴직 사용을 촉진하기 위한 제도로 자녀가 생후 12개월이 될 때까지 부모가 동시에 혹은 순차적으로 육아휴직을 사용할 경우 첫 3개월간 각각 통상임금의 80~100%(최대 300만원)를 지원하는 제도입니다. 여기서 3+3이란 엄마와 아빠 모두 육아휴직을 3개월간 사용하는 것을 의미합니다. 정부는 이러한 부모의 맞돌봄 문화의 확산을 위해 특례기간을 3개월에서 6개월로 확대한 6+6 육아휴직제를 2024년부터 시행하고 있습니다.

78 최근 잇따른 이상동기범죄로 안전에 대한 시민들의 우려가 커진 가운데, 서울시가 운영하는 이 어플을 통해 긴급상황 발생 시 도움을 받을 수 있다. 이 어플은 무엇인가?

꿀잼상식 쏙쏙!

서울시 안심이 앱은 서울 전역에 설치된 약 8만대의 CCTV와 어플을 연계해 시민들의 안전한 귀가를 돕는 서비스를 지원하고 있습니다. 실시간 모니터링과 음성경고 기능 등을 통해 위급상황이 발생하는 경우 빠르게 대처할 수 있습니다.

79 1928년 선거법이 개정되기 전까지 영국에서는 재산이 없는 일부 성인 여자에게 선거권이 주어지지 않았다고 한다. 그렇다면 이것은 선거의 네 가지 원칙 중 어떤 원칙에 위배되는 것일까?

꿀잼상식 쏙쏙!

선거의 네 가지 원칙에는 보통선거, 평등선거, 직접선거, 비밀선거가 있습니다. 보통선거는 일정한 연령에 달하면 어떤 조건에 따른 제한 없이 선거권을 주는 제도이며, 평등선거는 투표의 가치에 차등을 두지 않는 제도를 말합니다. 직접선거는 선거권자가 대리인을 거치지 않고 자신이 직접 투표 장소에서 투표하는 제도를 말하며, 비밀선거는 투표자가 누구에게 투표했는지 알 수 없게 하는 제도입니다. 제시된 사례는 선거의 원칙 중 비밀선거 원칙에 위배됩니다.

80 공직자들의 임기 말 권력 누수 현상을 일컫는 이 용어는 원래 18세기 런던의 증권시장에서 파산한 브로커를 지칭하기 위해 사용한 말이다. 이후 19세기 중반부터 미국에서 정치 용어로 사용되기 시작했는데, 재선에 실패한 현직 대통령이 임기가 끝날 때까지 마치 뒤뚱거리며 걷는 오리처럼 정책 집행에 일관성이 없다는 것을 의미하는 이 용어는?

꿀잼상식 쏙쏙!

레임덕(Lame Duck)은 정치 지도자의 집권 말기에 나타나는 지도력 공백 현상을 말합니다. 미국 남북전쟁 때부터 사용된 말로서, 재선에 실패한 현직 대통령이 남은 임기 동안 마치 뒤뚱거리며 걷는 오리처럼 정책집행(政策執行)에 일관성이 없다는 데서 생겨난 말입니다.

정답 73 백서 74 템플턴상 75 레몬 76 반의사불벌죄 77 3+3 육아휴직제 78 서울시 안심이 앱 79 보통선거 80 레임덕

05 | 과학 · IT

LEVEL ① 초급

| OX 퀴즈 |

01 중생대의 쥐라기는 공룡의 이름에서 유래했다.   O / X

> **꿀잼상식 쏙쏙!**

중생대의 쥐라기는 유럽 중부에 있는 쥐라 산맥에서 유래했습니다.

02 장영실 등이 세종대왕의 명령을 받아 제작한 물시계의 이름은 '앙부일구'
이다.   O / X

> **꿀잼상식 쏙쏙!**

앙부일구는 해시계입니다. 자격루는 1434년 6월 24일에 장영실, 김빈 등이 제작 완료한 물시계로서,
국보 제229호입니다.

03 개도 혈액형이 있다.   O / X

> **꿀잼상식 쏙쏙!**

혈액형은 적혈구와 혈청의 응집 반응을 기초로 분류하며, 개의 혈액형은 13가지입니다.

04 고래의 수염에는 냄새를 맡는 후각세포가 있다.   O / X

🏷 **꿀잼상식 쏙쏙!**

고래의 위턱에는 수염판이 달려 있으며, 수염은 일종의 근육으로서 바닷물과 함께 빨아들인 작은 먹이를 걸러내는 역할을 합니다.

05 고추의 성분 중에서 매운맛을 내는 주성분은 알리신이다.   O / X

🏷 **꿀잼상식 쏙쏙!**

알리신은 마늘에 많이 함유되어 있으며, 고추의 매운맛을 내는 성분은 무색의 휘발성 물질인 캡사이신입니다.

06 사람의 몸에는 담즙을 보관하는 담낭이 없다.   O / X

🏷 **꿀잼상식 쏙쏙!**

간에서 분비되는 담즙을 보관하는 담낭(쓸개)은 간 아래 붙어 있는 7~10cm의 주머니입니다. 담석증 등에 걸릴 경우 담낭을 아예 제거하게 되는데, 이를 제거하더라도 신체 활동에는 큰 위험이 없습니다.

07 낙타의 혹에 들어 있는 것은 물이다.   O / X

🏷 **꿀잼상식 쏙쏙!**

낙타의 혹은 지방을 저장하는 공간입니다. 혹에 저장된 지방은 낙타의 신진대사 에너지로 활용됩니다. 낙타는 3일간 물을 마시지 않아도 건강에 이상이 없다고 하는데 이는 혹 속에 있는 지방을 분해시켜 필요한 수분을 공급받기 때문입니다.

08 다음 중 렌즈 또는 반사경을 통해 멀리 있는 물체를 확대하여 보는 광학기 기는 무엇인가?

① 망원경 　　　　② 돋보기 　　　　③ 현미경

꿀잼상식 쏙쏙!

망원경은 렌즈나 반사경을 여러 개 조립해 멀리 있는 물체를 확대하여 보는 광학기기를 말합니다. 망 원경의 종류는 크게 렌즈를 사용한 굴절망원경과 반사경(거울)으로 빛을 모으는 방식을 이용하는 반 사망원경으로 나눌 수 있습니다.

09 다음 중 우주를 이루는 물질 중에서 가장 많은 것은?

① 수소 　　　　② 헬륨 　　　　③ 탄소

꿀잼상식 쏙쏙!

우주를 이루는 물질에는 수소(약 76%)가 가장 많고, 그다음이 헬륨(약 23%)입니다.

10 여러 종류의 신체조직으로 분화할 수 있는 능력이 있는 일종의 모세포를 뜻하는 것은?

① 줄기세포 　　　　② 시냅스 　　　　③ 바이오시밀러

꿀잼상식 쏙쏙!

줄기세포는 주로 초기 분열 단계의 배아로부터 채취됩니다. 이를 간세포(幹細胞), 모세포(母細胞)라고 도 합니다.

11 다음 중 구제역에 걸리지 않는 동물은?

① 돼지 　　　　　② 하마 　　　　　③ 당나귀

구제역은 ① · ② 등의 우제류(발굽이 짝수인 동물)에게 나타납니다. ③ 당나귀는 발굽이 홀수인 기제류에 속합니다.

12 급성 위장염을 일으키며, 낮은 온도에 강하기 때문에 겨울 식중독의 주요 원인이 되는 바이러스는 무엇인가?

① 노로 바이러스 　　　② 아르보 바이러스 　　　③ 폴리오 바이러스

②는 뇌염 · 출혈열을 일으키며, ③은 소아마비를 일으킵니다.

13 과학의 측정 단위에 붙는 다음 접두어 중에 가장 작고 세밀한 수치의 것은?

① 나노(nano) 　　　　② 피코(pico) 　　　　③ 밀리(milli)

②는 10의 12제곱분의 1, ①은 10의 9제곱분의 1, ③은 10의 3제곱분의 1을 뜻합니다.

14 탯줄의 피를 뜻하며, 혈액세포를 만드는 조혈모세포가 포함되어 있어 백혈병 치료에 이용하는 것은?

① 혈장 　　　　　② 혈소판 　　　　　③ 제대혈

제대혈은 백혈구 · 적혈구 · 혈소판을 만드는 조혈모세포와 연골이나 뼈 · 근육을 만드는 간엽줄기세포가 있어 의료적 가치가 높습니다.

15 대표적인 항산화 물질로서 과일에 많이 들어 있으며, 부족하면 괴혈병에 걸리는 이것은 무엇인가?

① 비타민 A   ② 비타민 C   ③ 엽산

꿀잼상식 쏙쏙!

비타민 C는 우리 몸에서 결합조직과 지지조직을 형성하고 피부 및 잇몸 건강을 유지하는 항산화 물질입니다. 비타민 C가 부족하게 되면 콜라겐 합성을 저해하므로 괴혈병이나 잇몸 부종을 일으킵니다.

| 주관식 |

16 세계 곳곳에서 이 현상으로 인해 폭염과 전쟁을 치른 바 있다. 대기권 중 상에서 발달한 고기압이 오랜 기간 정체해, 뜨거운 공기를 지면에 가둬놓는 이 현상은 열기가 쌓인 모습이 마치 '반구형으로 된 지붕' 같다고 하여 붙여진 이름이다. 이 기상 현상은 무엇인가?

꿀잼상식 쏙쏙!

열돔(Heat Dome) 현상은 대류권 상층의 차가운 고기압이 특정 지역에 머무르면서 더운 공기를 돔 형태로 가두는 기상 현상을 지칭하는 용어입니다. 2024년 여름 우리나라를 비롯해 전 세계 곳곳에서 거대한 열돔이 등장해 유례없는 긴 여름과 폭염에 시달렸는데요. 전문가들은 지구온난화로 극지방의 기온이 오르면서 제트기류가 약해진 것을 가장 큰 원인으로 꼽았습니다.

17 혈액형은 이곳에 있는 항원의 종류에 따라 A형, B형, AB형, O형으로 나뉜다. 혈액형을 결정짓는 A, B, O 혈액형 항원이 존재하는 곳은?

꿀잼상식 쏙쏙!

적혈구는 혈액세포 중에서 수적으로 가장 많은 양을 차지하고 있습니다. 붉은색 납작한 원반 모양이며 혈관을 통해 전신에 산소를 공급하는 중요한 역할을 합니다. 이렇듯 적혈구는 산소 운반을 위해 특화된 세포로 산소 운반을 위한 헤모글로빈을 포함하고 있는 것이 특징입니다. 그뿐만 아니라 혈관 벽의 이완을 돕는 역할을 하고, 면역 기능의 일부를 담당하고 있다고 알려져 있습니다.

18 이것은 암석에 외력이 가해져 생긴 금으로 단층과 달리 금을 경계로 어긋나지 않고 양쪽 부분의 상대적인 이동이 없다. 암석에 나타난 이것을 조사하면 작용한 힘의 방향을 알 수 있어 과거 지각변동의 역사를 재구성할 수 있다. 이것은?

꿀잼상식 쏙쏙!

절리의 종류에는 현무암에서 주로 발견되는 육각형 기둥 모양의 주상절리와 퇴적암 등에서 주로 나타나는 판상절리, 화강암에서 볼 수 있는 육면체 모양의 방상절리가 있습니다. 절리는 지하 깊은 곳보다는 지표 부근에 많이 나타나며, 모든 침식작용에 영향을 끼칩니다.

19 중국의 지도자였던 덩샤오핑은 "중동에 석유가 있다면 중국에는 이것이 있다"라고 말한 바 있다. 중국은 세계 이것 생산량의 70% 이상을 차지하고 있는데, 하이브리드 자동차, LCD 등의 제품을 생산할 때 쓰이는 17가지 희귀광물을 뜻하는 이것은 무엇인가?

꿀잼상식 쏙쏙!

희토류(稀土類)는 전자산업계에서 부품이나 제품을 생산하는 데 중요한 금속입니다. 화학적으로 안정되면서도 열을 잘 전달하는 성질이 있어 삼파장 전구, LCD 연마광택제, 가전제품 모터자석, 광학렌즈, 전기차 배터리 합금 등의 제품을 생산할 때 쓰입니다.

20 이것은 동식물이 보유한 고유의 DNA 정보를 이용해 생물종을 빠르고 정확하게 식별하게 하는 일종의 '유전자 신분증'을 말한다. 비행기 충돌 사고의 주범인 새의 종류를 판단하거나 마약 등 각종 범죄 단속에도 활용되는 이것은 무엇인가?

꿀잼상식 쏙쏙!

우리가 평소에 쓰는 물건들에는 거의 바코드가 있습니다. 그 바코드들은 검은선과 흰색의 여백을 이용한 2진법으로 구성된 반면 DNA 바코드는 아데닌, 티민, 구아닌, 사이토신의 4가지 염기 요소를 이용한 4진법을 사용하여 구성합니다. 생물체는 비슷한 종이라도 DNA는 모두 다르기에 이렇게 생물이 가지는 고유 유전정보를 이용해 빠르고 정확하게 식별하는 일종의 신분증과 같은 것이 DNA 바코드입니다.

21 고압가스는 종류에 따라 용기의 색상을 다르게 지정하고 있다. LPG는 어떤 색상의 용기에 담아야 하는가?

꿀잼상식 쏙쏙!

LPG는 회색, 액화암모니아는 백색, 수소는 주황색, 액화염소는 갈색, 아세틸렌은 황색 용기에 담아야 합니다.

22 영수증, 순번대기표 등 흰색 광택물질에서 쉽게 검출되며, 체내의 내분비 시스템을 교란시키는 유해물질은?

꿀잼상식 쏙쏙!

비스페놀A는 합성수지 원료, 콤팩트디스크, 식품 저장 캔이나 용기 등의 내부 코팅 재료, 페트병, 세제를 비롯한 다양한 분야에 쓰이는 화학물질로, 체내에서 여성호르몬 에스트로겐처럼 작용해 내분비 시스템을 교란하는 환경호르몬입니다.

| OX 퀴즈 |

23 태양계는 우리은하의 중심에 있다.　　　　　　　　O / X

> 꿀잼상식 쏙쏙!

태양계는 우리은하의 중심으로부터 3만광년 떨어진 나선팔에 위치하고 있습니다.

24 지구에 도달하는 태양복사에너지는 위도에 따라 차이가 난다.　　O / X

> 꿀잼상식 쏙쏙!

위도에 따라 지표면에 도달하는 태양복사에너지 양이 달라 고위도에서는 에너지 부족 현상이, 저위도에서는 에너지 과잉 현상이 생깁니다.

25 열역학 제2법칙에 따라 '엔트로피' 값은 항상 증가한다.　　　O / X

> 꿀잼상식 쏙쏙!

엔트로피는 물질, 에너지의 변환 시 일정량 소모되는 값을 말합니다. 전체 우주에서 엔트로피는 항상 증가하며, 이것을 열역학 제2법칙이 설명하고 있습니다.

26 최초의 인공위성의 이름은 '보스토크 1호'이다.　　　　　O / X

> 꿀잼상식 쏙쏙!

보스토크 1호는 최초의 유인 우주선입니다(소련, 1961년 4월 12일). 최초의 인공위성은 스푸트니크 1호입니다(소련, 1957년 10월 4일).

27 밤하늘의 별자리는 북반구보다 남반구에서 더 많이 관측할 수 있다.

O / X

국제 표준 별자리 88개는 국제천문연맹(IAU)에서 정한 것으로, 태양이 지나는 길(황도)에 12개, 북반구에 28개, 남반구에 48개가 있습니다.

28 원뿔세포는 약한 빛에 반응하여 물체의 형태와 명암을 구분한다. O / X

막대세포에 대한 설명입니다. 원뿔세포는 강한 빛에 반응해 물체의 형태와 색을 구별합니다.

29 광통신은 신호가 변형될 우려가 없으며, 별도의 전환 과정도 필요하지 않다.

O / X

광통신은 신호 변형의 우려가 없으나, 광섬유를 매체로 해 빛 신호를 주고받으므로 전기 신호를 빛 신호로 전환해 전달하고, 다시 빛 신호를 전기 신호로 전환해 정보를 읽어야 하는 번거로움이 있습니다.

30 후천적 면역 과정에서 1차 침입 때 A바이러스에 대해 기억세포를 형성한 후 B바이러스가 침입하면, 기억세포는 B바이러스에 대한 항체를 생성한다. O / X

항원-항체 반응에 의해 림프구는 A항원에 대해 A항체를 생성합니다. A항체에 대해 기억하고 있던 A 기억세포는 새로운 B항원이 들어왔을 때는 반응하지 않습니다.

정답 23 X 24 O 25 O 26 X 27 O 28 X 29 X 30 X

31 매우 작은 입자들이 불규칙적으로 움직이는 현상으로, 아인슈타인에 의해 이론화돼 분자운동론으로 기술할 수 있게 된 '이 운동'은 무엇인가?

① 반자성(Diamagnetism)
② 나이트 이동(Knight Shift)
③ 브라운 운동(Brownian Motion)

> **꿀잼상식 쏙쏙!**

브라운 운동(Brownian Motion)은 물 속 꽃가루의 작은 입자가 불규칙적으로 움직이는 것을 발견한 영국의 식물학자 로버트 브라운(Robert Brown)의 이름을 따서 지어졌습니다.

32 달은 타원형 궤도를 돌기 때문에 지구와 달 사이의 거리가 달라진다. 달과 지구의 거리가 가장 가까워질 때 볼 수 있는 크고 밝은 보름달을 가리키는 말은?

① 레드문(Red Moon)
② 블루문(Blue Moon)
③ 슈퍼문(Super Moon)

> **꿀잼상식 쏙쏙!**

슈퍼문(Super Moon)이란 달이 지구와 가장 가까워지는 시기와 보름달이 뜨는 시기가 겹쳐, 평소보다 더 크게 관측되는 보름달을 말합니다.

33 인류 최초로 비행기를 발명한 라이트 형제가 최초의 비행기에 붙인 이름은?

① 이륙 1호(Departure 1)
② 플라이어 1호(Flyer 1)
③ 활공 1호(Volplane 1)

플라이어 1호(Flyer 1)는 미국의 기계기술자인 라이트 형제가 발명하여 비행을 성공시킨 세계 최초의 동력 비행기입니다.

---

34 다음 중 '최초'라는 수식어와 관련이 가장 적은 것은?

① 우리별 1호　　　② 장보고과학기지　　　③ 컬럼비아호

②는 한국의 두 번째 남극 과학기지입니다. ①은 한국 최초의 인공위성(1992년), ③은 NASA 최초의 우주왕복선(1981년)을 의미합니다.

---

35 아인슈타인의 일반상대성이론 등에서 그동안 가설로만 추정했으나 라이고과학협력단(LIGO)이 직접 관측에 성공한 파동은 무엇인가?

① 중력파　　　② 델타파　　　③ 장주기파

중력파는 초신성 폭발 같은 우주 현상에서 발생하는 것으로, 시공간의 뒤틀림이 파도처럼 전달되는 것을 말합니다.

---

36 과학의 측정 단위에 붙는 다음 접두사 중에 가장 큰 수치의 것은?

① 테라(tera)　　　② 페타(peta)　　　③ 엑사(exa)

①은 10의 12제곱(1조), ②는 10의 15제곱(1천조), ③은 10의 18제곱(1백경)을 뜻합니다.

37 다음 중 핵산의 구성단위는 무엇인가?

① 포도당   ② 아미노산   ③ 뉴클레오타이드

🍯 **꿀잼상식 쏙쏙!**

뉴클레오타이드(Nucleotide)는 모든 생명체의 유전물질인 DNA나 RNA와 같은 핵산을 구성하는 기본 단위로 염기와 5탄당, 인산의 결합으로 구성되어 있습니다. 포도당은 녹말의 구성단위체이며, 아미노산은 단백질의 구성단위체입니다.

38 GI(Glycemic Index) 지수란 탄수화물 식품을 섭취했을 때 '이것'의 상승 정도를 수치화한 지수다. '이것'은 무엇인가?

① 혈당   ② 혈압   ③ 간수치

🍯 **꿀잼상식 쏙쏙!**

GI(Glycemic Index) 지수는 포도당 또는 흰 빵을 기준으로 각각의 식품의 혈당 상승 정도를 비교하여 수치화한 것입니다.

| 주관식 |

39 최근 커피 전문점에서 시험공부를 하는 학생들이 늘고 있다. 그 이유는 커피 전문점의 어떤 소음이 집중력 향상에 도움을 주기 때문이라고 하는데 이 소음을 무엇이라 하는가?

🍯 **꿀잼상식 쏙쏙!**

백색소음(White Noise)은 넓은 주파수 범위에서 거의 일정한 주파수 스펙트럼을 가지는 신호로 귀에 쉽게 익숙해집니다. 따라서 작업에 방해되는 일이 없이 오히려 거슬리는 주변 소음을 덮어주는 작용을 합니다. 진공청소기 소리, 파도 소리, 빗소리 등이 대표적인 백색소음입니다.

40 1940년 미국 타코마 다리가 착공 4개월 만에 붕괴되는 사고가 발생했다. 조사 결과 다리를 스쳐가는 바람의 진동이 타코마 다리가 가진 고유 진동수와 일치해서 생긴 이 현상 때문이었다. MRI와 라디오 주파수에도 이용되는 이 현상은?

꿀잼상식 쏙쏙!

공명은 특정 진동수에서 큰 진폭으로 진동하는 현상을 말합니다. 우리 주변에서 볼 수 있는 공명 현상(공진)의 대표적 예는 그네 운동입니다. 이는 그네를 진자의 운동으로 생각했을 때, 운동하는 진자의 진동수와 같은 고유 진동수의 힘을 가했을 때 진폭이 커지는 것을 통해 이해할 수 있습니다.

41 시차가 생기는 이유는 이 선을 기준으로 세계 시간이 결정되기 때문이다. 이 선은 경도 0인 영국 그리니치 천문대의 180도 반대쪽인 태평양 한가운데로 북극과 남극 사이에 세로로 그어진 가상의 선이다. 이 선은 무엇인가?

꿀잼상식 쏙쏙!

날짜변경선은 날짜를 구분하기 위해 편의상 만든 기준선입니다. 같은 시간대에 속한 지역에 대해 날짜가 달라 생기는 혼란을 방지하기 위해 사람이 살고 있는 섬 또는 육지를 피해 동일 지역을 묶어 기준선을 만든 것입니다. 때문에 정확한 직선은 아니며 미국의 알류산 열도를 지나 러시아의 캄차카 반도, 뉴질랜드 동쪽으로 일부 휘어져 있습니다.

42 동남아시아가 원산지로, 매운맛과 향긋한 냄새를 가지고 있다. 〈향약구급방〉에는 이것이 약용식물로 기록되어 있고, 민간요법에서는 감기에 걸렸을 때 이것으로 차를 만들어 마시기도 한다. 뿌리로 증식하는 이것은?

꿀잼상식 쏙쏙!

생강은 양념 재료로 많이 사용하는 뿌리채소입니다. 동남아시아가 원산지이기 때문에 다른 채소에 비해서 고온에서도 잘 자라는 편이고, 〈고려사〉에도 그 효능에 대해 적혀 있습니다. 파종은 4월 중순에 시작되며, 10월에 수확합니다. 병충에 심한 피해를 입지 않기로 유명한 채소이기 때문에 관리가 매우 수월합니다.

43 이것은 해안으로 밀려오던 파도가 갑자기 빠르게 먼 바다 쪽으로 되돌아 가는 해류로, 짧은 시간 안에 파도가 높아지고 물살이 매우 빨라져 피서객 들을 위협한다. 부산 해운대에서는 2007년경부터 이것이 발생해 관측 시 스템을 구축하기도 했다. '역조'라고도 하는 이것은?

꿀잼상식 쏙쏙!

해안을 따라 이동하는 해류는 평평하게 연안류를 이루는 반면 수면 아래에서는 바다 쪽으로 나가는 강한 흐름을 형성하는데, 이 흐름을 이안류라고 합니다. 이것은 해안으로 밀려들어오는 파도와 달리, 해류가 해안에서 바다 쪽으로 급속히 빠져나가면서 발생합니다. 이안류에 휩쓸릴 경우 수영에 능숙한 사람도 빠져나오기 힘들기 때문에 각별히 주의해야 합니다.

44 남해안은 우리나라 굴 생산의 70%를 차지하는 청정해역이다. 그런데 이 질병의 주요 원인인 사람이나 동물의 분뇨 등 오염원을 제거하기 위해 바 다 위에 뗏목 형태로 된 2톤 규모의 공중화장실을 설치했다. 이 질병은 무 엇인가?

꿀잼상식 쏙쏙!

노로 바이러스는 비세균성 급성위장염을 일으키는 바이러스의 일종으로 전염성이 매우 높은 것으로 알려져 있습니다. 그러나 항(抗)바이러스제나 백신이 없기 때문에 감기처럼 대증요법으로 치료해야 합니다. 오심, 구토, 설사, 복통 등의 증상을 보이지만 1~2일 지나면 자연 치유되는 것이 특징입니다.

45 인도네시아는 모기에 물려 감염되는 바이러스성 질환인 '이 병'을 국가재 해로 선포했다. 현재까지 백신이 개발되지 않은 이 병은?

꿀잼상식 쏙쏙!

뎅기열은 뎅기 바이러스를 갖고 있는 모기가 사람을 무는 과정에서 전파되는데, 고열을 동반하는 급 성 열성 질환입니다. 우리나라에는 이 모기가 없지만 유행 지역에 다녀와 발병하는 관광객들이 늘고 있는 추세입니다. 갑작스럽게 고열이 나고 두통, 근육통을 동반하며, 코피나 잇몸 출혈 등의 증상이 나타나기도 합니다.

46 기온과 관계없이 일정한 체온을 유지할 수 있는 동물로, 변온동물에 대응하는 말이다. 체온조절 기능이 발달한 조류와 포유류가 속하는 이것은?

꿀잼상식 쏙쏙!

항온(정온)동물의 체온은 소형동물이 대형동물보다 높게 나타나는데, 종류에 따라 다르긴 하지만 보통 36~42℃의 범위에 있습니다. 이와 반대로 파충류 등의 냉혈동물은 체온조절의 기능을 갖지 않으므로 외부의 온도에 따라서 체온이 변동하는데 이와 같은 동물의 종류를 변온동물이라고 합니다.

LEVEL **3** 고급

| OX 퀴즈 |

47 마르팡 증후군은 미국의 링컨 대통령이 앓은 질환으로 알려졌으며, 큰 키에 팔다리가 비정상적으로 길다는 특징이 있다.　　　　　　O / X

꿀잼상식 쏙쏙!

마르팡 증후군은 유전자 변이에 의한 발육 이상으로 팔이 길어 무릎까지 닿을 정도이며, 좁고 긴 얼굴, 매우 가늘고 긴 손가락과 발가락도 흔하게 나타납니다.

48 중증열성혈소판감소 증후군(SFTS)은 감염된 동물(주로 쥐)의 소변이나 조직에 접촉될 때 전파되며, 심하면 황달이나 신장 손상을 일으킬 수 있다.　　　　　　O / X

꿀잼상식 쏙쏙!

렙토스피라증에 대한 설명입니다. 중증열성혈소판감소 증후군은 주로 작은소참진드기 등의 야생 진드기가 옮기는 것으로 추정되며, 항바이러스제나 백신이 없어 증상에 따라 대응하는 치료를 합니다.

49 단백질과 함께 세포막을 구성하는 인지질은 친수성을 띠는 지방산과 소수성을 띠는 인산으로 구분할 수 있다. O / X

꿀잼상식 쏙쏙!

지방산은 인지질의 꼬리 부분으로 소수성을 띠며, 인산은 인지질의 머리 부분으로 친수성을 띠고 있습니다.

50 수성(水星)은 지구에 비해 공전 주기는 약 0.24배, 반지름은 약 0.382배, 태양과의 평균 거리는 약 0.386배이다. O / X

꿀잼상식 쏙쏙!

수성은 공전 주기 약 87.98일, 반지름 약 2,439km, 태양과의 평균 거리 약 5,791만km입니다. 지구는 공전 주기 약 365일, 반지름 약 6,378km, 태양과의 평균 거리 약 1억 5,000만km입니다. 또한 수성의 질량은 지구의 약 0.05배입니다.

51 규산염 광물은 규소와 산소를 포함하는 광물로, 지각을 이루는 광물의 대부분을 차지한다. O / X

꿀잼상식 쏙쏙!

암석을 구성하는 주된 30여 종의 광물들을 통틀어 이르는 조암 광물에는 규산염 광물과 함께 원소 광물(금·구리), 산화 광물(적철석·자철석), 탄산염 광물(방해석·마그네사이트) 등의 비규산염 광물이 있습니다.

52 위장관염과 구토, 발열, 설사, 탈수 등의 원인으로 알려진 로타 바이러스는 주로 청년층에서 발병한다. O / X

꿀잼상식 쏙쏙!

로타 바이러스는 생후 3~35개월의 영·유아에게 주로 발병하며, 감염자의 분변, 구토물에 오염된 손이나 물을 통해 감염됩니다.

53 인슐린 비의존성 당뇨병 환자는 인슐린 주사를 필요로 하지 않는다. O / X

인슐린 의존성 당뇨병 환자는 인슐린이 체내에서 분비되지 않아 주사를 맞아야 합니다. 반면 인슐린 비의존성 당뇨병 환자는 인슐린이 체내에서 분비되지만 세포에서 받아들이지 않는 인슐린 저항성이 존재합니다. 이 경우 오히려 더 많은 인슐린을 투여하기도 합니다.

54 '크로노미터'는 국제적으로 공인된 기관의 검정에 합격한 고정밀 시계에 주어지는 명칭이다. O / X

크로노미터(Chronometer)는 천문 관측, 경위도선 관측, 항해 등에 쓰던 온도, 기압, 습도 등의 영향을 거의 받지 않는 정밀도가 높은 휴대용 태엽 시계를 뜻하기도 합니다.

55 우유에서 치즈의 주성분이 되는 커드(Curd)를 제거하고 남아 있는 물질을 유청(Whey)이라 한다. O / X

응고하는 성질이 있는 치즈의 주원료 커드와 달리 우유에는 굳지 않는 단백질도 있습니다. 커드를 제거하고 남은 이러한 종류의 단백질을 유청이라고 합니다.

| 객관식 |

56 다음 중 현재 소멸된 혜성은 무엇인가?

① 101955 베누   ② 99942 아포피스   ③ 슈메이커-레비9

슈메이커-레비9는 1994년 7월 목성과 충돌해 소멸했습니다. ①, ②는 수백년 내로 지구와 충돌할 가능성이 있는 소행성들입니다.

57 태양계의 행성 중에 자전 방향이 공전 방향과 반대 방향인 두 행성은?

① 금성, 천왕성   ② 수성, 화성   ③ 토성, 금성

꿀잼상식 쏙쏙!

금성은 자전 방향이 여느 행성과 달리 공전과는 반대, 즉 동쪽에서 서쪽으로 회전합니다. 천왕성은 자전축이 98도 기울어져 옆으로 비스듬히 누운 상태에서 공전 방향과는 반대 방향으로 회전합니다.

58 다음 중 가장 강하게 자화되는 물체는?

① 은   ② 구리   ③ 코발트

꿀잼상식 쏙쏙!

금·은·구리는 반자성체에 속하며, 주석·백금·알루미늄은 상자성체입니다. 강자성체는 외부 자기장이 없어도 한동안 자성이 남는 물체로, 철·니켈·코발트 등이 있습니다.

59 화석연료 대신 식물 등 재생 가능한 친환경 자원을 원료로 화학제품뿐 아니라 바이오 연료를 생산하는 기술 분야를 뜻하는 것은?

① 레드 바이오   ② 화이트 바이오   ③ 바이오 필터

꿀잼상식 쏙쏙!

화이트 바이오는 산업 생산 공정에 생명공학을 응용한 것으로, 콩·옥수수 등 재생 가능한 식물 자원을 원료로 합니다.

60 급격하게 진행하는 알레르기로, 호흡기·순환기·소화기·피부 등 전신 증상이 나타나며, 심하면 목숨을 잃는 질환은?

① 아나필락시스(Anaphylaxis)

② 아르투스(Arthus)

③ 로사세아(Rosacea)

꿀잼상식 쏙쏙!

심장질환이나 뇌질환을 앓고 있다면 아나필락시스 때문에 심한 저혈압이 일어나 장기가 손상돼 목숨을 잃을 수 있습니다.

61 염색체 이상으로 후두에 장애가 생겨 '이 동물'의 울음소리와 비슷한 소리를 내는 증후군의 명칭과 관련이 있는 '동물'은?

① 　② 　③

꿀잼상식 쏙쏙!

고양이울음 증후군의 특징적인 증상은 고양이 울음소리와 비슷한 울음, 소두증, 지적장애 등입니다. 그 밖의 증상으로는 둥근 얼굴, 넓은 미간, 근무력증, 손금 이상, 평발, 짧은 목 등이며 약 20%는 선천적 심장질환을 보이고 있습니다.

62 탄수화물을 약 120℃ 이상의 고온에 굽거나 튀길 때 생성되는 갈색의 성분이며, 섭취하면 뉴런 교란과 암의 원인이 되기도 하는 물질은?

① 벤조피렌　　② 아질산나트륨　　③ 아크릴아마이드

꿀잼상식 쏙쏙!

아크릴아마이드 중합체는 접착제, 도료, 합성 섬유 등에 쓰이기도 합니다.

63 다음 그림에서 태양 주위를 공전하는 행성 A와 B에 대한 설명으로 틀린 것은?

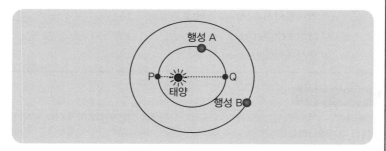

① 태양이 A와 B를 끌어당기는 힘은 같다.
② 행성 A의 공전 속도는 Q보다 P에서 빠르다.
③ 태양과 행성 A, 태양과 행성 B 사이에는 만유인력이 존재한다.

꿀잼상식 쏙쏙!

태양이 행성 A와 행성 B를 끌어당기는 힘은 만유인력으로, 만유인력은 태양과 행성의 질량에 비례하고, 반지름의 제곱에 반비례합니다.

| 주관식 |

64 유조차는 급할 때 정전기가 지면으로 빠져나갈 수 있도록 한다. 이처럼 대전체를 도선으로 지면과 연결하는 것을 무엇이라고 하는가?

꿀잼상식 쏙쏙!

대전체를 도선으로 지면에 연결하는 것을 '접지'라고 하며, 접지를 하면 정전기가 도선을 통해 지면으로 빠져나가게 됩니다.

65 피부가 손상돼 병원체가 체내로 침입했을 때 분비되는 이것은 모세혈관을 확장시키고 혈관벽의 투과성을 높여 백혈구가 상처 부위로 빠르게 모일 수 있도록 한다. 비만세포에서 분비되는 이것은 무엇인가?

꿀잼상식 쏙쏙!

히스타민은 외부자극에 대하여 신체가 빠른 방어를 하기 위해 분비하는 유기물질 중 하나입니다.

66 우주선용 소형 원자로에 넣기 위해 NASA에서 이용하는 엔진으로 미세한 온도만 있더라도 발전이 가능한 엔진의 이름은?

꿀잼상식 쏙쏙!

스털링 엔진은 1816년 스코틀랜드의 교사 스털링이 고안한 사이클을 바탕으로 개발된 엔진으로, 수소나 헬륨가스를 순환시켜 큰 열 교환기를 사용해 열효율이 매우 높은 엔진입니다.

67 고층 기상 관측은 대기 상태를 입체적으로 파악하기 위해 실시하고 있다. 우리나라 기상청에서는 대형 고무풍선에 이 관측기구를 매달아 고도 약 35km까지 띄워 올려 상층 대기의 상태를 측정하고 있는데 이 관측기구는 무엇인가?

꿀잼상식 쏙쏙!

라디오존데는 대형 고무풍선에 매달려 약 35km 상공까지 올라가면서 고도별 기압, 기온, 습도, 풍향, 풍속을 관측합니다.

68 영국 옥스퍼드대 연구팀은 유라시아 북서부 이곳의 일부를 덮고 있는 관목들이 온난화의 영향으로 키가 2m 이상 자랐다고 발표했다. 이곳은 연중 대부분이 눈과 얼음으로 덮여 있으나 짧은 여름 동안에는 지표의 일부가 녹아서 호수나 늪지가 만들어지며 이끼 등이 자란다. '동토대'라고도 부르는 이곳은 어디인가?

툰드라(Tundra)는 나무가 없는 지역, 즉 '한대 지방의 황무지'라는 뜻입니다. 한대 기후 지방은 1년 중 융해되는 기간이 3~4개월밖에 되지 않기 때문에 식생이 살 수 없고, 여름에만 간신히 지의류나 선태류 등의 이끼류만 성장하는 독특한 경관이 나타나는 것이 특징입니다. 스칸디나비아 반도 북부부터 시베리아, 북극해 연안에 넓게 분포해 있습니다.

69 미시간 주립대는 사람들이 로맨틱한 영화를 보면 여성호르몬인 A가 증가하고, 액션영화를 보면 남성호르몬인 B가 늘어난다는 연구결과를 발표했다. A, B는 무엇인가?

프로게스테론은 동물의 난소 안에 있는 황체에서 분비되어 생식주기에 영향을 주는 여성호르몬이며, 테스토스테론은 소·말·돼지 등의 고환에서 추출되는 스테로이드계의 남성호르몬입니다.

70 영국 런던 자연사 박물관의 고생물학자 리처드 포티는 그의 저서 〈지구의 역사〉에서 '이것의 기원을 추적하는 것이야말로 진정한 시간여행이다'라고 하였다. 생물의 광합성을 발견할 수 있으며, 줄무늬가 있는 이 암석은?

스트로마톨라이트(Stromatolite)는 층 모양으로 성장하는 암석으로, 석회암이 주 구성성분입니다. 연간 약 1mm 이하의 아주 느린 성장속도를 가지고 있기 때문에 지구의 역사를 밝힐 수 있는 열쇠로 꼽히고 있으며 선캄브리아 시대 암석에서 가장 많이 발견되었습니다.

정답 68 툰드라 69 A 프로게스테론 / B 테스토스테론
70 스트로마톨라이트

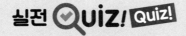

71 바이러스 크기는 세균보다 크다. O / X

> **꿀잼상식 쏙쏙!**

바이러스는 세포 안에서 증식하기 때문에 바이러스는 세균 안에서도 증식이 가능합니다. 실제로 백신을 개발할 때 세균에 바이러스를 삽입하여 실험을 진행한다고 합니다.

72 이것을 이용해 만든 전지는 작고 가벼우면서도 에너지 밀도가 높아 휴대전화 배터리의 핵심재료로 사용된다. 이것은 무엇인가?

> **꿀잼상식 쏙쏙!**

리튬은 수소, 헬륨 다음으로 가벼운 원소로 빅뱅 직후 초기 우주에서 생성된 세 가지 원소 중 하나입니다. 2022년 9월 세계적인 미국의 전기차 업체 테슬라가 전기차 배터리의 핵심인 리튬 정제 산업에 뛰어들겠다고 밝혀 화제가 된 바 있습니다.

73 혈당량의 자가조절이 어려운 환자들은 탄수화물 대사를 조절하는 펩타이드계 호르몬인 이것을 투여받아 치료한다. 당뇨병의 대중적 치료제로 쓰이는 이것은?

> **꿀잼상식 쏙쏙!**

인슐린은 이자에서 분비돼 우리 몸의 물질대사에 중요한 역할을 하는 단백질성 호르몬의 일종입니다. 당뇨병은 체내 인슐린이 부족해 혈당을 조절하지 못하게 되는 병인데, 최근 혈액이 아닌 눈물을 이용한 자가 혈당측정기가 개발되어 채혈에 어려움을 겪는 환자와 보호자들의 이목이 쏠린 바 있습니다.

74 이것은 '언제 어디서나 존재한다'는 뜻의 라틴어에서 유래된 말로 현실 세계와 인터넷이라는 가상 세계의 결합을 말한다. 1991년 컴퓨터 과학자 마크 와이저가 미래를 예측한 논문에서 이 용어를 처음 사용하며 알려졌다. 이것은 무엇인가?

꿀잼상식 쏙쏙!

유비쿼터스(Ubiquitous)란 사용자가 언제 어디서나 자유롭게 컴퓨터나 네트워크에 접속할 수 있는 환경을 말합니다. 이러한 환경이 실현되기 위해서는 무선을 통해 모든 장치들이 컴퓨터로 연결되어 있어야 합니다.

75 태양에서 방출된 플라스마의 일부가 공기 분자와 반응해 빛을 내는 현상으로 프랑스 과학자 피에르 가센디가 로마 시대 새벽의 신의 이름을 따 부르기 시작한 이것은 무엇인가?

꿀잼상식 쏙쏙!

오로라는 라틴어로 '새벽'이라는 뜻으로 로마 신화에 등장하는 여명의 신 아우로라(Aurora, 그리스 신화 에오스)의 이름에서 유래했습니다. 주로 북반구 고위도 지방인 그린란드와 알래스카에서 관찰할 수 있으며 태양 활동이 활발할 때는 조금 더 남쪽으로 치우쳐 분포하기도 합니다.

76 고대 이집트에서는 미라의 부패를 막기 위해 이것을 사용했다. 생물학 저서인 〈동물지〉에는 피부질환과 감염증 치료에 좋다는 기록이 있다. 일명 천연 페니실린이라고 불리는 이것은 무엇인가?

꿀잼상식 쏙쏙!

프로폴리스(Propolis)는 벌이 여러 식물에서 뽑아낸 수지와 같은 물질에 침과 효소를 섞어 만든 물질을 말합니다. 오랫동안 민간약품으로 사용돼왔으며, 감염예방 및 치료, 면역력 증진, 항암 효과가 있는 것으로 알려져 있습니다.

77 미국 과학진흥회가 기초과학의 중요성을 알리기 위해 만든 상으로 쓸모없어 보이지만 후대를 위해 큰 성과물을 남겼다는 뜻에서 이름 붙여진 이 상은 무엇인가?

꿀잼상식 쏙쏙!

황금거위상은 당장은 큰 성과를 내지 못하지만 훗날 인류에 큰 기여를 할 수 있는 기초과학의 중요성을 알리기 위해 2012년 제정된 상입니다. 2020년에는 코로나19 백신·치료제 개발에 기여한 연구진들이 수상하기도 했습니다.

78 최근 한국항공우주연구원들과 300여 개의 민간기업이 합작으로 만든 누리호의 발사 성공으로 인해 우리나라 또한 이것 시대가 열리는 기반이 만들어졌다. 우주개발이 정부 주도에서 민간으로 이전되는 시대를 뜻하는 이것은 무엇인가?

꿀잼상식 쏙쏙!

뉴 스페이스(New Space)는 민간기업의 주도로 이뤄지는 우주개발 사업을 일컫는 말로 정부가 주도하는 우주개발 사업인 '올드 스페이스(Old Space)'에 대비되는 개념입니다.

79 자율신경계의 호르몬으로 몸을 긴장상태로 만들어 스트레스를 돕는 역할을 하고, 주로 공포를 느끼거나 흥분했을 때 분비되는 이것은?

꿀잼상식 쏙쏙!

아드레날린(Adrenalin)은 에피네프린이라고도 하며 중추신경으로부터의 전기적인 자극에 의해 교감신경 말단에서 분비돼 근육에 자극을 전달하는 역할을 담당하고 있습니다.

80 경상북도 상주는 예부터 낙동강과 드넓은 평야를 갖춘 지리적 조건 때문에 농사짓기 좋은 고장으로 알려져 있다. 세계는 식량난을 대비해 차세대 미래 먹거리 사업에 진출하고 있다. '이것'은 농업 기술에 정보통신 기술을 접목하여 지능화된 농장을 일컫는 말이다. '이것'은 사물인터넷을 활용해 농작물을 관리하고 스마트폰과 같은 기기로 원격 관리도 가능하다. '이것'은 무엇일까?

꿀잼상식 쏙쏙!

스마트 팜(Smart Farm)은 정보통신 기술을 농업의 생산, 가공, 유통 및 소비 전반에 접목하여, 원격에서 자동으로 작물의 생육 환경을 관리하고 생산효율성을 높일 수 있는 농장을 말합니다.

81 1999년 시사 주간지 〈타임〉은 20세기를 대표하는 인물로 '이 사람'을 선정했다. 그 이유는 '███████의 이론이 텔레비전부터 우주 비행까지 20세기 과학 기술 발전의 기초가 되었기 때문'이라고 밝혔다. 또한 '███████의 헝클어진 머리와 천재성은 우리 세대를 대표하는 영원한 아이콘'이라고 소개했다. 이 사람은 누구일까?

꿀잼상식 쏙쏙!

20세기 최고의 과학자로 평가받고 있는 알베르트 아인슈타인은 질량과 에너지의 등가를 수식화($E=mc^2$)하고, 공간·시간·중력에 관한 획기적인 이론들을 과감히 도출해냈습니다. 무엇보다도 상대성원리라는 중력에 관한 탁월한 이론을 창출함으로써 과학적 탐구의 기반을 구축한 공로를 인정 받아 아인슈타인은 1921년(43세)에 노벨물리학상을 수상하게 됩니다.

정답 71 X 72 리튬 73 인슐린 74 유비쿼터스 75 오로라 76 프로폴리스 77 황금거위상 78 뉴 스페이스 79 아드레날린 80 스마트 팜 81 아인슈타인

06 | 경제

| OX 퀴즈 |

01 손익분기점은 일정 기간 수익과 비용이 같아서 이익이나 손실이 생기지 않는 지점의 매출액을 뜻한다.　　　　　　　　　　　　　O / X

> **꿀잼상식 쏙쏙!**

손익분기점은 한 기간의 매출액이 당해 기간의 총비용과 일치하는 점으로, 비용을 회수하기 위해 필요한 매출액을 의미합니다. 순이익이 0이 되는 한계생산점이므로 매출액이 손익분기점을 넘으면 이익이 발생합니다.

02 양적완화는 중앙은행이 시중에 돈을 푸는 정책으로, 정부의 국공채나 그밖에 다양한 금융자산의 매입을 통해 시장에 유동성을 공급하는 정책을 뜻한다.　　　　　　　　　　　　　　　　　　　O / X

> **꿀잼상식 쏙쏙!**

양적완화의 본래 개념은 우리나라의 한국은행과 같은 중앙은행이 정부의 국공채 등을 매입하여 시중에 통화량을 늘리는 정책을 의미합니다.

정답 01 O 02 O　　　　　　　　　　　　　　　　　　　　　　　　06 경제 | 137

03 한 나라의 소득불평등 정도를 나타내는 지니계수는 '0'에 가까울수록 불평등이 심각함을 의미한다. **O / X**

꿀잼상식 쏙쏙!

지니계수는 0과 1 사이의 수치로 표현되며, 이 수치가 0에 가까울수록 소득분포가 평등하다고 할 수 있습니다. 경제협력개발기구(OECD)의 2021년 자료에 따르면 한국의 지니계수는 0.33이었습니다.

04 엔저 현상이 일어나면 우리나라 수출품의 가격경쟁력이 높아져 수출이 활기를 나타낸다. **O / X**

꿀잼상식 쏙쏙!

엔저 현상은 해외 시장에서의 일본 제품의 가격경쟁력을 높이므로 일본과 경쟁을 벌이는 한국 등은 불리해집니다.

05 한 은행에 여러 계좌를 개설했을 때, 예금자보호법에 의해 각 계좌당 최고 5,000만원까지 보호된다. **O / X**

꿀잼상식 쏙쏙!

예금자보호법의 보호한도는 5,000만원입니다. 여기서 보호한도는 개별 금융기관을 기준으로 한다는 것을 알아두어야 합니다. 하나의 금융기관에서 여러 금융상품에 가입한 경우 총액 기준으로 5,000만원까지만 보호가 됩니다. 따라서 각 계좌당이 아니라 개별 금융기관을 단위로 합니다.

06 '경제활동인구'란 만 18세 이상의 노동 가능한 인구를 말한다. **O / X**

꿀잼상식 쏙쏙!

경제활동인구는 '생산활동가능인구'라고도 하며 취업이 가능한 만 15세 이상의 인구 중에서 학생, 주부, 환자 등 노동 능력이나 노동 의사가 없는 사람을 제외한 인구를 말합니다. 경제활동인구에는 취업자와 실업자 모두를 포함합니다.

07 '콩코드 효과'는 '매몰비용 효과'라고 부르기도 한다. O / X

꿀잼상식 쏙쏙!

콩코드 효과는 어떤 행동을 선택해 추진하게 되면 그것이 만족스럽지 못해도 이전에 투자한 것이 아깝거나 그것을 정당화하기 위해 더욱 깊이 개입하게 되는 의사결정 과정을 뜻합니다. 영국과 프랑스가 개발한 세계 최초의 초음속 여객기 콩코드에서 유래한 용어입니다.

08 출구전략은 경기 침체기에 경기를 부양시키기 위해 취했던 각종 완화 정책들을 서서히 거두는 것이다. O / X

꿀잼상식 쏙쏙!

경기 침체기에는 경기를 살리기 위해 기준금리를 내리거나 재정지출을 늘려 유동성을 확대하는 조치를 취하게 됩니다. 하지만 이러한 조치들을 계속 시행할 수는 없고, 경기가 회복이 되면 금리를 인상하거나 채권매입을 축소하는 등의 조치를 취하게 됩니다. 이때 그동안 취했던 완화 정책들을 부작용을 남기지 않고 서서히 거둬들이는 출구전략을 택하게 됩니다.

| 객관식 |

09 '있을 수 없는 반사회적인 행위'를 금지하고 유사한 행위의 재발을 막기 위해 국가가 가해 기업에 대해 처벌 성격의 손해배상을 부과하는 제도는?
① 징벌적 손해배상   ② 정신적 손해배상   ③ 포괄적 손해배상

꿀잼상식 쏙쏙!

징벌적 손해배상은 손해를 끼친 피해에 상응하는 액수만을 보상하는 전보적(보상적) 손해배상이 아니라, 국가가 처벌의 성격을 띤 손해배상을 기업에 부과하는 제도를 말합니다.

10 다음 중 주머니에서 슬쩍 빠져나가는 세금, 이른바 '스텔스 세금'에 해당하지 않는 것은?

① 전화세   ② 인지세   ③ 소득세

꿀잼상식 쏙쏙!

스텔스(Stealth) 세금은 소득세, 재산세, 법인세, 상속세와 같은 직접세가 아니라, 판매세나 부가가치세, 개별소비세 같은 간접세를 뜻합니다. 즉, 납세자들이 세금을 내고 있다는 사실을 쉽게 알아차리지 못하는 세금을 말합니다.

11 한국에서 소비자물가지수(CPI ; Consumer Price Index)를 작성 및 발표하는 곳은?

① 통계청   ② 한국은행   ③ 전국은행연합회

꿀잼상식 쏙쏙!

소비자물가지수란 소비자가 일상 구입하는 상품이나 서비스의 가격변동을 나타내는 지수를 말합니다. 도매물가지수와 함께 일상생활에 직접 영향을 주는 물가의 변동을 추적하는 중요한 경제지표 중 하나입니다. 한국에서는 통계청에서 전 도시, 서울과 주요 도시의 소비자물가지수를 매월 발표하고 있습니다.

12 주택을 담보로 금융기관에서 일정 기간 일정 금액을 연금 형태로 지급받는 대출 방식은 무엇인가?

① 모기지론   ② 역모기지론   ③ 서브크레디트론

꿀잼상식 쏙쏙!

역모기지론은 모기지론과 반대되는 개념인데요. 이미 집을 가지고 있는 사람들에게 집을 담보로 생활자금을 빌려주는 형태를 말합니다. 장기주택저당대출이라 부르기도 하는 것으로 우리나라는 1995년 일부 민간은행이 도입하였으나 실적은 미미한 상태입니다.
- 모기지론 : 주택을 살 때 그 주택을 담보로 주택 구입 자금을 대출받는 제도
- 서브크레디트론 : 2007년 전북은행이 내놓은 저신용자를 위한 소액대출 상품

13 물가상승이 통제를 벗어난 상태로서 수백퍼센트의 인플레이션율을 기록하는 상황을 말하는 말은?

① 디스인플레이션

② 보틀넥 인플레이션

③ 하이퍼 인플레이션

꿀잼상식 쏙쏙!

하이퍼 인플레이션(Hyper Inflation)은 단기간에 발생하는 심한 물가상승 현상으로서, 전쟁이나 대재해 후에 생산이 수요를 따라가지 못해 생기는 것을 말합니다.

14 가격이 오르는데도 일부 계층의 과시욕이나 허영심 등으로 인해 수요가 줄어들지 않는 현상을 뜻하는 용어는?

① 바넘 효과   ② 스놉 효과   ③ 베블런 효과

꿀잼상식 쏙쏙!

베블런 효과는 미국의 경제학자이자 베블런이 〈유한계급론〉(1899)에서 "상류층의 두드러진 소비는 사회적 지위를 과시하려고 자각 없이 행해진다"고 지적한 데서 유래했습니다.

15 주택의 매매가와 전세가의 차액을 투자금으로 하여 주택을 매입하는 방식의 투자는?

① 분산투자   ② 갭 투자   ③ 리츠

꿀잼상식 쏙쏙!

주택의 매매가격과 전세가격의 갭(Gap, 차액)을 투자금으로 하여 전세를 안고 주택을 매입한 후 주택의 매매가격이 상승하게 되면 수익을 얻는 투자 기법입니다. 매매가 대비 전세가의 비율이 높은 부동산이 갭 투자의 주요 타깃이 됩니다.

- 분산투자 : 투자 위험을 줄이기 위해 여러 종목의 증권에 분산하여 투자하는 방법
- 리츠(REITs) : 부동산 투자를 전문으로 하는 뮤추얼 펀드

16 함께 소비할 때 효용이 더 커지는 보완재가 아닌 것은?

① 쌀과 빵   ② 잉크와 펜   ③ 커피와 설탕

꿀잼상식 쏙쏙!

• 보완재 : 어떤 한 재화의 수요가 늘어날 때 함께 수요가 늘어나는 재화(돼지고기와 상추)
• 대체재 : 서로 다른 재화에서 같은 효용을 얻을 수 있는 재화(소고기와 돼지고기)

| 주관식 |

17 지구에는 나무가 많지만 사람들의 욕구에 비하면 그 수가 적다. 이처럼 사람의 욕망은 무한한 데 비해 그것을 충족시켜줄 수 있는 재화나 용역이 상대적으로 한정되어 있는 현상은 이것의 원칙이다. 경제 문제의 발생 원인이 되는 이것은 무엇인가?

꿀잼상식 쏙쏙!

희소성이란 인간의 욕망은 무한한데 이를 충족시킬 재화나 용역은 한정적인 것으로, 모든 경제 문제의 출발점이 되는 것을 희소성(稀少性)의 원칙이라고 합니다. 이때 '재화나 용역이 희소하다'는 것은 단순히 양이 물리적으로 부족하다는 것이 아니라 인간의 욕망에 비하여 상대적으로 부족하다는 것을 의미합니다. 희소성의 원칙이 존재하기 때문에 우리는 항상 선택의 문제에 부딪히게 되고 경제 문제가 발생하게 됩니다.

18 기업의 상품이나 서비스는 구매하지 않으면서 자신의 실속 차리기에만 관심을 두는 소비자를 뜻하는 것으로 신포도 대신 어떤 과일을 골라먹는 사람에서 유래되었는데, 이 용어는 무엇인가?

꿀잼상식 쏙쏙!

체리피커(Cherry Picker)들은 기업의 서비스나 유통체계의 약점을 이용해, 잠시 동안 사용하기 위해 상품이나 서비스를 주문했다가 반품하는 등 해당 회사에 적지 않은 피해를 일으키기도 합니다. 그래서 기업들은 놀이공원 할인이나 영화관 할인 등과 같은 비용부담이 큰 서비스를 줄이고, 심한 경우에는 블랙리스트를 만들어 업계에서 공동으로 대응하는 디마케팅(Demarketing)으로 일반 고객과 차별화하는 정책을 시행하고 있습니다.

19 이것은 비슷한 업종이면서도 다른 기능을 하는 기업과 기관들이 일정한 지역에 모여 있는 것을 말한다. 기업과 대학, 연구소 등이 정보와 지식을 공유하여 시너지 효과를 내는 것으로 미국의 실리콘밸리가 대표적인데 이것은 무엇인가?

꿀잼상식 쏙쏙!

산업 분야에서 클러스터(Cluster)란 유사 업종에서 다른 기능을 수행하는 기업이나 기관들이 한 곳에 모여 있는 것을 뜻하지만 단순히 직접 생산을 담당하는 기업만을 의미하는 것은 아닙니다. 연구개발 기능을 담당하는 대학이나 연구소 등의 기관들이 상호작용을 통해 부품 조달, 인력과 정보를 공유함으로써 시너지 효과를 기대하기도 합니다. 이렇듯 전후방 연계로 유명한 실리콘밸리와 보스턴 등이 전형적인 IT 클러스터라고 할 수 있습니다.

20 2008년 하버드대학교의 로렌스 레식 교수가 자신의 책 〈리믹스〉에서 처음 사용하면서 등장한 용어로 현대사회에 맞춘 합리적인 소비운동을 의미하는 용어는?

꿀잼상식 쏙쏙!

현대사회에 맞춘 합리적인 소비를 하자는 인식에서 공유경제라는 개념이 부각되었고, 스마트폰의 발달이 활성화에 기여하면서 보편적인 개념으로 발전하였습니다. 모바일 차량 서비스인 우버, 집을 공유하는 에어비앤비, 카셰어링 서비스인 쏘카 등이 공유경제의 대표적인 사례라고 할 수 있습니다.

21 당국의 규제를 받지 않고 고수익을 노리지만 투자위험도는 높은 투기성 자본을 의미하는 용어로 조지 소로스의 퀀텀펀드, 줄리안 로버트슨의 타이거펀드가 대표적이다. 이 용어는 무엇인가?

22 제2차 세계전쟁 이후에는 대부분 나라들이 달러와 자국 통화의 교환 비율로 이것을 표시했다. 우리나라 원화의 이것이 상승하면 원화의 가치가 하락했다는 뜻인데, 이것은 무엇인가?

23 이것은 미국의 제3대 대통령 토머스 제퍼슨이 의회에 제출할 교서를 쓰다가 처음 사용한 용어로 좁게는 관청, 기업체, 단체 등이 일반 대중의 관심을 끌기 위하여 사업의 취지를 널리 알리는 선전을 뜻한다. 공중과의 관계를 좋게 하기 위한 행위를 뜻하는 이 영어 약자는?

24 특정 품목의 수입이 급증할 때, 수입국이 관세를 인상하거나 수입량을 제한하여 국내 기업의 손실을 예방하는 조치를 무엇이라고 하는가?

> **꿀잼상식 쏙쏙!**

세이프가드(Safeguard)는 특정 품목의 수입이 급증하여 국내 업체에 심각한 피해를 줄 우려가 있을 경우, 수입국이 관세 인상이나 수입량 제한 등을 통하여 수입품에 대한 규제를 할 수 있는 무역장벽의 하나입니다.

LEVEL ② 중급

| OX 퀴즈 |

25 노벨경제학상을 받은 조지 애컬로프는 중고차 시장에서 불량 중고차를 '레몬'이라 부르는 반면 우량 중고차를 포도에 빗대어 정보의 비대칭을 설명했다. O / X

> **꿀잼상식 쏙쏙!**

애컬로프는 불량 중고차를 겉으로는 그럴 듯해 보이지만 너무 맛이 셔 먹지 못하는 '레몬'에, 상태가 양호한 중고차를 겉모양에 비해 맛이 좋은 '복숭아'에 빗대었습니다.

26 사이드 카는 오후 2시 20분 이후에는 발동되지 않는다. O / X

> **꿀잼상식 쏙쏙!**

사이드 카(Side Car)는 주식선물시장이 급등락하는 것을 막기 위해 현물 프로그램 매매의 체결을 늦추는 제도인데요. 코스피 선물, 코스닥 선물 가격이 전날보다 각각 5%, 6% 넘게 등락한 상태가 1분 동안 지속되는 경우 한국거래소는 사이드 카를 발동하여 매매를 5분간 정지시킵니다. 원래는 2시 20분까지 사이드 카를 발동할 수 있었으나 2016년 8월 1일부터 주식·외환 정규 거래시간이 30분 연장되면서 사이드 카와 서킷 브레이커(Circuit Breaker, 주가가 급등락하는 경우 주식매매를 일시 정지하는 제도) 발동시간 역시 30분 연장되었습니다.

정답 21 헤지펀드 22 환율 23 PR(Public Relations)
24 세이프가드 25 X 26 X

27 우리나라 외화 금리 기준인 '리보'는 싱가포르의 은행 간 적용금리를 말한다.

O / X

우리나라 외화 금리 기준인 '리보(LIBOR, London Inter-Bank Offered Rate)'는 런던의 은행 간 적용 금리입니다. 리보금리는 런던 금융시장이 세계에서 가장 전통이 길고 규모가 큰 금융시장이었기 때문에 우리나라뿐만 아니라 세계 각국의 국제 간 금융거래의 기준금리로 활용되고 있습니다.

28 새로 들어선 정부에 대한 기대감으로 인해 나타나는 사회적 안정 효과를 가리켜 피구 효과(Pigou Effect)라고 한다. O / X

허니문(Honeymoon) 효과에 대한 설명입니다. 피구 효과는 물가하락에 따른 자산의 실질가치 상승 때문에 경제주체들이 소비를 촉진하는 현상을 뜻합니다.

29 현재의 주요 7개국 정상회담 G7(Group of 7)의 모태가 되었던 G5에는 아 시아 국가가 포함되지 않았다. O / X

1973년 당시에 세계경제의 4% 이상을 차지한 국가 중 미국, 영국, 프랑스, 독일의 재무장관들이 백악 관 도서관에서 모여 Library Group을 이루었고, 1975년 일본이 가세해 G5가 되었습니다. 이후 이탈리 아, 캐나다 등이 가세해 G7 체제가 되었습니다.

30 은행에서 고객에게 주택을 담보로 대출해줄 때, 담보가격 대비 최대 대출 가능금액을 DTI라 한다. O / X

LTV(주택담보대출비율 ; Loan To Value ratio)는 담보물인 주택의 가격에 대비한 최대 대출가능금액 의 한도를 의미합니다. LTV가 낮을수록 주택가격의 하락에 대비한 은행의 위험이 줄어들기 때문에 은행의 건전성을 높이는 효과가 있습니다. DTI(Debt To Income)는 총부채상환비율을 의미합니다.

31 6차 산업은 농가가 고부가가치 상품을 가공하고 향토 자원을 이용해 체험 프로그램 등 서비스업으로 확대해 높은 부가가치를 얻는 산업을 뜻한다.

O / X

꿀잼상식 쏙쏙!

6차 산업은 1차 산업(농수산업)과 2차 산업(제조업), 3차 산업(서비스업)이 복합된 산업을 의미합니다. 농산물 생산(1차)만 하던 농가가 고부가가치 제품을 가공(2차)하고, 나아가 향토 자원을 활용한 농장 체험프로그램 등 서비스업(3차)으로 확대하면 더 높은 부가가치를 창출할 수 있습니다.

32 경제학자 파레토는 영국의 부와 소득의 유형을 연구하다가 전체 인구의 20%가 전체 부의 80%를 차지한다는 법칙을 찾아냈다.

O / X

꿀잼상식 쏙쏙!

파레토 법칙은 소수가 다수의 부를 창출한다는 경험 법칙으로 '20 : 80 법칙'이라고도 부르며, 부유층을 겨냥한 VIP 마케팅도 이 법칙을 기반으로 합니다.

| 객관식 |

33 중국 인터넷 3대 기업으로 불리는 기업에 해당하지 않는 것은?

① 텐센트 　　　② 바이두 　　　③ 시노펙

꿀잼상식 쏙쏙!

시노펙은 '중국석유화공'으로 중국에서 제일 큰 석유화학 회사입니다. 중국의 인터넷 3대 기업을 뜻하는 'BAT'에는 바이두, 알리바바, 텐센트 등이 있습니다.

34 금융기관의 재무건전성을 나타내는 기준으로, 위험가중자산(총자산)에서
자기자본이 차지하는 비율을 말하는 것은?

① DTI　　　　　② LTV　　　　　③ BIS

국제결제은행(Bank for International Settlement)에서는 국제금융시장에서 자기자본비율(BIS)을 8%
이상 유지하도록 권고하고 있습니다.

35 원유 1배럴은?

① 약 158.9리터　　　② 약 163.7리터　　　③ 약 166.5리터

1배럴이 국제 유가의 단위로 사용된 이유
배럴(Barrel)은 영어로 '나무통'이라는 의미로 1859년 미국 펜실베이니아주의 도르크라는 사람이 처음
으로 석유의 기계 채유에 성공해 55갤런 크기의 나무통에 채워 팔면서부터입니다. 하지만 당시 수송
사정이 좋지 않아 55갤런을 채워보내도 중간에 기름이 새어 도착할 때는 42갤런쯤이 남았는데, 여기
서 유래해 오늘날 자연스럽게 42갤런(158.9리터)이 1배럴이 되었습니다(1갤런=3.78리터).

36 우리나라에 투자되는 중국 자본을 가리키는 용어는?

① 핫머니　　　　　② 옐로 머니　　　　　③ 레드 머니

한국 업체에 투자하는 중국 자본을 '레드 머니(Red Money)'라고 부릅니다.

37 다음의 미국 화폐 단위 중 가장 큰 것은?

① 니켈   ② 페니   ③ 다임

🍯 꿀잼상식 쏙쏙!

미국의 동전
- Penny(Cent) : 1센트
- Dime : 10센트
- Half Dollar : 50센트
- Nickel : 5센트
- Quater : 25센트
- Dollar : 1달러

38 미국 폴리테크닉 연구소 교수인 나심 니콜라스 탈레브에 의해 월가의 허상을 파헤치는 내용으로 쓰인 책의 제목으로, 이것은 현실 가능성이 없는 듯 보이지만 일단 발생하면 큰 충격 및 파급 효과를 가져오는 것을 가리키는 경제 효과는 무엇인가?

① 블랙 래빗   ② 블랙 캣   ③ 블랙 스완

🍯 꿀잼상식 쏙쏙!

블랙 스완은 실제로 일어날 수 없는 듯 보이나, 과거의 경험과 예측에서 벗어난 극단적인 상황이 일어나는 것을 의미하는 용어로 나심 니콜라스 탈레브는 〈블랙 스완(The Black Swan)〉(2007)에서 경험에 따라 학습된 지식은 제한적이고 허약한 것이라고 지적했습니다.

39 '백로 효과'라고도 하며, 특정 상품에 많은 사람이 몰리면 차별성을 확보하기 위해 다른 상품을 구매하려고 하는 현상은 무엇인가?

① 스티그마 효과   ② 스놉 효과   ③ 핀볼 효과

🍯 꿀잼상식 쏙쏙!

- 스티그마 효과 : 상대방에게 낙인이 찍힌 경우 부정적인 영향을 받은 당사자가 더 부정적으로 변해가는 현상
- 핀볼 효과 : 나비 효과와 비슷한 개념으로 한 객체가 벌인 사소한 사건이 전체에 파장을 일으켜 엄청난 변화를 초래함을 나타내는 현상

40 데이터를 거래할 때 중앙집중형 서버에 기록을 보관하는 기존의 방식과 달리 거래 참가자 모두에게 내용을 공개하는 개방형 거래 방식을 가리켜 무엇이라고 하는가?

① 핀테크(Fin Tech)
② 블록체인(Block Chain)
③ 비트코인(Bitcoin)

> **꿀잼상식 쏙쏙!**

송금 시에 중개기관인 제3자를 거쳐야 했던 전통적 금융거래 방식과 달리 블록체인 결제 방식에서는 이러한 중개기관이 필요하지 않습니다.

| 주관식 |

41 국내 백화점 업계가 지하의 식품매장을 강화하고 있는 것은 이 효과를 노린 것이다. 손님이 아래층에서 위로 이동하도록 유도함으로써 판매를 촉진시키는 전략인 이 효과는?

> **꿀잼상식 쏙쏙!**

샤워 효과는 위층에 소비자들을 유인할 수 있는 상품을 배치해 위층의 고객 집객 효과가 아래층까지 영향을 미쳐 백화점 전체 매출이 상승하는 것을 말하고, 분수 효과는 이와 반대로 소비자들이 아래층에서 위층으로 올라오도록 유인하는 것을 말합니다.

42 중간 위험의 자산을 배제하고, 고위험 자산과 저위험 자산을 골라 '극과 극의 조합'으로 자산을 배분하는 투자 기법을 뜻하는 용어는?

> **꿀잼상식 쏙쏙!**

바벨(BarBell)은 역도선수가 드는 역기를 뜻합니다. 바벨이 양쪽 끝의 추에만 무게가 실리는 것처럼, 다양한 선택이 가능할 때 중간은 버리고 극단적인 선택만 하는 것을 바벨 전략이라고 합니다.

43 금리가 낮은 일본 엔화를 빌려 금리가 높은 다른 나라의 주식, 채권 등에 투자해 환차익과 금리 차를 얻는 투자 방법은?

꿀잼상식 쏙쏙!

엔 캐리 트레이드(Yen Carry Trade)는 일본의 낮은 금리를 활용해 엔화를 빌려 제3국에 투자하는 금융거래를 말합니다. 즉 초저금리인 엔화를 상대적으로 금리가 높은 국가의 금융상품에 투자하는 것입니다. 이를 활용하면 일본에서 적용하는 금리와 다른 나라와의 금리차만큼 수익을 얻게 되며, 차입금의 금리가 낮기 때문에 이자를 지급하더라도 비교적 높은 수익을 올릴 수 있습니다.

44 국가나 지방자치단체가 외부에서 빚을 지나치게 많이 져 상환능력을 잃게 됐을 때 일방적으로 일정 기간 금전 채무의 이행을 연장시키는 것은?

꿀잼상식 쏙쏙!

모라토리엄(Moratorium)은 국가나 지방자치단체(지자체)가 외부에서 빌린 돈에 대해 일방적으로 만기에 상환을 미루는 행위를 통칭합니다.

45 물건에 소유권이 분명하게 설정되고 그 소유권 거래에서 비용이 들지 않는다면, 그 권리를 누가 가지든 효율적 배분에는 영향을 받지 않는다는 것을 보여주는 이론은?

꿀잼상식 쏙쏙!

코즈의 정리란 민간 경제주체들이 자원 배분 과정에서 거래비용 없이 협상할 수 있다면 외부 효과로 인해 발생하는 비효율성을 시장 스스로 해결할 수 있다는 이론입니다. 코즈의 정리에 따르면 재산권이 누구에게 부여되는지는 경제적 효율성 측면에서 아무런 차이가 없지만, 소득분배 측면에서는 차이가 발생합니다.

46 정부가 재정적자를 국채의 발생으로 조달할 경우 (국채 발행이 채권가격의 하락으로 이어져) 시장이자율이 상승하여 투자에 해로운 효과를 주는 것을 무엇이라고 하는가?

꿀잼상식 쏙쏙!

구축 효과란 정부의 재정지출 확대가 기업의 투자 위축을 발생시키는 것을 말합니다. 정부의 재정적자 또는 확대 재정정책으로 이자율이 상승하여 민간소비와 투자 활동을 위축하는 효과를 가져옵니다.

47 주식을 신규로 거래소에 상장하기 위하여 주식을 발행하여 공모하는 것을 무엇이라고 하는가?

꿀잼상식 쏙쏙!

기업공개(IPO)란 증권거래법 등의 규정에 의하여 주식회사가 발행한 주식을 일반 투자자에게 균일한 조건으로 공모하거나, 이미 발행되어 대주주가 소유하고 있는 주식의 일부를 매출하여 다수의 주주에게 주식이 분산되는 것을 뜻합니다.

48 경제지표를 산출할 때 시점 간 상대적 위치에 따라 실제 경제상황보다 위축되거나 부풀려지는 현상을 가리키는 효과는?

꿀잼상식 쏙쏙!

기저 효과란 어떠한 결괏값을 산출하는 과정에서 기준이 되는 시점과 비교대상 시점의 상대적인 위치에 따라서 그 결괏값이 실제보다 왜곡되어 나타나는 현상을 말합니다. 경제지표를 평가하는 데 있어 기준시점과 비교시점의 상대적인 수치에 따라 그 결과에 큰 차이가 발생할 수 있습니다.

49 주식시장에서 주가가 급등 또는 급락하는 경우 주식매매를 일시 정지하는 제도로, 주가지수가 전일에 비해 10% 이상 하락한 상태가 1분 이상 지속되는 경우 모든 주식거래를 20분간 중단시키는 이것은 무엇인가?

> **꿀잼상식 쏙쏙!**

서킷 브레이커(Circuit Breaker)는 주식시장의 일시적인 매매 거래 중단 제도를 일컬을 때 사용합니다. 코스피나 코스닥지수가 전일 대비 10% 이상 폭락한 상태가 1분간 지속하는 경우 서킷 브레이커가 발동됩니다.

LEVEL ③ 고급

| OX 퀴즈 |

50 달러 쇼크(Dollar Shock)는 미국 닉슨 대통령이 1971년 발표한 달러 방어 정책 때문에 발생한 경제적 충격을 뜻하는 용어이다.　　O / X

> **꿀잼상식 쏙쏙!**

달러 쇼크는 1971년 8월 미국 경제의 재건과 달러가치의 회복을 위해 금과 달러의 교환 정지, 10%의 수입 과징금의 실시 등의 정책 때문에 각국이 받은 충격을 뜻합니다. 흔히 닉슨 쇼크라고도 부르며, 오일 쇼크의 도화선이 되었습니다.

51 '머니 론더링(Money Laundering)'은 외국환 은행이 수입상에게 신용장을 개설해줄 때 보증금으로 받는 현금을 뜻한다.　　O / X

> **꿀잼상식 쏙쏙!**

'마진 머니(Margin Money)'에 대한 설명입니다. '돈세탁'이라는 뜻의 머니 론더링은 부정한 자금을 한 계좌에서 다른 계좌로 여러 차례 옮겨 출처나 수익자를 숨기는 것을 뜻합니다. 이 말은 1986년 미국에서 '자금세탁 통제법'이 제정되면서 용어로 등장했습니다.

52 '클린 빌(Clean Bill)'은 담보가 확실해 은행에서 매입할 가능성이 높은 외국환을 뜻한다. O / X

클린 빌은 담보가 없는 외국환을 뜻하며, 신용장이 없으면 은행에서 매입하지 않습니다. 담보물이 어음양도의 부대조건으로 되어 있지 않으므로 수입업자의 신용이 특히 확실하지 않다면 은행이 어음을 매입하지 않습니다.

53 스탠더드 앤드 푸어스는 무디스, 피치 레이팅스와 함께 3대 신용평가기관 중의 하나로서, 그중 가장 나중에 설립되었다. O / X

푸어스사는 1860년에, 스탠더드사는 1916년에 설립됐고, 스탠더드사와 푸어스사가 1942년에 합병되어 스탠더드 앤드 푸어스가 등장했습니다. 무디스는 1900년에, 피치 레이팅스는 1913년에 설립되었습니다.

54 세뇨리지 효과는 중세 군주가 재정을 메우려고 금화에 불순물을 섞어 유통시킨 데서 유래한 말로, 기축통화를 보유한 국가가 누리는 경제적 이익을 가리킨다. O / X

미국은 기축통화인 달러를 끝없이 찍어냄으로써 새로운 신용을 창출해 대외 적자를 줄일 수 있는 세뇨리지 효과를 누리고 있습니다.

55 건전재정의 원칙은 정부가 경기부양 등의 목표를 위해 재정지출 계획을 추진할 때 재정확보 방안 마련을 의무화하는 것을 말한다. O / X

'페이고(Pay as you Go)' 원칙에 대한 설명이며, 건전재정의 원칙은 국가의 세출은 국채나 차입금 이외의 세입을 재원으로 하도록 예산회계에서 명시하고 있는 것을 말합니다.

56 수에즈 운하는 2006년에 운하 확장 계획이 시작되어 2016년 6월 26일에 확장 공사가 완료되었으며, 태평양과 대서양을 잇는 길이 82km의 운하이다.

O / X

꿀잼상식 쏙쏙!

파나마 운하에 대한 설명입니다. 수에즈 운하는 아시아와 아프리카 두 대륙의 경계인 이집트의 시나이 반도 서쪽에 건설된 운하입니다. 국제 해상 물류의 핵심 길목인 수에즈 운하는 전 세계 컨테이너 선적량의 30%, 상품 교역량의 12%를 담당하고 있습니다. 2021년 3월에는 초대형 컨테이너 화물선인 에버기븐호가 좌초돼 글로벌 교역에 혼란이 빚어지기도 했습니다.

57 피셔(Fisher) 효과는 새로운 물건을 갖게 되면 그것과 어울리는 다른 물건도 원하는 것을 뜻하는 용어이다.

O / X

꿀잼상식 쏙쏙!

디드로(Diderot) 효과에 대한 설명입니다. 피셔 효과는 인플레이션이 심해지면 금리도 함께 상승하는 현상을 의미합니다.

| 객관식 |

58 다음 중 달러(Dollar)의 원조가 된 화폐를 최초로 유통한 나라는?

① 독일   ② 프랑스   ③ 러시아

꿀잼상식 쏙쏙!

달러는 원래 유럽 국가에서 통용됐던 은화를 가리키는 용어였습니다. 이 은화의 원조가 독일에서 화폐로 쓰던 요아힘스탈러(Joachimsthaler)입니다. 탈러(Thaler)라고도 합니다.

59 〈21세기 자본론〉을 펴내 전 세계적으로 열풍을 일으켰으며, 소득의 불평등에 대해서 연구한 프랑스의 경제학자는?

① 피터 드러커 　　　② 토마 피케티 　　　③ 폴 크루그만

토마 피케티(Thomas Piketty)는 경제적 불평등을 내재한 자본주의의 동학을 분석하고, 글로벌 자본세를 그 대안으로 제시한 〈21세기 자본〉으로 일약 세계적인 경제학자로 떠오른 프랑스의 소장 경제학자입니다. 그는 소득불평등을 없애기 위해서는 부유세를 적극 도입하여야 한다고 주장했습니다.

60 기업과 은행이 약정에 의해 기업의 제3자에게 부담하는 채무를 보증하는 것을 무엇이라 하는가?

① 지급보증대출 　　　② 외화대출 　　　③ 브릿지대출

지급보증대출은 양 당사자 간 일정 거래에 기인한 보증 용도로서, 지급보증의 상대처 및 거래대상은 원칙적으로 제한을 두고 있지 않습니다.

61 금융기관이 투자자 성향에 맞추어 자산구성부터 운용, 투자자문까지 통합적으로 관리해주는 종합금융서비스는?

① 랩어카운트 　　　② CMA 　　　③ MMF

랩어카운트(Wrap Account)란 자산종합관리계좌로서 투자자가 증권사에 돈을 맡기고 계약을 맺으면 그에 따라 증권사가 자산을 대신 운용해주는 계좌를 말합니다.

62 증시지수와 반대로 움직이는 지수로 이 지수가 높으면 주가가 하락한다. 이 지수를 무엇이라 하는가?

① ISM지수   ② VIX지수   ③ PMI지수

꿀잼상식 쏙쏙!

VIX지수(공포지수)는 주식시장과 역방향으로 움직이는 특성이 있고, 이 지수가 높아지면 투자자들은 투자에 대한 불안감이 높아져서 주식을 팔고자 하는 투자자가 많아지게 됩니다. 이로 인해 주가는 하락합니다.

63 적대적 M&A를 방어하기 위한 수단이 아닌 것은?

① 포이즌필   ② 황금주   ③ 파킹

꿀잼상식 쏙쏙!

적대적 M&A란 기업의 인수 · 합병 시 상대기업과 협의 없이 강제적으로 경영권을 탈취하고자 하는 경우를 말합니다. 파킹(Parking)은 우호적인 제3자를 통해서 지분을 확보하고 주주총회에서 기습적으로 의결권을 행사하여 경영권을 탈취하려는 전략입니다. 팩맨, 백기사, 포이즌필, 황금 낙하산, 황금주, 차등의결권주는 적대적 M&A를 방어하기 위한 방법입니다.

64 소비자가 특정 상품을 소비하면 자신이 그것을 소비하는 계층과 같은 부류라는 생각을 가지게 되는 효과를 일컫는 용어는?

① 전시 효과   ② 플라시보 효과   ③ 파노플리 효과

꿀잼상식 쏙쏙!

파노플리 효과(Panoplie Effect)란 특정 상품을 사며 동일 상품 소비자로 예상되는 집단과 자신을 동일시하는 현상입니다. 고가 화장품, 값비싼 외제차 등을 사고 싶은 심리는 대표적인 파노플리 효과라고 할 수 있습니다. 특정한 기능이 필요해서라기보다 트렌드를 선도하는 계층에 속하는 사람으로 보이고 싶은 욕구라고 볼 수 있습니다.

65 끝마치지 못하거나 미완성된 일이 계속 떠오르는 현상으로서 광고 중에서 시청하는 독자들에게 미완성 과제를 주어 기억에 오래 남게 하는 효과를 주는 마케팅 용어는?

꿀잼상식 쏙쏙!

자이가르닉 효과(Zeigarnik Effect)란 '끝마치지 못하거나 완성되지 못한 일은 마음속에 계속 떠오른 다'는 것으로, 러시아의 심리학과 학생이던 블루마 자이가르닉과 그녀의 스승이자 사상가인 쿠르트 레빈이 제시한 이론입니다.

66 환율이 각국 화폐의 구매력, 즉 물가수준의 비율에 의해 결정된다는 이론 으로, 교역이 자유로운 상황에서 동일한 재화의 시장가격은 유일하다는 일물일가의 법칙을 전제로 하는 이론은?

꿀잼상식 쏙쏙!

구매력평가설은 외국환시세를 설명하는 하나의 이론으로서, 1916년 스웨덴의 경제학자 G. 카셀의 주 장으로 유명해졌습니다.

67 생산성이 임금을 결정하는 것이 아니라 임금이 생산성을 결정한다고 보는 것으로, 시장균형 임금보다 높은 수준의 임금을 지급하면 생산성을 높일 수 있다는 이론은?

꿀잼상식 쏙쏙!

근로자의 임금은 근로자의 생산성에 따라 결정된다고 설명하는 전통적인 임금이론에 대해, 효율임금 이론은 이를 정반대로 설명하고 있습니다. 효율임금이론은 근로자에게 높은 임금을 지급하면 이직률 이 낮아지고, 근로 열의가 높아지며, 우수한 근로자를 채용할 수 있다고 여기는 것을 말합니다.

68 중앙은행 지급준비금 계정에 예치된 금융기관 자금과 시중에서 유통되고 있는 현금을 합한 것으로, 중앙은행이 공급하는 현금통화를 의미하는 것은 무엇인가?

꿀잼상식 쏙쏙!

본원통화란 중앙은행인 한국은행이 지폐 및 동전 등 화폐발행의 독점적 권한을 통하여 공급한 통화를 말하며, 화폐발행액과 예금은행이 중앙은행에 예치한 지급준비예치금의 합계로 측정됩니다.

69 국가의 예산이 실행단계에 들어간 후에 부득이한 사유에 의해 필요불가결한 경비가 생겼을 때 정부는 예산을 추가 변경하여 국회에 제출, 국회의 의결을 거쳐 집행하는데 이를 무엇이라 하는가?

꿀잼상식 쏙쏙!

추가경정예산이란 정부가 예산 성립 후에 생긴 사유로 인하여 이미 성립한 예산을 변경할 필요가 있을 때 편성하는 예산을 말합니다(헌법 제56조).

70 상장법인 등이 사업보고서와 감사보고서, 영업보고서 등 기업공시서류를 인터넷을 통해 금융감독원 전자공시시스템(DART)에 접속하여 온라인으로 전송해 제출하고 금감원은 공시자료를 전산매체를 통해 증권거래소 등 관계기관과 일반 투자자들에게 전송하는 기업공시시스템은 무엇인가?

꿀잼상식 쏙쏙!

금융감독원은 1999년 '전자공시제도'를 도입하여 기업들의 각종 공시서류를 서면과 전자문서로 병행 제출하도록 했으며, 2000년 3월부터는 상장법인뿐만 아니라 코스닥시장 등록법인이나 외부감사법 적용법인들도 모든 공시서류를 전자문서로 병행 제출하도록 했습니다. 2000년 7월부터는 일부 서류를 전자문서로만 제출하도록 했고, 2001년부터는 전자공시제도의 전면 시행에 들어가 모든 서류를 전자문서로만 제출하도록 했습니다.

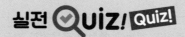
71 초기 생산단계에서는 막대한 투자비용이 필요하지만 생산이 시작된 이후 추가적으로 발생하는 비용은 크지 않은 유형의 산업의 경우 생산량이 늘어날수록 평균비용이 감소하게 된다. 이러한 현상을 무엇이라 하는가?

> 🍯 꿀잼상식 쏙쏙!

규모의 경제는 생산량의 증가에 따라 생산비가 감소하거나 수익이 향상되는 현상을 이르는 말로 대량 생산의 이익, 대규모 경영의 이익이라는 말로도 알려져 있습니다.

72 은행이 부실해지거나 저금리 현상이 지속될 때 예금자들이 돈을 대규모로 인출해가는 상황을 무엇이라고 하는가?

① 뱅크런   ② 펀드런   ③ 그렉시트

> 🍯 꿀잼상식 쏙쏙!

뱅크런(Bank Run)이란 경제상황 악화로 금융시장에 위기감이 조성되면서 은행의 예금 지급 불능 상태를 우려한 고객들이 대규모로 예금을 인출하는 사태를 의미합니다.
- 펀드런(Fund Run) : 투자자들이 수익률이 떨어질 것을 우려해 일시에 대량으로 펀드를 환매하는 현상을 의미
- 그렉시트(Grexit) : 그리스의 유로존 이탈을 의미

73 미국 주식시장에서 전년도 배당수익률이 높은 10개 종목을 뜻하는 말로, 우량 주식임에도 제대로 대접을 받지 못하는 주식을 〈다우의 ▋▋▋▋〉라고 부른다. 빈칸에 들어갈 말은?

① 고양이   ② 개   ③ 쥐

> 🍯 꿀잼상식 쏙쏙!

다우의 개(Dogs of Dow)는 다우존스지수에 편입된 30개 종목 중에서 전년도 배당수익률이 높은 10개 종목을 의미합니다.

74 신규 투자자의 돈으로 기존 투자자에게 높은 이자를 지급하는 다단계 금융사기인 이것은 무엇인가?

꿀잼상식 쏙쏙!

폰지 사기는 1920년대 찰스 폰지의 사기 수법에서 유래한 것으로 신규 투자자의 자금으로 기존 투자자에게 이자나 배당금을 지급하는 방식의 다단계 금융사기를 일컫는 말입니다. 2008년 미국 월가를 발칵 뒤집어놓은 희대의 사기꾼 버나드 메이도프는 650억달러 규모의 이 사건으로 징역 150년 형을 선고받은 바 있습니다.

75 제임스 버크의 동명 저서에서 알려진 경제 용어로 1930년대 미국에서 유행한 구슬게임의 이름에서 유래했다. 사소한 사건들이 도미노처럼 연결되고 점점 증폭되면서 큰 사건을 만들어내는 현상을 뜻하는 이 효과는 무엇인가?

꿀잼상식 쏙쏙!

핀볼 효과는 사소해 보이는 사건이나 물건이 도미노처럼 연결되면서 세상을 움직이는 거대한 사건을 일으키는 현상을 의미하는 말입니다. 경제 분야에서는 경제성장률, 금리, 유동성, 투자심리 등 다양한 요인이 복합적인 작용을 일으키면서 주가를 예상외로 크게 뛰게 하는 현상을 가리키는 말로 사용되고 있습니다.

76 미국의 기업인이자 투자가인 이 사람은 1956년 100달러로 주식 투자를 시작해 세계 최고 갑부가 된 인물이다. 뛰어난 투자 실력과 기부 활동으로도 유명한 이 사람은 특히 부유층에 대한 세금 증세를 주장해 이 사람의 이름을 딴 세금안이 있기도 하다. 이 사람은 누구인가?

꿀잼상식 쏙쏙!

워렌 버핏은 20세기를 대표하는 미국의 사업가이자 투자가입니다. 가치 투자의 창시자인 벤저민 그레이엄의 영향을 크게 받아 가치 투자 방식을 고수하는 것으로 유명하고, 억만장자이면서도 검소한 생활태도를 지니고 있습니다. 미국 경제전문지 〈포브스〉에 따르면 2023년 기준 세계 재력가 5위(재산 165조 1,100억원)에 선정되기도 했습니다.

77 전 세계 커피 소비량은 엄청나지만 커피를 재배하는 개발도상국의 농민들은 여전히 가난하다고 한다. 그 이유는 선진국 기업의 자유무역 관행으로 정당한 대가를 받지 못하고 노동력을 착취당하고 있기 때문이다. '이것'은 이러한 문제를 해결하기 위해 나타난 무역 형태이자 사회운동이다. 다국적 기업이나 중간 상인을 거치지 않고 합리적인 가격으로 생산품을 구매해 개발도상국의 경제적 자립을 돕고 노동자들의 기본적인 복지를 지켜주는 '이것'은 무엇인가?

꿀잼상식 쏙쏙!

공정무역이란 개발도상국 생산자의 경제적 자립과 지속가능한 발전을 위해 생산자에게 보다 유리한 무역조건을 제공하는 무역 형태를 말합니다.

정답 71 규모의 경제 72 ① 73 ② 74 폰지 사기 75 핀볼 효과 76 워렌 버핏 77 공정무역

07 | 사회 · 교육 · 환경

LEVEL ① 초급

| OX 퀴즈 |

01 현재 우리나라는 반려동물을 위한 보험상품이 있다.　　O / X

> **꿀잼상식 쏙쏙!**

우리나라는 반려동물에게 발생할 수 있는 상해 및 질병에 대한 수술, 입원, 통원에 대한 보장을 받을 수 있는 보험상품이 존재합니다.

02 수표에도 위조방지 홀로그램이 있다.　　O / X

> **꿀잼상식 쏙쏙!**

수표도 일반 지폐처럼 홀로그램, 돌출은하 등 정교한 위조방지 장치를 갖추고 있습니다.

03 '파파라치'는 파리를 의미하는 이탈리아어에서 유래했다.　　O / X

> **꿀잼상식 쏙쏙!**

윙윙거리는 소리를 내며 달려드는 파리를 의미하는 이탈리아어에서 유래된 '파파라치'는 연예인 등 유명인을 쫓아다니며 사진을 찍는 사람을 말합니다.

꿀잼상식 쏙쏙!

보이콧(Boycott)은 항의의 수단으로 항의 대상과의 거래를 끊거나 항의 대상과 관련한 상품의 구매, 사용을 중단하는 자발적인 소비자운동의 하나입니다. 보이콧은 찰스 보이콧(Charles Boycott)의 이름에서 유래했는데요. 아일랜드 마요 지방의 지주인 얼 언(Earl Erne)의 부재중 재산관리인 역할을 했던 그는 착취로부터 토지 임차인을 보호하는 캠페인의 일환으로 지역 노동자들을 철수시켰는데, 이 캠페인에서 비롯해 '보이콧'이라는 말이 사용되기 시작했습니다.

꿀잼상식 쏙쏙!

'루키즘(Lookism)'은 'Look'과 '-ism'의 합성어로 외모가 개인 간의 경쟁에서 우열과 성패를 가름한다고 믿어 외모에 지나칠 정도로 집착하는 외모지상주의를 말합니다. 외모가 개인의 능력 중 하나로 치부되고 인생의 성패를 좌우한다는 사회적 분위기 속에서 광범위하게 퍼진 외모에 대한 편견과 차별을 반영하는 말로 쓰입니다.

꿀잼상식 쏙쏙!

서해5도라고 하면 연평도, 백령도, 대청도, 소청도, 우도를 일컫는데요. 이 중 서해 최북단에 위치한 섬은 백령도입니다. 인천에서 북서쪽으로 191.4km 떨어져 있으며 북한과 가장 가까운 위치에 있습니다.

꿀잼상식 쏙쏙!

인구 주택 총조사는 전국의 인구와 총주택수를 파악하기 위해 정기적으로 실시하는 조사로 '센서스(Census)'라고도 합니다. 인구 주택 총조사는 5년마다 실시합니다.

| 객관식 |

08 최근 몇 년간 이어진 한국 조선업의 불황을 '이것'의 재현이라고 말할 수 있다. 어느 도시 시민들이 골리앗 크레인이 해체되어 팔리는 것을 보고 슬퍼했다는 데서 유래한 용어는?

① 말뫼의 눈물 　　　② 승자의 저주 　　　③ 악어의 눈물

꿀잼상식 쏙쏙!

말뫼의 눈물은 한때 조선 업계 선두를 상징하던 스웨덴의 골리앗 크레인이 해체되는 장면을 보고 말뫼 시민들이 눈물을 흘렸다는 데서 유래했습니다.

09 강한 경쟁자로 인해 약자의 활동 수준이 높아지며 전체적으로 분위기가 활성화되는 현상을 무엇이라 하는가?

① 메기 효과 　　　② 풍선 효과 　　　③ 폭포 효과

꿀잼상식 쏙쏙!

메기 효과는 과거 노르웨이의 한 어부가 청어를 싱싱한 상태로 육지로 데리고 오기 위해 수조에 메기를 넣었다는 데서 유래한 말입니다. 보통 청어들은 운반 과정에서 다 죽었지만 메기를 넣은 수조에 있던 청어들은 메기를 피해 살아남기 위해 끊임없이 활동하며 산 채로 육지에 도착했던 것입니다. 이를 오늘날 경제에 적용하기도 하는데, 대표적으로 인터넷은행인 카카오뱅크가 출범한 이후 나타난 시중은행의 서비스 개선 등의 변화들을 '메기 효과'가 작용한 것이라고 평가합니다.

10 고속 기어를 저속 기어로 바꾼다는 의미의 말로, 삶의 속도를 늦추고 삶의 여유를 찾아 느리게 살아가는 사람들을 가리키는 용어는?

① 보헤미안 　　　② 프리터족 　　　③ 다운시프트족

꿀잼상식 쏙쏙!

다운시프트(Downshift)족은 삶의 여유를 찾고자 하는 사람들로서, 속도를 우선하는 삶에 브레이크를 밟는다는 의미를 내포하고 있습니다.

11 취재원과 기자를 보호하기 위해 약속한 일종의 취재 경계선을 뜻하는 용어는?

① 데드라인 　　　② 포토라인 　　　③ 헤드라인

취재 경계선인 포토라인을 두는 이유는 취재 경쟁이 가열되면서 일어날 수 있는 사고를 방지하기 위한 것입니다.

12 태어나면서부터 첨단 기술을 경험한 2010년 이후에 태어난 이들을 지칭하는 용어는?

① 알파세대(Generation Alpha)
② 베타세대(Generation Beta)
③ N세대(Net Generation)

알파세대는 2010년 이후에 태어난 이들을 지칭하는 용어로 다른 세대와 달리 순수하게 디지털 세계에서 나고 자란 최초의 세대로도 분류됩니다. 어릴 때부터 기술적 진보를 경험했기 때문에 스마트폰이나 인공지능(AI), 로봇 등을 사용하는 것에 익숙하다는 특징이 있습니다.

13 단체나 개인이 발생시키는 온실가스의 총량을 무엇이라고 하는가?

① 생태발자국 　　　② 환경발자국 　　　③ 탄소발자국

탄소발자국은 2006년 영국 과학기술처(POST)에서 처음 사용한 용어로, 단체나 개인이 발생시키는 온실가스의 총량을 라벨 형태로 표시합니다.

| 주관식 |

14 일반적으로 어떤 사람의 외모에 호감을 가지면 지능이나 성격 등도 좋은 평가를 내리게 된다고 한다. 어떤 대상을 평가할 때 한 측면의 특징이 다른 특징에까지 영향을 미치는 것을 뜻하는 이것은 미국의 심리학자 에드워드 손다이크가 1920년에 명명하였다. 이 효과는?

꿀잼상식 쏙쏙!

후광 효과는 어떤 사람에 대해 판단할 때, 그 사람이 가진 하나의 혹은 일부의 긍정적이거나 부정적 특성을 가지고 그 사람의 다른 부분들까지도 일반화시키는 경향을 말합니다. 이것은 일종의 사회적 지각의 오류라고 할 수 있는 현상인데요. 후광 효과가 자주 발생하는 경우로는 타인에 대한 첫인상 형성 과정을 예로 들 수 있습니다.

15 타인과의 관계가 아니라 싱글라이프를 통해 자신의 인생에서 즐거움을 찾는 것을 중시하는 사람들을 뜻하는 용어는?

꿀잼상식 쏙쏙!

횰로란 '나홀로'와 '욜로(YOLO ; You Only Live Once)'의 합성어로, 횰로족은 혼자 일상생활을 즐기고 자신이 만족감과 행복을 느끼는 것에 돈과 시간을 아낌없이 투자하는 사람을 의미합니다. 1인 가구의 증가와 개인주의 확산을 배경으로 일과 삶의 균형을 중시하는 워라밸의 중요성이 높아지며 새롭게 등장했습니다.

16 낙후된 구도심 지역이 활성화되어 중산층 이상의 계층이 유입됨으로써 기존의 저소득층 원주민을 대체하는 현상을 무엇이라 하는가?

꿀잼상식 쏙쏙!

젠트리피케이션(Gentrification)은 지주계급 또는 신사계급을 뜻하는 젠트리(Gentry)에서 파생된 용어로, 1964년 영국의 사회학자 루스 글래스(Ruth Glass)가 처음 사용하였습니다. 런던 서부에 위치한 첼시와 햄프스테드 등 하층계급 주거지역이 중산층 이상의 계층 유입으로 인하여 고급 주거지역으로 탈바꿈하면서 기존의 하층계급 주민은 치솟은 주거비용을 감당하지 못하여 결과적으로 살던 곳에서 쫓겨남으로써 지역 전체의 구성과 성격이 변한 현상에서 유래하였는데요. 우리나라에서는 서촌, 해방촌, 경리단길, 성수동 서울숲길 등이 젠트리피케이션 현상이 나타나는 대표적인 지역입니다.

17 20세기 성공을 하기 위해서는 지능지수인 IQ 이외에도 많은 능력이 필요하다고 한다. 감성지수 EQ, 열정지수 PQ, 창조성지수 CQ 등이 바로 그 예인데, 최근에는 SQ의 필요성도 점점 대두되고 있다. SQ는 미국의 심리학 교수인 대니얼 골만의 저서에서 유래한 말로, 상대방의 감정을 잘 이해하고 타인과 잘 어울리는 능력으로 여러 사람 간의 협업이 늘어나는 현대사회에서 중요한 역할을 한다. 이것은 무엇인가?

꿀잼상식 쏙쏙!

사회성 지수(SQ)는 사회성을 나타내는 지수로, 미국 하버드대학의 심리학 교수인 대니얼 골만의 저서 <SQ 사회지능>에서 유래한 말입니다. 인생의 성공 여부를 결정짓는 요인으로 EQ(감성지수)를 제시했던 골만은 21세기에는 SQ, 즉 사회성이 높은 사람이 성공한다고 주장했습니다.

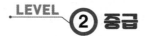

| OX 퀴즈 |

18 사하라 사막은 세계에서 가장 큰 면적의 사막이다. O / X

꿀잼상식 쏙쏙!

사하라 사막은 세계에서 가장 면적이 큰 사막으로 크기가 약 940만km²에 달합니다.

19 출생신고는 아기가 태어난 지 1개월 이내에 해야 한다. O / X

꿀잼상식 쏙쏙!

출생신고는 태어난 지 1개월 이내에 태어난 자의 본적지 또는 신고인의 주소지 시 · 읍 · 면의 사무소에 신고해야 하며, 기간이 지나면 신고의무자에게 과태료가 부과됩니다.

20 환경친화적인 '하이브리드 차'는 2025년 세제 감면 혜택 대상에서 제외될 예정이다. O / X

꿀잼상식 쏙쏙!

2024년까지 하이브리드 자동차를 구매하면 취득세, 개별소비세, 교육세 등의 세제 혜택을 받을 수 있지만, 혜택을 줄이는 추세에 따라 2025년에는 세제 혜택 대상에서 제외될 예정입니다.

21 팩(Pack) 저널리즘은 오락거리만 있고 정보는 전혀 없는 새로운 유형의 뉴스를 지칭하는 용어이다. O / X

꿀잼상식 쏙쏙!

하이프(Hype) 저널리즘에 대한 설명입니다. 팩 저널리즘은 취재 방법이나 시각 등이 획일적이어서 개성·독창성이 없는 저널리즘을 뜻합니다.

22 라곰(Lagom)은 '아늑함'을 의미하는 덴마크어로, 가족·친구와 함께하는 소박한 삶을 추구하는 생활 방식을 뜻하는 용어이다. O / X

꿀잼상식 쏙쏙!

휘게(Hygge)에 대한 설명입니다. 라곰은 '적당한'이라는 뜻의 스웨덴어로, 균형적인 삶을 추구하는 북유럽의 생활 방식을 뜻합니다.

| 객관식 |

23 경제력을 갖춘 5060세대를 일컫는 말로 '활기찬 인생을 사는 신노년층'을 뜻하는 신조어는?

① 뉴 실버세대 　　② 오팔세대 　　③ 백금세대

꿀잼상식 쏙쏙!

오팔세대는 은퇴 이후 경제적·시간적으로 여유가 생긴 이들이 자신이 원하는 것을 하기 위해 돈과 시간을 아끼지 않는 적극적인 소비를 추구한다는 점에서 새로운 소비층으로 부각되고 있습니다.

24 다음 중 덴마크의 조립식 블록 장난감 브랜드 '레고(Lego)'의 어원은?

① 잘 놀다   ② 탐험하다   ③ 조립하다

꿀잼상식 쏙쏙!

올레 키르크 크리스티얀센은 1934년 회사를 설립한 후 회사의 이름을 '잘 놀다(Leg godt)'란 의미의 덴마크어를 줄여 '레고(Lego)'라고 지었습니다.

25 여성이 여성이라는 이유로 살해당하는 것으로, 남성이 여성을 대상으로 성범죄나 살인 사건을 일으키는 것을 뜻하는 용어는?

① 메디사이드(Medicide)

② 페미사이드(Femicide)

③ 비어사이드(Bearcide)

꿀잼상식 쏙쏙!

페미사이드(Femicide)란 여성이라는 이유로 죽임을 당하는 것으로, 광의의 정의가 이루어지지만 실제 사용례는 문화적 맥락에 따라 달라질 수 있습니다.

26 어떤 부분에서 문제를 해결하면 다른 부분에서 문제가 발생하는 현상을 가리키는 말로, 흔히 규제 장치의 한계점을 뜻하는 용어는?

① 풍선 효과   ② 샤워 효과   ③ 기저 효과

꿀잼상식 쏙쏙!

풍선 효과는 풍선의 한쪽을 누르면 다른 쪽이 튀어나오는 것처럼 어떤 부분의 문제를 해결하면 다른 부분에서 문제가 발생하는 현상을 뜻합니다.

27 저명한 과학자일수록 명성과 보상을 받을 기회를 더 많이 얻으면서 부익부 빈익빈의 결과를 낳는 현상을 일컫는 말은?

① 마태 효과　　　　② 샤워 효과　　　　③ 간츠펠트 효과

꿀잼상식 쏙쏙!

'마태 효과'라는 명칭은 "무릇 있는 자는 더욱 받아 풍족하게 되고 없는 자는 그 있는 것까지 빼앗기리라"라는 〈마태복음〉의 내용에서 착안한 것입니다.

28 개연성이 높고 거대한 충격을 일으키지만 사람들이 간과하거나 무시하는 위기를 뜻하는 경영 용어는?

① 회색 코뿔소(The Gray Rhino)
② 블랙 스완(Black Swan)
③ 외로운 늑대(Lonely Wolf)

꿀잼상식 쏙쏙!

미셸 부커가 제시한 개념인 '회색 코뿔소'는 인간이 자주 놓치는 위험 혹은 보고도 못 본 척하는 위기를 뜻합니다.

29 소수의 인종 · 민족 · 종교집단이 거주하는 도시 안의 한 구역을 뜻하며, 역사적으로 유대인 강제 거주 지역, 유대인 강제 수용소 등을 뜻하는 용어는?

① 게토(Ghetto)
② 블루 존(Blue Zone)
③ 레드 존(Red Zone)

꿀잼상식 쏙쏙!

게토(Ghetto)는 중세 이후 유럽 각 지역에서 유대인의 강제 격리를 위해 설정된 구역에서 유래했으며, 20세기 후반 미국에도 흑인 게토(슬럼)가 형성됐습니다.

| 주관식 |

30 영국의 랭던 다운 박사가 처음 발표한 이 증후군은 좌뇌에 문제가 있거나 좌뇌와 우뇌의 연결이 끊어져 발생하는 질병으로 추정하고 있다. 전반적인 지적 능력과 사회성은 떨어지지만 기억, 암산, 퍼즐이나 음악적인 부분 등 특정한 좁은 영역에서 우수한 능력을 보여주는데 이 증후군은 무엇인가?

꿀잼상식 쏙쏙!

서번트 증후군(Savant Syndrome)은 전반적인 지적 능력과 사회성은 떨어지지만 기억, 암산, 퍼즐이나 음악적인 부분 등 특정한 좁은 영역에서 우수한 능력을 보여주는 증후군입니다. 영화 〈레인맨〉에서 더스틴 호프만이 이 증후군을 연기한 것으로 유명합니다.

31 사회적 지위가 높은 이들이 도덕적 의무를 지지 않고, 그 권력을 이용해 부정을 저지르며, 사회적 약자를 상대로 부도덕한 행동을 하는 것은?

꿀잼상식 쏙쏙!

노블레스 말라드(Noblesse Malade)는 '부패한 귀족'이라는 뜻으로 사회 지도층이 도덕적 의무와 책임을 지지 않고 부정이나 사회적 문제를 일으키는 것을 말합니다.

32 그리스 신화의 인물에서 유래했으며 남성의 외모집착증을 의미하는 용어로, 심해지면 섭식 장애나 데이트 기피 증상을 겪을 수도 있는 것은?

꿀잼상식 쏙쏙!

아도니스 증후군은 현대 사회에서 남성들이 외모에 과도하게 집착해 나타나는 강박관념이나 우울증 등을 지칭하는 용어입니다. 아도니스 증후군을 겪는 남성 대부분은 외모를 치장할수록 자신의 가치가 높아진다고 착각하며, 자존감이 낮고, 본인보다 잘생긴 사람을 질투하는 경향이 있습니다.

33 2016년 2월 프랑스가 노동개혁 법안에 포함시킨 권리로서, 근로자들이 업무시간 외에는 상사의 연락에 응답하지 않아도 된다는 권리는 무엇인가?

▶ **꿀잼상식 쏙쏙!**

연결되지 않을 권리는 퇴근 후 직장 상사의 이메일이나 전화, 메시지, SNS에 응답하지 않아도 되는 권리를 의미합니다. 노동자의 여가시간 보장과 사생활 보호를 목적으로 하며, 최근 스마트 기기의 발달로 이메일, 전화, 문자 등을 통해 항시적 업무환경이 조성되면서 활발하게 논의되고 있습니다.

34 집단 속에 참여하는 개인의 수가 늘어날수록 전체 성과에 대한 각 개인의 공헌도가 떨어지는 현상을 뜻하는 말은?

▶ **꿀잼상식 쏙쏙!**

링겔만 효과란 집단 속에 참여하는 개인의 수가 늘어갈수록 전체 성과에 대한 1인당 공헌도가 오히려 떨어지는 현상을 의미합니다.

LEVEL **3** 고급

| OX 퀴즈 |

35 세계보건기구(WHO)가 정한 나트륨 1일 섭취 권고량은 3,000mg이다.

O / X

▶ **꿀잼상식 쏙쏙!**

세계보건기구가 정한 나트륨 1일 섭취 권고량은 2,000mg입니다.

36 '폭력주의'를 뜻하는 '테러(Terror)'는 '쥐어짜다'는 뜻의 프랑스어 'Tordre'에서 유래했다.　　　　　　　　　　　　　　　　　　　　　　　　O / X

꿀잼상식 쏙쏙!

테러는 프랑스 혁명(1789~1794) 당시 로베스피에르가 실시한 공포정치를 '테뢰르(Terreur)'라고 부른 것에서 유래했습니다.

37 살 길을 찾아 해상으로 탈출하는 난민을 뜻하는 용어 '보트피플(Boat People)'은 원래 베트남 난민을 가리키는 말이었다.　　　　　　O / X

꿀잼상식 쏙쏙!

보트피플(Boat People)은 1975년 남베트남의 패망(북베트남의 승리)을 전후해 해상으로 탈출한 베트남의 난민을 가리키던 용어로 현재는 해로(海路)를 통해 조국을 떠나는 난민을 지칭하는 말로 확대되어 사용하고 있습니다.

38 블랙햇(Black-hat) 해커는 악의적이고 비윤리적인 해커를 뜻하는 용어이다.　　　　　　　　　　　　　　　　　　　　　　　　　　　　O / X

꿀잼상식 쏙쏙!

블랙햇 해커를 크래커(Cracker)라고도 하며, '블랙햇'이라는 명칭은 서부 영화의 악당들이 자주 쓰는 검은색 모자에서 비롯되었습니다.

39 바칼로레아는 고등학교에 진학하기 전에 1년간 자신의 삶을 어떻게 살 것인지 스스로 결정하는 덴마크의 인생 설계 학교를 뜻한다.　　　O / X

꿀잼상식 쏙쏙!

애프터스콜레(Afterskole)에 대한 설명입니다. 바칼로레아(Baccalaureate)는 프랑스의 논술형 대입 자격시험으로서, 일반 · 기술 · 직업 등의 3개 분야로 나뉘며 철학과 논술을 필수로 봅니다.

40 밧세바 신드롬은 권력자의 추문(Scandal) 등 사회 지도층의 도덕의식 결핍을 뜻하는 용어이다. O / X

지도자들의 윤리적 타락을 뜻하는 밧세바 신드롬은 이스라엘 다윗 왕이 부하 장군의 아내인 밧세바와 불륜을 저지른 사건에서 명칭이 유래되었습니다.

| 객관식 |

41 현대인들이 첨단 디지털 기기에 익숙해진 나머지 뇌가 현실에 무감각 또는 무기력해지는 현상을 뜻하는 용어는?

① 틴들(Tyndall) 현상
② 델린저(Dellinger) 현상
③ 팝콘 브레인(Popcorn Brain)

팝콘 브레인은 첨단 디지털 기기의 자극에만 반응하고, 현실의 생활과 인간관계에는 둔감한 반응을 보이도록 변형된 뇌 구조를 뜻합니다.

42 전 세계에서 유일하게 외국인에 대해 안락사를 허용하는 병원인 '디그니타스(Dignitas)'가 있는 국가는?

① 스웨덴   ② 스위스   ③ 벨기에

자국인과 외국인의 안락사를 간접적인 방법으로 조력하는 것이 허용된 병원인 Dignitas(라틴어로 '존엄')는 스위스 취리히에 있습니다.

43 아내가 임신 중일 때 남편이 식욕 상실, 메스꺼움, 구역질 등의 증상과 같은 심리적·신체적 증상들을 겪는 현상을 뜻하는 용어는?

① VDT 증후군 　　② 서번트 증후군 　　③ 쿠바드 증후군

쿠바드(Couvade)는 아내가 출산할 때에 남편이 아내와 함께 금기를 지키거나, 분만의 고통을 함께 겪는 것을 상징적으로 나타내는 일을 말합니다.

44 다음 중 동물검역에 관한 국제 기준을 수립하는 기구는 무엇인가?

① OIE 　　② IOM 　　③ WTO

국제수역사무국(OIE)은 동물검역에 관한 국제 기준을 수립하고, 가축의 질병 및 예방에 대한 연구와 관련 정보를 회원국에 보급하는 국제기관입니다.

45 시리아의 민간구호대로 시리아 내전 지역에서의 구조활동으로 '바른생활상'을 받았고, 2016년 노벨평화상 후보에 오르기도 한 단체의 별칭은?

① E Team 　　② Mission Blue 　　③ White Helmet

2013년 영국의 제임스 르 메슈리어(James Le Mesurier)가 시리아에 대한 무분별한 공습으로부터 민간인들을 구하고자 시리아 민간구호대 하얀 헬멧(White Helmet)을 조직했습니다. 2023년 2월 튀르키예와 시리아에 규모 7.8의 대형 지진이 발생했을 당시 내전으로 국제지원을 받기 힘들었던 시리아 북부 반군 장악 지역에서 필사의 구조활동을 펼친 것도 하얀 헬멧 대원들이었던 것으로 알려져 있습니다.

46 중국인 중 1990년 이후 출생 세대를 가리키는 용어는?

① 바오치(保七)　　② 바링허우(八零後)　　③ 주링허우(九零後)

한국의 '8090 세대'라는 말처럼, 중국에도 1980년대 출생 세대를 뜻하는 '바링허우'와 1990년대 출생 세대를 뜻하는 '주링허우'라는 말이 있습니다.

47 다음 중 시각장애인을 위한 한글 점자 체계인 '훈맹정음'을 만든 학자는 누구인가?

① 이희승　　　　② 박두성　　　　③ 최현배

송암 박두성이 훈민정음 반포일에 맞춰 1926년 11월 4일에 자음과 모음, 문장부호, 약자 등 63개의 문자로 구성된 점자 체계 '훈맹정음'을 발표했습니다.

48 기존에 버려지는 제품을 재활용하는 차원을 넘어 디자인을 더하는 등 가치를 창출해 새로운 제품으로 재탄생시키는 것을 뜻하는 용어는?

① 리뉴얼(Renewal)
② 업사이클링(Upcycling)
③ 리사이클링(Recycling)

업사이클링은 리사이클링의 상위 개념으로서, 폐기되는 제품에 새로운 가치를 더해 완전히 새로운 제품으로 탈바꿈시키는 것을 뜻합니다.

정답 43 ③ 44 ① 45 ③ 46 ③ 47 ② 48 ②　　　　　　　07 사회·교육·환경 | 177

| 주관식 |

49 엘리자베스 노엘레-노이만이 정리한 이론으로, 인간은 자신의 견해가 지배적인 여론과 같으면 적극적으로 표현하고 그렇지 않으면 소극적이 된다는 것은?

꿀잼상식 쏙쏙!

다수 의견은 나선의 바깥쪽으로 돌면서 세력이 커지고, 그렇지 않은 의견은 안쪽의 작은 나선으로 돌며 쪼그라든다 하여 침묵의 나선이라고 합니다.

50 비폭력 시위의 성공 가능성이 폭력적 시위보다 2배가 높고, 비폭력 시위로 정권을 붕괴시킬 수 있다는 법칙을 뜻하는 것은?

꿀잼상식 쏙쏙!

3.5% 법칙은 1900년~2006년 사이의 시민 저항운동 수백건을 분석한 에리카 체노워스(Erica Chenoweth) 교수가 국민의 3.5%가 비폭력 시위를 하면 정권이 버틸 수 없다고 주장한 이론입니다.

51 익명의 제보자를 뜻하는 단어로, 워터게이트 사건 당시 〈워싱턴 포스트〉에 정보를 제공한 취재원을 별명으로 부른 데서 유래한 용어는?

꿀잼상식 쏙쏙!

워터게이트 사건에서 밥 우드워드(Bob Woodward) 기자에게 비밀 정보를 제공했던 익명의 취재원 '딥 스로트(Deep Throat)'는 당시 FBI 부국장이었던 윌리엄 마크 펠트(William Mark Felt)였던 것으로 알려져 있습니다.

52 전 세계적으로 6,600여 마리밖에 남아 있지 않아 1급 멸종위기종으로 분류되어 있는 '이 새'는 우리나라에서도 천연기념물로 지정되어 있다. 겨울에 주로 제주도에서 관찰되며 주걱 모양의 부리를 이용해 물속을 휘휘 젓는 습성 때문이 이름이 붙여졌는데, 이 새는 무엇일까?

꿀잼상식 쏙쏙!

저어새는 우리나라 서해안에서 번식하는 세계적인 멸종위기종입니다. 세계적으로 동아시아에서만 서식하는 종으로 2023년 기준으로 약 6,600여 마리가 서식하며 주로 한국, 홍콩, 대만, 일본, 베트남, 필리핀 등지에 분포합니다. 그중에서도 전 세계 90%의 번식 쌍이 한국을 비롯한 서해안의 무인도서에서 번식하는 것으로 알려져 있습니다.

53 이것은 인류가 기후변화에 대응하기 위해 노력할수록 사회 전반적인 비용이 상승하는 역설적인 상황을 가리키는 말이다. 탄소규제 등의 친환경 정책으로 원자재 가격이 상승하면서 물가가 오르는 이 현상은 무엇인가?

꿀잼상식 쏙쏙!

그린플레이션(Greenflation)은 친환경을 뜻하는 '그린(Green)'과 화폐가치 하락으로 인한 물가상승을 뜻하는 '인플레이션(Inflation)'의 합성어로, 친환경 정책으로 탄소를 많이 배출하는 산업을 규제하면 필수 원자재 생산이 어려워지고 이것이 생산감소로 이어져 가격이 상승하는 현상을 뜻하는 말입니다. 대표적인 예로 재생에너지 발전 장려로 화석연료 발전설비보다 구리가 많이 들어가는 태양광·풍력 발전설비를 구축해야 하는 상황이 해당됩니다. 이로 인해 금속 원자재 수요가 급증했으나 원자재 공급량이 줄어들면서 가격이 치솟는 현상이 나타났습니다.

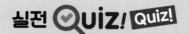

옥탑방의 문제아들

> **54** 스마트폰이 대중화되면서 학교폭력의 양상도 사이버폭력으로 확대되고
> 있다. 그중 강제성과 함께 돈과 직접적인 관련이 있는 신종 사이버 학교폭
> 력은?

꿀잼상식 쏙쏙!

와이파이 셔틀은 피해학생에게 데이터 무제한 요금제로 강제로 가입하게 한 뒤 스마트폰의 테더링 기
능(인터넷 공유)이나 핫스팟 기능을 이용해 데이터를 갈취하는 것으로 새롭게 나타난 학교폭력의 유
형을 말합니다.

유퀴즈 온 더 블럭

> **55** 다음 중 바이러스로 감염되는 질병이 아닌 것은?
>   ① 감기   ② 홍역
>   ③ A형 간염   ④ 결핵

꿀잼상식 쏙쏙!

결핵은 기원전 7000년 경 석기 시대의 화석에서 흔적이 발견됐을 정도로 오래되었으며, 인류 역사상
가장 많은 생명을 앗아간 감염 질환입니다. 1882년 독일의 세균학자 로메르트 코흐가 결핵의 병원체
인 결핵균을 발견해 같은 해 3월에 발표함으로써 알려졌습니다.

유퀴즈 온 더 블럭

> **56** 이것은 그리스어로 두 개의 제안이라는 뜻이다. 게임 이론 중 두 사람이
> 협력하면 가장 좋은 결과를 얻을 수 있지만, 자신의 이익만을 선택할 경우
> 둘 다 손해를 보게 되는 상황을 '이것'이라고 한다. 이것은 무엇인가?

꿀잼상식 쏙쏙!

죄수의 딜레마는 두 사람의 협력적인 선택이 둘 모두에게 최선의 선택임에도 불구하고 자신의 이익만
을 고려한 선택으로 자신과 상대방 모두에게 나쁜 결과를 야기하는 현상을 말합니다.

57 이것에 종사하는 사람들은 특수고용직 노동자로 분류된다. 일회성, 비상시적, 비정기적, 초단기, 업무장소 및 시기의 불특정성, 업무 선택 자율성 등을 특징으로 하는 고용 형태는?

꿀잼상식 쏙쏙!

플랫폼 노동은 정보통신 기술의 발전으로 탄생한 디지털 플랫폼을 바탕으로 노동력이 거래되는 새로운 고용 형태입니다. 배달대행앱 기사, 대리운전앱 기사, 우버택시 기사 등이 플랫폼 노동자에 속합니다.

58 적절한 처방도 환자가 믿지 않으면 효과가 잘 나타나지 않는다. 이것은 치료약이 아님에도 치료약이라고 속이고 투약했을 때 실제 치료 효과가 나타나는 것과 반대되는 효과이다. '해를 끼치다', '다치게 하다'라는 뜻의 라틴어에서 유래한 이 효과는 무엇인가?

꿀잼상식 쏙쏙!

노시보 효과는 약을 올바로 처방했는데도 환자가 의심을 품으면 약효가 나타나지 않는 현상을 말합니다. 이는 어떤 해도 끼치지 않는 물질에 의해 병이 생기거나 심지어 죽음에 이르는 경우까지 발전하기도 합니다. 반대말은 '플라시보 효과'입니다.

59 국제연합(EU)의 정의에 따르면 이것은 총인구 중에 65세 이상의 인구가 차지하는 비율이 7% 이상인 사회를 일컫는 말이다. 의학이 발달하고 식생활이 향상됨에 따라 사람의 평균 수명이 길어지면서 질병, 빈곤, 고독, 무직업 등에 대응하는 사회경제적 대책을 필요로 하는 이것은 무엇인가?

꿀잼상식 쏙쏙!

국제연합(UN)은 65세 인구가 총인구에서 차지하는 비율이 7% 이상이면 고령화사회, 14% 이상은 고령사회, 20% 이상을 초고령사회로 규정하고 있습니다. 통계청 자료에 따르면 한국은 2025년 고령인구의 비율이 20%를 넘어서며 초고령사회에 진입할 것으로 전망되고 있습니다.

60 이것은 정치 · 사회학적 인지구조에서 틀의 힘을 설명하는 이론이다. 이 이론에 따르면 전략적으로 잘 짜인 담론을 제시해 대중의 사고의 틀을 먼저 규정해내는 쪽이 우위를 점할 수 있다. 상대 세력이 그 틀을 반박하면 할수록 기존의 틀은 더욱 강화된다. 미국의 언어학자 조지 레이코프(George Lakoff)가 제시한 이 이론은?

꿀잼상식 쏙쏙!

프레임 이론은 인간의 지식을 프레임이라는 이름의 자료 구조로 표현하고 언어 이해 및 패턴 인식, 문제 해결 등의 지적 활동을 외부 입력과 내부 프레임의 상호 작용으로 파악하는 이론입니다.

61 코스모스는 원산지가 멕시코이지만 현재 우리나라에서 스스로 생존하고 번식한다. 이처럼 다른 지역에 정착해서 살아가는 식물을 이것 식물이라고 한다. 다른 나라의 국적을 얻어 그 나라의 국민이 되는 일을 뜻하는 이 말은 무엇인가?

꿀잼상식 쏙쏙!

귀화에는 2가지 경우가 있습니다. 하나는 법률에 의하는 귀화로서 결혼 등에 의하는 경우이고, 다른 하나는 개인이 외국에 귀화할 것을 신청하여 허가를 받았을 경우인데, 이를 좁은 뜻에서의 귀화라고 합니다.

정답	54 와이파이 셔틀 55 ④ 56 죄수의 딜레마 57 플랫폼 노동 58 노시보 효과 59 고령화사회 60 프레임 이론 61 귀화

08 | 스포츠

LEVEL ① 초급

| OX 퀴즈 |

01 우리나라가 처음 출전한 올림픽은 '런던 올림픽'이다.   O / X

> **꿀잼상식 쏙쏙!**

우리나라가 태극기를 앞세우고 처음 출전한 올림픽은 1948년 제14회 '런던 올림픽'입니다. 50명의 선수가 육상 · 축구 · 농구 · 역도 · 복싱 · 레슬링 · 사이클 등에 참가하여 59개국 가운데 32위를 차지했습니다. 당시 우리나라는 복싱과 역도에서 동메달을 획득한 바 있습니다.

02 리듬체조는 흔히 줄, 공, 후프, 곤봉, 리본 5가지 도구를 이용한다.   O / X

> **꿀잼상식 쏙쏙!**

리듬체조는 줄, 후프, 공, 곤봉, 리본 5가지의 도구를 이용하여 음악에 맞춰 신체운동을 율동적으로 표현하는 종목입니다. 예술적인 가치를 높게 평가받고 있으며, 여성의 경기만이 올림픽 종목으로 채택되어 있습니다.

03 우리나라 여자 선수들이 최초로 올림픽 메달을 획득한 종목은 '양궁'이다.
                                                        O / X

> **꿀잼상식 쏙쏙!**

우리나라 여자 선수들이 최초로 올림픽 메달을 획득한 종목은 배구로, 1976년 여자 배구에서 동메달을 획득했습니다.

04 국제식 포켓볼용 당구대와 탁구대 중에서 넓이가 더 넓은 것은 탁구대이다.

O / X

꿀잼상식 쏙쏙!

국제식 포켓볼용 당구대는 가로 1.27m×세로 2.54m=3.2258m²이고, 탁구대는 1.525m×2.74m=4.1785m²입니다.

05 축구 경기 전반전과 후반전 사이의 하프타임은 10분을 넘을 수 없다. O / X

꿀잼상식 쏙쏙!

하프타임은 15분 이내로 합니다. 경우에 따라 10분 전후로 하되 15분을 초과하지 않으며, 대회운영본부(주최) 측에서 적절히 통제해야 합니다.

06 제1회 FIFA 우루과이 월드컵 개막전은 프랑스에서 열렸다.

O / X

꿀잼상식 쏙쏙!

월드컵 탄생을 주도한 줄 리메 FIFA 회장의 업적을 기념해 1930년 7월 13일 그의 조국인 프랑스에서 프랑스와 멕시코가 월드컵 첫 경기를 치렀습니다.

07 올림픽 개막식에서 선수단이 입장할 때는 개최국 선수단이 가장 먼저 입장한다.

O / X

꿀잼상식 쏙쏙!

올림픽 발상지인 그리스가 처음으로 입장하고 개최국이 마지막에 입장하며, 나머지는 일반적으로 개최국이 쓰는 문자의 순서를 따릅니다.

08　국내 프로골프 경기에서는 주황색 골프공도 사용할 수 있다.　O / X

> 🍯 **꿀잼상식 쏙쏙!**

무게에 대한 규정은 있으나 골프공 색에 대한 규정은 없습니다. 일반적으로 골프공의 색깔이 하나라고 생각하지만, 골프공의 색깔은 다양합니다.

| 객관식 |

09　다음 중 현재 4년을 주기로 열리는 국제 스포츠 대회가 아닌 것은?

① 아시안 게임
② 월드 베이스볼 클래식
③ UEFA 챔피언스리그

> 🍯 **꿀잼상식 쏙쏙!**

UEFA 챔피언스리그는 유럽축구연맹(UEFA)이 유럽에 있는 우수한 축구 클럽들을 대상으로 매년 개최하는 대회입니다.

10　FIFA가 공인하는 A매치를 100회 이상 출전한 선수들의 그룹을 뜻하는 용어로 옳은 것은?

① 위너스 클럽　　　② 센추리 클럽　　　③ 아너스 클럽

> 🍯 **꿀잼상식 쏙쏙!**

센추리 클럽(FIFA Century Club)에 가입된 우리나라 남자 선수로는 홍명보(136회), 이운재(132회), 이영표(127회), 차범근(130회), 유상철(120회), 김태영(104회), 황선홍(102회), 박지성(100회), 이동국(104회), 기성용(112회), 손흥민(127회), 김영권(111회) 등이 있습니다.

11 공식 축구 경기 중이다. 득점을 할 수 없는 시간은?

① 인저리타임(Injury Time)

② 로스타임(Loss Time)

③ 하프타임(Half Time)

전반과 후반 사이 쉬는 시간인 '하프타임(Half Time)'에는 득점할 수 없습니다.

12 세계 5대 모터쇼에 속하지 않는 것은?

① 디트로이트 모터쇼

② 북경 모터쇼

③ 도쿄 모터쇼

모터쇼는 자동차 메이커들이 디자인과 기술을 선보이는 자리입니다. 현재 가장 유행 하고 있는 자동차를 소개할 뿐만 아니라 앞으로 나올 미래지향적인 콘셉트카까지 공개되는데요. 세계 5대 모터쇼는 프랑크푸르트 모터쇼, 파리 오토살롱, 디트로이트 모터쇼, 도쿄 모터쇼, 스위스 제네바 모터쇼로 구성됩니다.

13 다음 중 농구에서 '트리플더블'과 관련이 가장 적은 것은?

① 스틸   ② 반칙   ③ 득점

한 경기에서 득점, 리바운드, 어시스트, 스틸, 블록슛 중 세 부문에서 두 자릿수 이상을 기록한 경우를 트리플더블(Triple-double)이라 합니다.

14 눈 쌓인 산이나 들판에서 스키를 신고 코스를 가능한 빨리 완주하는 경기로서, 북유럽 스칸디나비아 지방에서 시작된 스키는?

① 모노 스키　　　　② 모굴 스키　　　　③ 크로스컨트리 스키

> **꿀잼상식 쏙쏙!**

크로스컨트리 스키는 노르딕 스키의 한 종류로 '스키의 마라톤'이며, 표고차 200m 이하가 되는 눈 쌓인 들판을 달려 완주합니다.

15 다음 중 감독 등의 코치진이 선수들과 같은 유니폼을 입어야 하는 종목은?

① 배구　　　　　② 야구　　　　　③ 하키

> **꿀잼상식 쏙쏙!**

야구 규정에 따르면 유니폼을 입은 선수 및 코치, 감독이 그라운드에 올라올 수 있습니다.

16 19세기 투견장에서 수세에 몰린 약한 개를 부르던 말로 오늘날에는 경기에서 이길 확률이 적은 팀이나 선수를 뜻하는 말은?

① 언더독　　　　② 왝더독　　　　③ 블랙독

> **꿀잼상식 쏙쏙!**

언더독(Underdog)이란 '밑에 깔린 개'라는 뜻으로 스포츠에서 이길 확률이 적은 팀이나 선수를 뜻하는 말입니다. 언더독 효과는 경쟁에서 열세에 있는 약자를 더 응원하고 지지하는 심리현상을 의미합니다. 왝더독(Wag the Dog)이란 주객전도 현상을, 블랙독(Black Dog)은 '검은 개'는 물론 '우울증, 낙담' 등 부정적인 의미로 사용하는 용어입니다.

17 국제장애인올림픽위원회의 주최로 4년 주기로 개최되며, 신체장애가 있는
운동선수가 참가하는 국제 스포츠 대회의 명칭은?

① 패럴림픽   ② 유스 올림픽   ③ 스페셜 올림픽

패럴림픽은 올림픽이 열리는 해에 올림픽 개최국에서 열리는 장애인들의 올림픽으로, 올림픽 폐막 후
2주 이내에 열흘 동안 진행됩니다.

18 다음 중 골프에서 쓰는 용어가 아닌 것은?

① 로진백(Rosin Bag)
② 알바트로스(Albatross)
③ 매치 플레이(Match Play)

로진백(Rosin Bag)은 선수가 손에서 기구가 미끄러지지 않도록 묻히는 송진 가루나 로진을 담은 주머
니로서, 야구 · 역도 · 체조에서 쓰입니다.

| 주관식 |

19 A매치 축구 경기에서 심판은 FIFA 동전으로 공격 진영을 정한다. 동전의
앞면에는 FIFA 로고가 새겨져 있고, 뒷면에는 공정하게 경기를 하자는 뜻
의 이 글자가 새겨졌다. 이 글자는 무엇인가?

A매치는 일반적으로 정식 축구 국가대표팀 간의 경기를 말하며 A매치 결과는 FIFA 랭킹 산정의 기준
이 됩니다. 동전 뒷면에 새겨진 페어플레이(Fair Play)는 경기 규정을 준수하고 스포츠맨십에 입각해
정정당당하게 경기에 임하는 태도를 의미합니다.

20 국제 축구 경기에서 자책골을 넣은 경우, TV화면에 자책골을 뜻하는 영어 단어로 OG가 표기된다. 여기서 OG는 무엇의 약자인가?

꿀잼상식 쏙쏙!

OG는 'Own Goal'의 약어로 축구 경기에서 자책골을 의미합니다. 콜롬비아의 선수였던 안드레스 에스코바르(Andres Escobar)는 1994년 미국 월드컵 조별예선 미국과의 경기에서 자책골을 넣었다는 이유로 살해당하기도 했습니다.

21 농구에서 5명의 주전선수를 제외한 벤치 멤버 중 가장 기량이 뛰어난 선수를 무엇이라 하는가?

꿀잼상식 쏙쏙!

식스맨(Sixth Man)은 대체투입 1순위의 후보 선수입니다.

22 골프 경기의 4대 메이저 대회 중의 하나인 마스터스 대회의 우승자나 우승을 상징하는 말은?

꿀잼상식 쏙쏙!

그린 재킷(Green Jacket)은 골프 4대 메이저 대회 중의 하나인 마스터스 대회의 우승을 상징하며, 전통적으로 우승자에게 녹색 상의를 입혀준 것에서 유래했습니다.

23 FIFA 월드컵 본선에서 골을 넣은 뒤 심판으로부터 카드를 받아 퇴장당한 선수들을 일컫는 말은?

꿀잼상식 쏙쏙!

1962년 제7회 칠레 월드컵에서 브라질의 스트라이커 가린샤가 득점 후 퇴장을 당하면서부터 '가린샤 클럽(Garrincha Club)'이라는 용어가 생겼습니다.

> **24** 2021년 도쿄 올림픽에 이어 2024년 제33회 하계 올림픽을 개최한 나라는 어디인가?

꿀잼상식 쏙쏙!

프랑스 파리는 미국을 제치고 2024년 올림픽 개최지로 선정되었습니다. 1992년 알베르빌 동계 올림픽 이후 32년 만에 프랑스에서 열린 올림픽이며, 파리 기준으로는 1924년 이후 100년 만의 올림픽입니다.

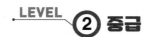

| OX 퀴즈 |

> **25** 제1회 동계 올림픽은 프랑스에서 열렸다. O / X

꿀잼상식 쏙쏙!

1924년 1월 25일부터 2월 5일까지 프랑스의 샤모니에서 제1회 동계 올림픽이 열렸으며, 16개국 258명의 선수가 참여했습니다.

> **26** 인터리그는 프로야구 시즌이 끝난 겨울에 구단이 새 선수 영입, 연봉 협상, 동계훈련 등 다음 시즌을 준비하는 시기를 가리킨다. O / X

꿀잼상식 쏙쏙!

스토브리그(Stove League)에 대한 설명이며, 인터리그(Inter League)는 다른 리그에 속한 팀들과 펼치는 시합을 뜻합니다.

27 올림픽 종목 중에서 성별 구분 없이 남녀가 함께 겨루는 경기는 승마이다.   O / X

꿀잼상식 쏙쏙!

승마는 말과 함께하는 교감 · 조화 · 호흡이 중요하며, 성별에 따른 기량 차이가 거의 없으므로 성별 구분 없이 치러집니다.

28 사우디아라비아는 여성의 올림픽 출전을 금지하고 있다.   O / X

꿀잼상식 쏙쏙!

사우디아라비아는 2012년 제30회 런던 올림픽 당시 처음으로 여자 선수의 참가를 허용해 유도 1명과 800m 달리기 1명을 보낸 적이 있습니다.

29 권투 체급의 종류 중에 한계 체중이 가장 낮은 것은 라이트플라이급이다.   O / X

꿀잼상식 쏙쏙!

미니멈급(47.60kg 이하) 바로 위에 라이트플라이급(48.98kg 이하)과 플라이급(50.80kg 이하), 슈퍼플라이급(52.16kg 이하) 등이 있습니다.

30 대한민국 최초의 금메달리스트는 손기정이다.   O / X

꿀잼상식 쏙쏙!

대한민국 건국 이래 최초의 금메달리스트는 레슬링의 양정모 선수입니다. 양정모 선수는 1976년 캐나다 몬트리올 올림픽에서 치열한 접전 끝에 금메달을 획득했습니다. 앞서 1936년 베를린 올림픽에서 손기정 선수가 마라톤에서 당시 신기록을 갱신하며 금메달을 획득했지만 일제강점기였던 탓에 일장기를 달고 출전할 수밖에 없었습니다.

31 유도는 일본 전통 무술로 1964년 제18회 도쿄 올림픽 때부터 정식 종목으로 채택되었다. ○ / X

유도는 일본에서 전통적으로 내려온 무술을 바탕으로 하며, 두 선수가 온몸을 사용해 상대의 허점을 찔러 승패를 겨루는 운동 종목입니다. 1964년 일본 도쿄에서 열린 제18회 올림픽부터 정식 종목으로 채택되어 도쿄 올림픽에서는 남자부 4종목의 경기를 치렀는데요. 그러다 1972년 6종목, 1980년 8종목으로 차츰 확대되었고 1992년부터 여자부 경기가 처음 추가되면서 남녀 각각 7종목, 총 14종목의 현 체제로 정비되었습니다.

| 객관식 |

32 다음 중 오프사이드(Off-side) 반칙 규정이 없는 스포츠 종목은 무엇인가?

① 축구　　　　　② 럭비　　　　　③ 농구

축구, 럭비, 미식축구, 하키, 아이스하키 등에서 상대편의 진영 안에서 공이나 퍽(Puck)보다 앞으로 나가거나 경기자가 금지 구역에 들어갔을 때 범하는 반칙입니다. 축구에서는 자신과 골라인 사이에 수비수가 두 명 이상 있을 경우 오프사이드가 되지 않습니다.

33 다음 중 노(Paddle)를 사용하지 않는 수상 스포츠는?

① 카누　　　　　② 요트　　　　　③ 카약

요트 경기는 인공적인 동력 없이 바람, 파도, 조류 등 자연적인 환경 요소만을 이용하여 진행하는 스포츠입니다.

34 이슬람교의 율법을 어기지 않도록 제작된, 이슬람 여성을 위한 비키니 수영복을 뜻하는 말은?

① 부르키니   ② 히자비니   ③ 차도리니

꿀잼상식 쏙쏙!

부르키니는 '부르카'와 '비키니'의 합성어로서, 손과 발끝 및 얼굴만 노출하면서도 몸에 달라붙지 않는 형태를 말합니다.

---

35 루게릭병은 이 병으로 사망한 미국의 운동선수 루게릭(Lou Gehrig)의 이름에서 따온 것이다. 루게릭은 어떤 종목의 선수였는가?

① 골프   ② 야구   ③ 농구

꿀잼상식 쏙쏙!

루게릭병은 근위축성 측삭 경화증이라고도 부르고, 운동신경세포만 사멸되는 질환이며, 뉴욕 양키스의 4번 타자였던 루게릭의 이름에서 유래했습니다.

---

36 야구에서 선발투수가 한 명의 타자도 1루에 내보내지 않은 경기를 뜻하는 말은?

① 퍼펙트 게임   ② 셧아웃 게임   ③ 퀄리티 스타트

꿀잼상식 쏙쏙!

퍼펙트 게임(Perpect Game)은 선발 등판한 투수가 한 명의 타자도 진루시키지 않고 끝내는 게임을 말합니다. ②는 무득점·완봉승, ③은 6이닝 이상, 3자책점 이하를 뜻합니다.

37 다음 중 '한판승'이라는 용어를 들을 수 있는 스포츠 경기는?

① 유도　　　　　② 태권도　　　　　③ 레슬링

유도는 한판 〉절반 〉유효 〉효과 순서로 득점이 인정되며, 경기 중 '한판'이 선언되면 기술을 건 선수가 이기게 됩니다.

38 동계 올림픽 정식 종목 중에서 경기장의 형태가 가장 다른 하나는?

① 컬링　　　　　② 바이애슬론　　　　　③ 아이스하키

> 꿀잼상식 쏙쏙!

②는 야외의 눈 위에서, ① · ③은 빙상 경기장에서 치러집니다.

39 다음 중 볼링에서 레인 양옆의 도랑을 무엇이라 하는가?

① 터키　　　　　② 거터　　　　　③ 더치맨

> 꿀잼상식 쏙쏙!

거터(Gutter)는 레인의 양옆을 따라 난 홈을 가리키는 용어로 볼링공이 핀을 쓰러뜨리기 전에 이 홈에 빠지면 득점할 수 없습니다. 터키(Turkey)는 세 번 연속 스트라이크를 치는 것, 더치맨(Dutchman)은 모든 프레임에서 스트라이크와 스페어를 번갈아 기록해 200점을 만드는 것, 스페어(Spare)는 2구만에 모든 핀을 쓰러뜨리는 것을 말합니다.

| 주관식 |

40 대회에서 선두가 우승을 확정짓기까지 남은 횟수를 말하는 용어는?

꿀잼상식 쏙쏙!

매직넘버(Magic Number)는 프로야구 등의 운동 경기에서 1위 팀이 우승하는 데 필요한 우승 횟수를 말하며, 정치권에서는 미국 대선 후보를 결정짓는 선거인단을 가리킬 때 사용되기도 합니다.

41 1964년 국제올림픽위원회(IOC)에서 제정한 것으로 선수뿐만 아니라, 기자, IOC 운영위원 등 다양한 사람들을 대상으로 하며, 진정한 스포츠맨십을 보여준 사람에게 수여하는 상은?

꿀잼상식 쏙쏙!

피에르 드 쿠베르탱 메달은 1964년 올림픽 창시자 피에르 드 쿠베르탱의 이름을 따 만든 메달로 국제올림픽위원회(IOC)에서 수여합니다.

42 스포츠 선수가 일정 기간 자신이 소속된 팀에서 활동한 뒤에 다른 팀과 자유롭게 계약을 맺어 이적할 수 있도록 한 제도를 무엇이라고 하는가?

꿀잼상식 쏙쏙!

FA(Free Agent) 제도는 '자유계약 선수 제도'로 한 번 리그의 팀과 계약한 뒤에는 선수 의사와 관계없이 다른 팀으로 자유 이적이 불가능한 '보류 조항'이 존재하는 스포츠 리그에서 일정 기준을 충족하면 선수가 자율적으로 스포츠단과 계약할 수 있도록 한 제도를 말합니다.

43 스키계의 피겨스케이팅이라고도 불리며 스키를 타고 내려오면서 음악에 맞추어 재주를 부리는 스키 종목을 무엇이라 하는가?

꿀잼상식 쏙쏙!

아크로 스키(Acro Ski) 선수는 스키를 타고 내려오면서 음악에 맞추어 회전이나 재주를 부립니다. 1988년 동계 올림픽 시범종목으로 나왔지만 정식 종목이 되지 못하고 사라졌습니다.

정답 37 ① 38 ② 39 ② 40 매직넘버 41 피에르 드 쿠베르탱 메달
42 FA 제도 43 아크로 스키

44 배드민턴에서 네트를 간신히 넘겨 상대방 코트로 셔틀콕을 떨어뜨리는 것을 무엇이라 하는가?

> **꿀잼상식 쏙쏙!**

헤어핀(Hairpin)은 네트 근처에서 셔틀콕을 상대편 코트 앞으로 떨어뜨리는 기술입니다. 배드민턴에서는 몸이나 라켓이 네트에 닿거나 네트 너머 상대방 지역으로 라켓이 넘어가게 되면 실점합니다.

45 스포츠 종목에서 출전 자격을 얻지 못했지만, 특별히 출전을 허용하는 선수를 가리켜 무엇이라 하는가?

> **꿀잼상식 쏙쏙!**

와일드 카드(Wild Card)는 '예측할 수 없는 요인'이란 뜻으로 야구, 축구, 테니스 등 일부 스포츠 종목에서 출전 자격은 없으나 특별히 출전이 허용되는 선수나 팀을 일컫는 말입니다.

| OX 퀴즈 |

46 스포츠 경기에서 라이벌 팀 간의 경기를 태그 매치라고 한다.　　O / X

> **꿀잼상식 쏙쏙!**

더비 매치(Derby Match)에 대한 설명입니다. 태그 매치(Tag Match)란 프로 레슬링에서 번갈아가며 싸우는 것을 의미합니다.

47 IBF, WBA, WBC, WBO 등의(abc 순서) 세계 4대 권투 기구 중에서 가장 먼저 등장해 권위가 높은 것은 IBF이다. O / X

꿀잼상식 쏙쏙!

세계 4대 권투 기구 중 WBA(World Boxing Association, 세계복싱협회)가 1921년에 가장 먼저 창설됐고, WBC(World Boxing Council, 세계복싱평의회)가 1963년, IBF(International Boxing Federation, 국제복싱연맹)가 1983년, WBO(World Boxing Organization, 세계복싱기구)가 1990년에 창설됐습니다.

48 공인구를 가장 먼저 사용한 월드컵 축구 대회는 1970년 멕시코 월드컵이다. O / X

꿀잼상식 쏙쏙!

독일의 스포츠 용품 제조사인 아디다스는 1970년 제9회 멕시코 월드컵 때 개발한 'TV 속의 별'이라는 뜻의 텔스타(TelStar)부터 월드컵 공인구를 계속 개발하고 있습니다.

49 한국인 중에서 가장 먼저 캐디(Caddie)가 된 사람은 남자이다. O / X

꿀잼상식 쏙쏙!

국내 첫 골프장인 '서울컨트리클럽'이 1960년 개장했으며, 이곳에서 최갑윤 씨는 1963년부터 캐디로 근무했습니다.

50 영국과 미국 등의 영어권에서는 파도타기 응원을 멕시칸 웨이브(Mexican Wave)라고 부른다. O / X

꿀잼상식 쏙쏙!

파도타기 응원을 '멕시칸 웨이브(Mexican Wave)'라고 부르는 것은 1986년 제13회 멕시코 월드컵 때부터 파도타기 응원이 널리 유행한 것에서 유래하고 있습니다.

| 객관식 |

51 안면에 주먹을 맞아 뇌가 충격을 받는 일이 잦은 권투선수가 겪기 쉬운 뇌 질환은 무엇인가?

① 브레인 튜머(Brain Tumor)

② 펀치 드렁크(Punch Drunk)

③ 스펀지 브레인(Sponge Brain)

꿀잼상식 쏙쏙!

펀치 드렁크는 권투선수들처럼 뇌에 큰 충격과 손상을 받은 사람에게 주로 나타나는 뇌세포 손상증을 말합니다. 실제로 1982년 WBA 라이트플라이급 타이틀전을 치른 김득구 선수가 경기 중 안면에 많은 타격을 받아 뇌사 상태로 사망한 사건 이후로 경기가 15라운드제에서 12라운드제로 축소되기도 했습니다.

52 스코틀랜드에서 발생해 동계 올림픽 정식 종목이 된 컬링에 쓰이는 스톤의 재질은 무엇인가?

① 대리암   ② 편마암   ③ 화강암

꿀잼상식 쏙쏙!

화강암 재질의 스톤은 무게 19.66kg 이하, 둘레 91.44cm 이하, 높이 11.43cm 이상이며, 개당 가격이 180만원 정도로 비쌉니다.

53 다음 중 올림픽에서 오륜기가 최초로 등장한 대회를 개최한 나라는?

① 벨기에   ② 이탈리아   ③ 서독(독일)

꿀잼상식 쏙쏙!

1920년 제7회 벨기에 앤트워프 올림픽에서 오륜기, '더 빠르게, 더 높게, 더 강하게'라는 올림픽 모토, 선수 대표의 선서 등이 도입되었습니다.

54 골프에서 각 홀의 기본 타수로 홀에 공을 넣는 것을 '파(Par)'라고 한다. 다음 중 파보다 2타 적게 공을 넣었을 경우를 뜻하는 것은?

① 버디(Birdie)　　　　② 이글(Eagle)　　　　③ 보기(Bogey)

골프에서 기본 타수보다 적은 타수로 홀에 공을 넣는 것을 언더파(Under Par)라고 하는데, 1언더파는 버디(Birdie), 2언더파는 이글(Eagle), 3언더파는 알바트로스(Albatross) 또는 더블 이글(Double Eagle), 4언더파는 콘도르(Condor)라고 합니다. ③은 파보다 1타 많은 것을 뜻합니다.

55 영국에서 창시된 스포츠 크리켓에서 개인 또는 아마추어의 경기를 가리키는 말은?

① 젠틀맨(Gentleman)
② 챌린저(Challenger)
③ 플레이어스(Players)

크리켓은 배트와 공을 사용하는 단체 경기로서, 야구처럼 두 팀이 공수를 번갈아 하며 득점을 겨루게 됩니다. 아마추어 경기는 젠틀맨, 프로 경기는 플레이어스라고 부릅니다.

| 주관식 |

56 바둑판의 정중앙에 위치한 점을 뜻하는 말은 무엇인가?

'천원(天元)'은 본디 '하늘의 근원, 만물의 근원'이라는 뜻으로 바둑판의 정중앙에 위치한 점을 의미합니다.

57 다트 경기에서 사용하는 화살의 부위별 명칭 중 보드에 꽂히는 바늘 부분을 가리키는 것은?

세계다트협회의 규정에 따르면 다트의 화살의 무게는 50g 이하, 길이는 30.5cm 이하로 제한되며, 팁(Tip, 화살촉), 배럴(Barrel, 몸통), 샤프트(Shaft, 화살대), 플라이트(Flight, 화살깃)의 네 가지 요소로 구성되어 있습니다.

58 전설적인 농구선수 마이클 조던의 주특기로 점프와 동시에 상체를 뒤로 젖히며 슛을 하는 기술을 무엇이라 하는가?

마이클 조던은 상대 수비를 등진 뒤 점프와 동시에 몸을 바스켓 쪽으로 돌려 상체를 뒤로 젖히며 슛을 하는 '페이드 어웨이 슛(Fade-away Shoot)'을 주특기로 삼았습니다. 몸을 돌리며 하는 그만의 특이한 동작은 '턴어라운드 페이드 어웨이'라는 새로운 기술로 불리기도 합니다.

59 테니스에서 상대방이 친 공을 노 바운드로 받아치는 것을 무엇이라 하는가?

발리(Volley)는 상대 선수가 쳐 넘긴 공이 자신의 코트에 떨어지기 전에 공을 쳐서 보내는 스트로크를 가리킵니다. 노 바운드(No Bound) 리턴이라고도 하며, 타점의 높이에 따라서 하이발리와 로발리로 나뉩니다.

60 서핑에서 파도의 파워존에서 벗어났을 경우 8자 모양을 그리며 방향을 선회하여 파도로 돌아가는 동작을 무엇이라 하는가?

서핑에서 라운드하우스 컷백(Roundhouse Cutback)은 파도의 파워존에서 벗어났을 경우 8자 모양의 궤적을 그리며 방향을 선회하여 파도의 피크로 돌아가는 행동을 뜻합니다.

정답 57 팁 58 페이드 어웨이 슛 59 발리 60 라운드하우스 컷백

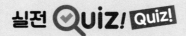
61 접영법에 쓰이는 다리 동작으로 양발을 움츠려 위로부터 아래로 물을 차
며 전진하는 동작은?

> 꿀잼상식 쏙쏙!

돌핀킥은 잠수한 상태에서 두 다리를 붙이고 허리와 무릎의 반동을 이용해 위아래로 흔들며 발차는
동작으로, 돌고래의 헤엄치는 모습과 비슷하다 하여 돌핀킥이라고 합니다. 원래 접영에 사용되는 기
술이었지만 다른 수영법에서 50m마다 턴을 할 때 추진력을 얻기 위해 사용되기도 합니다.

62 대한민국을 떠들썩하게 만들었던 '2002년 한일 월드컵'의 대표 응원 문구
는 '꿈★은 이루어진다'였다. 꿈 옆에 붙어있는 '★'에는 우리가 몰랐던 특
별한 의미가 있다. 국제축구연맹의 규정에 의해 정해진 '꿈★은 이루어진
다' 문구 속 별의 의미는 무엇인가?

> 꿀잼상식 쏙쏙!

월드컵 우승국은 국가대표 유니폼 엠블럼 위에 우승 횟수만큼 별을 새길 수 있다고 합니다. 따라서 별
은 전 세계 축구 선수들에게 최고의 훈장과도 같은 것으로, 선수들과 국민들의 꿈인 첫 우승을 염원하
는 의미로 별을 넣었다고 합니다.

63 이것은 원래 특정한 작업을 실행하기 위한 명령을 뜻하는 말이다. 스포츠
에서는 선수가 최고의 성적을 내기 위해 일정하게 하는 자신만의 고유한
동작을 뜻하는 말로 쓰이고 있다. 경기력을 높이는데 아주 중요한 심리기
술 중 하나인 이것은 무엇인가?

> 꿀잼상식 쏙쏙!

루틴(Routine)이란 운동 선수들이 최고의 운동 수행 능력을 발휘하기 위해 습관적으로 하는 동작이나
절차를 말합니다.

64 하계 올림픽 메달 앞면에 새겨진 인물로 그리스 신화 속 승리의 여신으로 불리는 이 인물은 누구인가?

꿀잼상식 쏙쏙!

올림픽 메달 디자인은 하계와 동계가 다른데, 하계 올림픽 메달의 앞면에는 승리의 여신 니케가 새겨져 있습니다. 이는 1928년 국제올림픽위원회에서 하계 올림픽 메달의 표준 디자인으로 월계관을 쓴 니케를 새기도록 규정했기 때문입니다. 다만 뒷면에는 개최국이 원하는 디자인을 새길 수 있습니다.

65 스포츠 선수들이 어떤 사물이나 행동을 연관지어 불길한 예감을 가지는 현상을 이것이라 한다. 이것은 무엇인가?

꿀잼상식 쏙쏙!

징크스(Jinx)는 고대 그리스에서 흉조로 여겨진 새의 이름에서 유래됐습니다. 이 새는 목을 180도 비틀 수 있으며 기이한 소리를 내는 습성이 있어 길흉을 점칠때 활용됐다고 합니다.

66 '보이지 않는 영웅'이라는 뜻으로 실력에 비해 많이 주목받지 못하는 스포츠 선수에게 쓰이는 말이다. 남의 눈에 띄지 않지만 묵묵히 꼭 해야 할 일을 하는 사람을 의미하는 이것은 무엇인가?

꿀잼상식 쏙쏙!

리베로(Libero)는 포지션에 구애받지 않고 위치가 자유로운 선수를 가리키는 용어로 주로 축구와 배구에서 자유 수비 선수를 일컫는 말로 사용됩니다. 영국의 한 통계 매체는 박지성 선수를 2000년대 프리미어리그를 빛낸 리베로 선수로 꼽은 바 있습니다.

정답 61 돌핀킥 62 월드컵 우승 횟수 63 루틴 64 니케 65 징크스 66 리베로

09 | 인물

LEVEL ① 초급

| OX 퀴즈 |

01 구암 허준은 조선의 한의학자로서, 〈동의수세보원〉에서 인간의 체질을 크게 4가지로 분류해 설명했다. O / X

꿀잼상식 쏙쏙!

이제마는 〈동의수세보원〉을 통해 오장육부의 크고 작음을 기준으로 사람의 체질을 태양인, 태음인, 소양인, 소음인으로 나누어 그것에 맞게 약을 써야 한다고 주장했습니다.

02 찰스 다윈은 19세기에 활동한 과학자이다. O / X

꿀잼상식 쏙쏙!

영국의 생물학자로서 〈종의 기원〉(1859)을 써 진화론을 주장한 찰스 다윈(Charles Robert Darwin, 1809~1882)은 남반구를 탐사하며 수집한 화석 및 생물을 연구해 진화론을 주장하고, 1858년에 자연 선택에 의하여 새로운 종이 기원한다는 자연 선택설을 발표했습니다.

03 경제학자 파레토는 80%의 사소한 다수가 20%의 핵심 소수보다 뛰어난 가치를 창출한다고 주장했다. O / X

꿀잼상식 쏙쏙!

빌브레도 파레토(V. Pareto)는 소수가 다수의 부를 창출한다는 '20 : 80 법칙'을 발견했습니다. 80%의 사소한 다수가 20%의 핵심 소수보다 뛰어난 가치를 창출한다는 이론은 미국의 인터넷 비즈니스 관련 잡지 〈와이어드(Wired)〉의 편집장 크리스 앤더슨이 처음 사용한 롱테일 법칙입니다.

정답 01 X 02 O 03 X

04 한국이 남극에 건설한 두 번째 과학기지이자 남극 내륙 첫 과학기지의 명칭은 세종의 신하였던 과학자 장영실의 이름을 따왔다.　　O / X

🍯 꿀잼상식 쏙쏙!

1988년에 건설한 세종과학기지에 이어 2014년 2월에 준공한 장보고과학기지는 남극 대륙 내륙에 지은 첫 기지입니다.

05 중국의 화폐인 위안화 지폐에 공통적으로 새겨진 초상화의 주인공은 마오쩌둥(毛澤東)이다.　　O / X

🍯 꿀잼상식 쏙쏙!

위안화 지폐의 앞면에는 마오쩌둥의 초상화가 있으며, 뒷면에는 인민대회당 등 중국을 대표할 만한 장소가 그려져 있습니다.

06 한국 바둑계에서 최연소 9단 기록을 세운 사람은 이세돌이고, 그 다음은 이창호이다.　　O / X

🍯 꿀잼상식 쏙쏙!

박정환 기사가 17세 11개월(2010년)의 나이로 국내 최연소 9단 승단 기록을 갈아치웠으며, 신진서 기사는 18세(2018년)에 2000년대생 최초로 9단으로 승단했습니다. 이세돌 기사는 20세(2003년)에, 이창호 기사는 21세(1996년)에 9단으로 승단했습니다.

07 뱅크시는 미국을 기반으로 활동하는 그래피티 아티스트이자 영화 감독이다.　　O / X

🍯 꿀잼상식 쏙쏙!

영국의 '얼굴 없는 거리 화가'로 유명한 예술가 뱅크시(Banksy)는 특유의 사회 풍자적이고 파격적인 주제의식으로 전 세계의 주목을 받고 있습니다.

| 객관식 |

08 파리에서 태어나 일찍 음악적 재능을 인정받은 이 사람은 인상주의 음악의 대표주자로 꼽힌다. 대표작 〈달빛〉으로 잘 알려진 이 작곡가는?

① 클로드 드뷔시
② 모리스 라벨
③ 이고르 스트라빈스키

꿀잼상식 쏙쏙!

클로드 드뷔시(Achille Claude Debussy)는 프랑스의 작곡가이자 피아니스트로 인상주의 음악의 시초이자 바그너와 함께 혁명적인 작곡가로 평가받고 있습니다.

09 다음 중 〈엄지 공주〉, 〈백조 왕자〉, 〈인어 공주〉, 〈빨간 구두〉 등을 지은 작가는 누구인가?

① 그림 형제   ② 샤를 페로   ③ 한스 안데르센

꿀잼상식 쏙쏙!

덴마크 출신의 동화작가 한스 안데르센(Hans Christian Andersen)은 현대 아동문학의 기반을 닦은 창작동화의 대가로 꼽히는 인물로 〈인어 공주〉, 〈엄지 공주〉, 〈성냥팔이 소녀〉, 〈미운 오리 새끼〉 등을 비롯해 수많은 작품을 집필했습니다. 그림(Grimm) 형제는 〈백설 공주〉, 〈헨젤과 그레텔〉의 작가이고, 샤를 페로(Charles Perrault)는 〈잠자는 숲속의 미녀〉, 〈신데렐라〉의 작가입니다.

10 다음 중 '역사학의 아버지'라 불리며, 페르시아 전쟁사를 다룬 〈역사〉라는 저술로 유명한 학자는?

① 아퀴나스   ② 헤로도토스   ③ 암브로시우스

꿀잼상식 쏙쏙!

기원전 4세기경의 고대 그리스 역사가인 헤로도토스(Herodotos)는 동방 여러 나라의 역사와 전설 및 그리스 여러 도시의 역사를 기록했습니다.

11 전 세계에서 가장 많이 팔린 판타지 소설 〈해리 포터〉를 쓴 작가는?

① 조앤 롤링　　　　② 루이스 캐럴　　　　③ 존 로널드 톨킨

꿀잼상식 쏙쏙!

이혼 이후 가난한 싱글맘으로 어렵게 살던 조앤 롤링(Joan K. Rowling)은 〈해리 포터〉가 전 세계적인 인기작이 되면서 큰 성공을 거뒀는데요. 〈해리 포터〉 본편 시리즈는 전 7권으로 완결됐으며, 80여 개 언어로 번역되어 5억부 이상이 판매된 것으로 알려져 있습니다. ②는 〈이상한 나라의 앨리스〉, ③은 〈반지의 제왕〉의 작가이며, 모두 영국인입니다.

12 다음 중 세계적인 기타리스트로서 왼손잡이 기타 천재라고 불리는 인물은 누구인가?

① 제프 벡　　　　② 지미 페이지　　　　③ 지미 헨드릭스

꿀잼상식 쏙쏙!

많은 음악 평론가들이 지미 헨드릭스(Jimi Hendrix, 1942~1970)를 블루스와 록 음악 역사상 가장 위대한 기타리스트로 평가하고 있습니다.

13 다음 중 한국인 최초로 음반을 녹음한 가수는 누구인가?

① 박춘재　　　　② 왕수복　　　　③ 윤심덕

꿀잼상식 쏙쏙!

1895년 선교사 알렌이 시카고에서 열린 만국 박람회에 한국 소리꾼들을 데려가 공연을 했고, 일행 중 한 명인 박춘재가 현지에서 레코드 취입을 했습니다.

14 〈데자뷔〉라는 노래를 부른 이 사람은 미국을 대표하는 알앤비 여가수로 데뷔 후 20년이 넘는 세월 동안 그래미 어워드에서 상을 32번 수상했다. 이 가수는 누구인가?

> **꿀잼상식 쏙쏙!**

비욘세(Beyonce)는 '팝의 디바'라 불리는 미국의 가수이자 배우이기도 합니다. 대표곡으로는 〈Crazy in love〉, 〈Halo〉, 〈Single Ladies〉 등이 있습니다.

15 신앙과 이성의 조화를 주장한 스콜라 철학자는 누구인가?

> **꿀잼상식 쏙쏙!**

이탈리아의 신학자 · 철학자인 토마스 아퀴나스(Thomas Aquinas)는 훗날 '성인'으로 불렸으며, 〈신학대전〉을 집필하고 스콜라 철학을 정립했습니다.

16 "짐은 곧 국가다"라고 말했으며, 왕권신수설의 대표적 군주이자 '태양왕'이라고 불렸던 프랑스의 왕은?

> **꿀잼상식 쏙쏙!**

부르봉 왕조의 루이 14세(재위 1643~1715)는 절대왕정의 대표적인 전제군주입니다. 그는 재상제를 폐지하고 파리고등법원을 격하시켰습니다.

17 스페인 바르셀로나에 있으며 세계문화유산으로 등재된 비센스 주택, 구엘 공원, 사그라다 파밀리아 등 일곱 작품을 지은 건축가는 누구인가?

> **꿀잼상식 쏙쏙!**

스페인 건축학의 아버지로 불리는 안토니 가우디(Antoni Gaudi)는 벽과 천장의 곡선미를 살리고 섬세한 장식과 색채를 사용한 것으로 유명합니다. 그의 역작이자 미완성 건축물인 성가족 성당(사그라다 파밀리아)은 1882년 공사가 시작되어 현재까지도 여전히 공사가 진행 중이라고 합니다.

정답 11 ① 12 ③ 13 ① 14 비욘세 15 토마스 아퀴나스 16 루이 14세
17 안토니 가우디

18 크리스티 홍콩 경매에서 작품 〈우주(Universe 5-IV-71 #200)〉가 132억에 낙찰돼 당시 한국 미술품 최고가를 기록한 작가는?

🍯 꿀잼상식 쏙쏙!

2019년 11월 김환기 화백의 1971년 작품 〈우주(Universe 5-IV-71 #200)〉가 한국 미술품 사상 최고가인 132억에 낙찰됐습니다. 이 작품은 푸른색 전면점화로 그의 작품 가운데 가장 큰 추상화이자 유일한 두폭화입니다. 독립된 그림 두 점으로 구성돼 전체 크기는 254X254cm에 달합니다. 이 작품은 기량이 최고조에 이른 말년의 작가가 뉴욕에서 완성한 그림으로, 그의 작품 중 최고 걸작으로 평가받고 있습니다.

LEVEL **2** 중급

| OX 퀴즈 |

19 이상문학상을 수상한 한국 작가 중에 부커상을 받은 소설가는 한강이다.

O / X

🍯 꿀잼상식 쏙쏙!

2016년에 〈채식주의자〉로 부커상을 받은 소설가 한강은 〈몽고반점〉으로 2005년에 제29회 이상문학상을 수상하기도 했습니다.

20 세계적인 차량 운송 네트워크 서비스 회사인 '우버(Uber)'의 창립자는 트래비스 칼라닉이다.

O / X

🍯 꿀잼상식 쏙쏙!

우버(Uber)의 창립자 트래비스 칼라닉(Travis Kalanick)은 1976년 LA에서 태어나 18세에 처음 사업을 시작했으며 2015년 〈포브스〉가 발표한 미국 400대 부호에 올랐습니다.

21 프란시스코 프랑코 총통은 자신을 '이탈리아의 솔로몬'이라 내세우며 '검은 셔츠단'이라는 파시스트당의 전위대를 만들었다.   O / X

베니토 무솔리니(Benito Andrea Amilcare Mussolini)에 대한 설명이며, 프랑코 총통은 1939년 4월부터 1975년 11월까지 스페인을 지배한 독재자이자 반(反)민주주의자입니다.

22 허균의 누나이자 조선 시대 여류 시인을 대표하는 허난설헌의 '난설헌'은 그녀의 본명이다.   O / X

'난설헌(蘭雪軒)'은 '눈 속에 핀 난초가 있는 집'이라는 뜻의 호(號)입니다. 허난설헌의 본명은 '허초희(許楚姬)'입니다.

23 칼더의 움직이는 조각을 '모빌(Mobile)'이라고 명명한 작가는 마르셀 뒤샹이다.   O / X

모빌을 최초로 고안한 사람은 알렉산더 칼더(Alexander Calder)이며, 그의 친구였던 마르셀 뒤샹(Marcel Duchamp)은 '움직이는 조각'이라는 의미로 모빌이란 이름을 붙였습니다.

24 북한에서는 김정일 위원장의 생일을 가리켜 '태양절'이라 부르며 기념한다.   O / X

태양절은 김일성 주석의 생일(4월 15일)을, 광명성절은 김정일 위원장의 생일(2월 16일)을 의미합니다.

정답 18 김환기 19 O 20 O 21 X 22 X 23 O 24 X

25 윤곽의 안을 검게 칠한 사람의 얼굴 그림을 뜻하는 '실루엣(Silhouette)'이
라는 명칭의 유래가 된 인물인 실루엣의 직업은 무엇인가?

① 화가 　　　　　② 재단사 　　　　　③ 재무장관

> **꿀잼상식 쏙쏙!**

'실루엣'이라는 용어는 18세기 프랑스의 재무장관 에티엔 드 실루엣(Etienne de Silhouette)이 극단적
인 절약을 강조해 초상화도 검은색만으로 충분하다고 주장한 데서 유래했습니다.

26 소설 〈냉정과 열정 사이〉의 저자 츠지 히토나리는 '이 시인'의 휴머니즘과
박애정신에 많은 영향을 받았다고 한다. '이 시인'은 누구인가?

① 윤동주 　　　　　② 서정주 　　　　　③ 김소월

> **꿀잼상식 쏙쏙!**

북간도에서 태어난 윤동주는 1943년에 독립운동의 혐의로 투옥돼 규슈 후쿠오카에서 옥사했고, 광복
후 유고 시집 〈하늘과 바람과 별과 시〉가 발간됐습니다.

27 '고전 경제학의 아버지'라고 불리는 인물로 자유 방임 경제를 주장했으며,
〈국부론〉의 저자이기도 한 이 사람은 누구인가?

① 토마스 맬서스 　　　② 애덤 스미스 　　　③ 존 스튜어트 밀

> **꿀잼상식 쏙쏙!**

애덤 스미스(Adam Smith)는 돈을 벌기 위해 애쓰는 일을 천시했던 당시의 고정관념을 깨고 '부자가
되기 위해 노력하는 것이 국가 경제를 위한 길'이라는 새로운 패러다임을 제시한 인물입니다. 그는 경
제학의 방법과 용어를 만들었고, 경제활동의 자유를 허용하는 것 자체가 도덕의 한 형태라고 확신했
습니다. 그의 〈국부론〉은 사실상 최초의 근대적인 경제학 저술로 인정받고 있습니다.

28 다음 그림은 〈비너스의 탄생(Nascita di Venere)〉이라는 그림의 일부이다. 이 그림의 작가는 누구인가?

① 프라 안젤리코
② 알브레히트 뒤러
③ 산드로 보티첼리

〈비너스의 탄생〉은 1485년경에 제작됐으며(180cm×280cm), 작가 산드로 보티첼리(Sandro Botticelli) 특유의 부드러운 곡선과 섬세한 세부 묘사, 우아하고 기품 있는 여성상을 잘 드러내는 작품입니다.

29 다음 중 현대적인 개념의 엘리베이터를 개발한 최초의 인물은 누구인가?

① 제시 레노　　　② 엘리샤 오티스　　　③ 에른스트 지멘스

엘리베이터를 최초로 고안한 사람은 아르키메데스(Archimedes)이며, 엘리샤 오티스(Elisha Otis)는 안전장치를 갖춘 현대식 엘리베이터를 개발하여 1854년 만국박람회에서 선보였습니다.

30 미국의 경제학자로 1976년에 소비 분석, 통화의 이론과 역사 그리고 안정화 정책의 복잡성에 관한 논증 등으로 노벨경제학상을 수상한 인물은?

① 앵거스 디턴   ② 로버트 솔로   ③ 밀턴 프리드먼

꿀잼상식 쏙쏙!

밀턴 프리드먼(Milton Friedman)은 영국의 대처 수상과 미국의 레이건 대통령의 경제 정책에 큰 영향을 끼쳤고, 1988년 미국 최고 훈장인 '대통령 자유 메달'을 받았습니다.

31 일제강점기에 활동한 시인으로 식민지라는 민족적 슬픔과 꺼지지 않는 민족정신을 노래하며 〈광야〉, 〈절정〉, 〈청포도〉 등을 발표한 인물은?

① 심훈   ② 이육사   ③ 윤동주

꿀잼상식 쏙쏙!

이육사는 일제강점기에 활동했던 대표적인 시인으로 1944년 사망하기 전까지 식민지라는 절망적인 상황에 항거하며 시를 썼던 인물입니다. 본명은 원록 또는 원삼으로 필명인 이육사는 항일운동으로 투옥되었을 당시 수인번호에서 따온 것이라고 합니다.

32 다음 중 폴리네시아 신화에 등장하는 불의 신의 이름이자, 브라질의 축구 선수 에드손 아란테스 도 나시멘토의 별명은?

① 펠레   ② 지쿠   ③ 가린샤

꿀잼상식 쏙쏙!

브라질에서 '펠레(Pele)'는 '황제(O Rei)'를 의미하는 대명사입니다. 펠레는 20여 년의 선수 생활 동안 1,280골을 넣었습니다.

| 주관식 |

33　중국 공산당 일당 체제 종식을 위해 '08 헌장' 서명 운동을 주도하다가 11년형을 선고받았고, 2010년 노벨평화상을 수상한 인물은?

꿀잼상식 쏙쏙!

인권운동가인 류샤오보(劉曉波)는 국가전복 혐의로 랴오닝성 진저우 교도소 수감 중에 간암 말기 판정을 받고 가석방됐으나 2017년 7월 별세했습니다. 류샤오보의 노벨상 수상 때문에 한때 노벨상의 나라 노르웨이와 중국 정부는 갈등을 빚기도 했습니다.

34　"역사는 역사가와 사실 사이의 상호작용의 계속적인 과정이며 현재와 과거 사이의 끊임없는 대화다"라는 말을 남긴 역사가는 누구인가?

꿀잼상식 쏙쏙!

에드워드 핼릿 카(Edward Hallet Carr, 1892~1982)는 영국의 역사학자입니다. 케임브리지 대학교의 트리니티 칼리지를 졸업해 1936년까지 외교관으로 근무했습니다. 이후 그는 역사철학자로 이름을 떨쳤고, 대표작으로는 〈역사란 무엇인가〉가 있습니다.

35　이탈리아의 테너 가수로 플라시도 도밍고, 호세 카레라스와 함께 20세기 3대 테너로 불린 사람은?

꿀잼상식 쏙쏙!

이탈리아의 테너 가수이자 20세기 성악가의 대명사로 불리는 루치아노 파바로티(Luciano Pavarotti)는 다양한 레퍼토리와 맑고 깨끗한 음색이 최대의 장점으로 꼽혔습니다.

정답 30 ③ 31 ② 32 ① 33 류샤오보 34 에드워드 핼릿 카
35 루치아노 파바로티

36 블랙홀은 검은 것이 아니라 빛보다 빠른 속도의 입자를 방출하며 뜨거운 물체처럼 빛을 발한다는 학설을 최초로 제시한 과학자는?

> 꿀잼상식 쏙쏙!

스티븐 호킹(Stephen Hawking, 1942.1~2018.3)은 영국의 우주물리학자로서, 루게릭병과 싸우면서도 특이점 정리, 블랙홀 증발, 양자우주론 등 3종류의 혁명적 이론을 제시한 세계적인 석학으로 평가받고 있습니다.

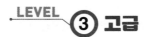

LEVEL ③ 고급

| OX 퀴즈 |

37 19세기 독일 건축가 고트프리트 젬퍼는 고딕 건축은 스콜라 철학의 구체화일 뿐이라는 입장을 갖고 있었다. O / X

> 꿀잼상식 쏙쏙!

19세기 건축가들은 고딕 양식의 건축물에 나타난 성격을 자신들의 기술 중심주의적 세계관에 입각하여 설명했습니다. 독일 건축의 대부 고트프리트 젬퍼(Gottfried Semper)는 고딕 건축을 '스콜라 철학의 적용'에 지나지 않는다고 보았습니다.

38 구스타브 클림트의 아르누보 명화 〈연인〉은 현재 오스트리아 비엔나 벨베데레 미술관이 소장하고 있다. O / X

> 꿀잼상식 쏙쏙!

구스타브 클림트(Gustav Klimt)는 19세기 말의 오스트리아 화가로 많은 아르누보 걸작을 남겼습니다. 아르누보는 프랑스어로 '새로운 미술'이란 의미로 19세기 말 나타난 회화 기법입니다. 인물을 평면적이고 단순화시켜 묘사하며, 다양한 색과 무늬, 식물 등으로 배경을 다채롭게 채웠습니다.

39 고려 말 정천익은 목화의 국내 재배에 성공하여 목화를 널리 보급하였다.

O / X

정천익은 문익점의 장인으로 문익점이 원나라로부터 들여온 목화씨를 3년간 배양해 재배하는 데 성공했습니다. 목화를 가공하기 위한 물레를 고안하기도 했으며, 이 공로로 '문충공'이라는 시호를 받고 진양군에 봉해졌습니다.

40 〈동방견문록(東方見聞錄)〉을 쓴 베네치아 출신의 탐험가 마르코 폴로가 몽골에 갔을 때는 칭기즈 칸이 집권하고 있었다. O / X

마르코 폴로(Marco Polo)는 베니치아 출신의 탐험가로, 동방으로 여행을 떠나 칭기즈 칸의 손자 '쿠빌라이 칸'이 다스리던 원나라에서 17년을 지냈습니다. 이후에 귀국해 원나라에서의 경험을 바탕으로 〈동방견문록〉을 저술했습니다.

41 마지막으로 달 표면을 밟은 사람은 아폴로 17호의 선장 유진 서넌이다.

O / X

1969년 7월 20일 닐 암스트롱(Neil Armstrong, 아폴로 11호 선장)이 달 표면에 최초로 착륙했으며, 1972년 12월 11일 유진 서넌(Eugene Cernan)을 끝으로 인류의 달 방문은 중단됐습니다.

▲ 유진 서넌

42 20세기의 대표적인 독재자인 나치 독일의 아돌프 히틀러의 청년 시절의
신분은 무엇인가?

① 소설가 　　　　　② 화가 지망생 　　　　　③ 마술사 조수

꿀잼상식 쏙쏙!

아돌프 히틀러(Adolf Hitler)는 화가가 되기 위해 1907년 비엔나 미술학교에 진학했으나 실패하고, 생
계유지를 위해 그림엽서를 그렸습니다. 〈성모 마리아와 유년 시절의 예수〉(1913), 〈바다의 야상곡〉(1913)
등의 그림을 통해 화가로서도 상당한 경지에 도달했음을 알 수 있습니다.

43 동화 〈피노키오의 모험〉의 작가로 잘 알려진 '콜로디'는 필명이다. 그렇다
면 그의 본명은 무엇인가?

① 샤를 페로 　　　　② 프랭크 바움 　　　　③ 카를로 로렌치니

꿀잼상식 쏙쏙!

카를로 로렌치니(Carlo Lorenzini)는 이탈리아의 소설가이자 기자로 그의 필명인 콜로디(Collodi)는 모
친이 출생한 장소의 지명에서 유래했다고 알려져 있습니다. ①은 〈잠자는 숲속의 미녀〉와 〈신데렐라〉,
②는 〈오즈의 마법사〉를 지은 작가입니다.

44 프랑스 센(Seine) 강의 37번째 다리는 '이 여성'의 이름을 따왔는데, 파리
의 다리에 여성의 이름을 쓴 첫 사례라고 한다. 누구인가?

① 시몬 드 보봐르 　　　② 카미유 클로델 　　　③ 가브리엘 샤넬

꿀잼상식 쏙쏙!

시몬 드 보봐르(Simone de Beauvoir, 1908~1986)는 프랑스의 철학자이자 사회학자이며, 매스미디
어, 노인 문제, 여성의 사회 문제 등에 관심을 가졌습니다.

45 신자유주의 경제 사상의 이론적 토대를 마련했으며 〈노예의 길〉의 저자이기도 한 경제학자는 누구인가?

① 애덤 스미스　　　② 사이먼 쿠즈네츠　　　③ 프리드리히 하이에크

> 🔖 **꿀잼상식 쏙쏙!**

프리드리히 하이에크(Friedrich Hayek)는 케인스에 반대하여 신자유주의의 이론적 토대를 정립한 학자입니다.

---

46 '팝 아트'는 1960년대 초엽 뉴욕을 중심으로 부상한 미술의 한 경향이다. 다음 중 미국의 팝 아티스트가 아닌 사람은?

① 앤디 워홀　　　② 리처드 헤밀턴　　　③ 클래스 올덴버그

> 🔖 **꿀잼상식 쏙쏙!**

리처드 헤밀턴(Richard William HamilHon)은 영국의 팝 아트 작가입니다. 팝 아트는 리처드 헤밀턴 등의 작가에 의해 영국에서 시작되어 앤디 워홀(Andy Warhol) 등 미국에서 꽃을 피웠습니다.

---

47 과학의 발전은 점진적이 아니라 패러다임의 교체에 의해 혁명적으로 이루어진다고 보고, 이 변화를 '과학혁명'이라 명명한 과학철학자는?

① 칼 포퍼　　　② 토마스 쿤　　　③ 한스 라이헨바흐

> 🔖 **꿀잼상식 쏙쏙!**

미국의 과학철학자 토마스 쿤(Thomas S. Kuhn)은 '패러다임(Paradigm)'이라는 새로운 개념을 창안해 냈습니다. 그에 따르면 과학의 발전은 패러다임의 교체에 의해 혁명적으로 이루어지게 됩니다.

---

48 다음 중 비디오 아티스트 백남준의 친구로서 그와 함께 전위예술을 했으며, 복잡한 상징적 의미가 담긴 독특한 매체를 사용한 독일의 예술가는?

① 콘래드 리치
② 요제프 보이스
③ 클래스 올덴버그

요제프 보이스(Joseph Beuys)는 조각 · 드로잉 · 설치미술 · 행위예술 등 다양한 창작 활동을 했고, 교육가 · 정치가이기도 했으며, '모든 사람은 예술가이다'라고 주장했습니다.

49 다음 중 2023년 노벨평화상을 수상한 인물은?

① 커틸린 커리코
② 나르게스 모하마디
③ 안 륄리에

나르게스 모하마디(Narges Mohammadi)는 이란의 대표적인 여성 인권운동가이자 반정부인사로 이란 여성에 대한 압제와 차별에 저항하고 인권과 자유를 위한 투쟁에 앞장 선 공을 인정받아 2023년 노벨평화상 수상자로 선정됐습니다. ①은 생리의학상, ③은 물리학상 수상자입니다.

| 주관식 |

50 1969년 추기경 임명 당시 47세로 전 세계 최연소로 추기경이 되었고, 최장 기간 추기경 재임 기록을 세운 한국의 가톨릭 성직자는?

김수환 추기경은 1922년 대구에서 독실한 가톨릭 집안의 막내로 출생하여 1951년 사제 서품을 받았고 1969년 교황 바오로 6세에 의해 한국 최초의 추기경이 되었습니다.

51 성경에 등장하며 '인류 역사상 가장 오래 산 인물'은 누구인가?

꿀잼상식 쏙쏙!

므두셀라(Methuselah)는 969세로 성경에 기록된 인물 중 수명이 가장 긴 인물로서, 노아의 대홍수 시대 이전 사람이고 에녹의 아들이자 라멕의 아버지이며 노아의 할아버지입니다. 기록에 따르면 아담은 930세, 야렛은 962세, 에노스는 905세에 죽었습니다.

52 〈대의정치론〉과 〈자유론〉의 저자이며 경험주의와 공리주의, 자유주의를 사상적으로 정립한 인물은 누구인가?

꿀잼상식 쏙쏙!

존 스튜어트 밀(John Stuart Mill)은 19세기 영국의 철학자이자 경제학자입니다. 벤담의 양적 공리주의와 구분되는 질적 공리주의 사상을 발전시켰으며, 자유주의와 사회민주주의 정치사상의 발전에도 크게 기여하였습니다.

53 〈대열차 강도〉 등의 작품을 연출했으며 교차 편집과 클로즈업 등의 연출 기법을 정립한 감독은 누구인가?

꿀잼상식 쏙쏙!

에드윈 포터(Edwin Porter, 1870~1941)는 미국의 영화감독으로, 많은 연출 기법을 정립한 인물입니다. 그의 작품 〈대열차 강도〉(1903)는 영화사 첫 흥행작으로서, 많은 모방작을 낳았습니다.

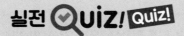
실전 QUIZ! Quiz!

54 톨스토이는 폴란드에서 태어났다. O / X

🍯 꿀잼상식 쏙쏙!

레프 톨스토이(Lev Nikolayevich Tolstoy)는 러시아의 소설가이자 사상가로, 주요 작품으로는 〈전쟁과 평화〉, 〈안나 카레리나〉, 〈부활〉 등이 있습니다.

55 영국 역사상 가장 오랫동안 재위한 군주는?

🍯 꿀잼상식 쏙쏙!

엘리자베스 2세는 25세이던 1952년부터 2022년 9월 96세의 나이로 사망하기 전까지 약 70년간 영국과 영국연방의 수장으로 재위한 인물입니다. 영국 역사상 가장 오랜 기간 재위한 국왕이며, 특히 여왕으로서는 전 세계 역사상 가장 오래 재위한 인물로 알려져 있습니다.

56 미국을 경제 대국으로 만드는데 기여한 기업가로 철도와 석유회사 등에 투자하여 큰 이윤을 남겼다. 그는 '부자로 죽는 것은 정말 부끄러운 일'이라며 전 재산의 대부분을 2,500개의 공공 도서관과 대형 콘서트장 설립에 기부했다고 한다. 이 사람은 누구인가?

🍯 꿀잼상식 쏙쏙!

앤드루 카네기(Andrew Carnegie)는 미국 최초의 근대 자본가로 '철강왕'으로도 널리 알려져 있습니다. 19세기 후반 미국의 산업화 과정에서 제철 분야의 효과적 경영관리를 당대의 발명품들과 접목시켜 거대한 부를 일궈냈습니다.

57 기존의 상식을 뒤엎는 발상의 전환을 흔히 이것의 전환이라고 한다. 오랜 시간 믿어 온 천동설의 오류를 지적하고 지동설을 주장한 이 사람의 이름에서 유래해 지칭하게 되었다. 이 사람은 누구인가?

꿀잼상식 쏙쏙!

코페르니쿠스(Nicolaus Copernicus)는 폴란드의 천문학자로, 당시 사회 통념으로 여겨졌던 천동설을 부정하고 지동설을 주장했습니다. 지동설은 코페르니쿠스가 주장한 뒤 440년이 지난 뒤에야 공식적으로 인정되었습니다.

58 영국 역사상 가장 뛰어난 위조화폐 범죄 수사관이자 근대 과학의 선구자로 '사과'와도 관련이 있는 이 인물은?

꿀잼상식 쏙쏙!

아이작 뉴턴(Isaac Newton)은 영국의 과학자이자 수학자로 '만유인력의 법칙'을 발견한 것으로 유명한 인물입니다. 50대에는 조폐국에서 일하며 화폐위조범들을 검거하고, 화폐위조 방지를 위해 동전의 테두리에 톱니바퀴 모양을 넣는 아이디어를 고안해 내기도 했습니다.

59 캘리포니아 주 의회는 '▨▨▨▨의 날' 제정 결의안을 만장일치로 통과시켰다. 이로써 ▨▨▨의 탄생일 2018년 11월 9일부터 '▨▨▨의 날'이 선포되었다. ▨▨▨은/는 이민 사회의 지도자이자 신민회와 흥사단 등을 조직해 왕성한 활동을 한 독립운동가이다.

꿀잼상식 쏙쏙!

안창호(1878~1938)는 한말의 독립운동가·사상가로 독립협회(獨立協會), 신민회(新民會), 흥사단(興士團) 등에서 활발하게 독립운동 활동을 하였습니다. 1962년에 건국훈장 대한민국장이 추서되었습니다.

정답 54 X 55 엘리자베스 2세 56 앤드루 카네기 57 코페르니쿠스 58 아이작 뉴턴 59 안창호

10 | 영화·연예

LEVEL ① 초급

| OX 퀴즈 |

01 피처링은 노래의 일부분에 다른 가수나 연주자를 참여시켜 노래 또는 연주를 녹음하는 것을 뜻한다. O / X

🍯 꿀잼상식 쏙쏙!

피처링(Featuring)은 앨범을 내는 뮤지션이 표현의 폭과 다양성 향상을 위해 다른 가수나 연주자를 참여시켜 녹음하는 것을 말합니다.

02 마이클 베이 감독의 영화 〈진주만〉은 제1차 세계대전을 배경으로 만들어진 전쟁 영화이다. O / X

🍯 꿀잼상식 쏙쏙!

영화 〈진주만〉은 1941년, 일본군이 진주만에 기습공격을 감행한 사건을 소재로 만들어진 영화로, 시대적 배경은 제2차 세계대전입니다.

03 〈반짝이는 워터멜론〉은 청각 장애인 부모에게서 태어난 코다(CODA) 소년을 주인공으로 한 드라마다. O / X

🍯 꿀잼상식 쏙쏙!

2023년 9월 방송된 tvN 드라마 〈반짝이는 워터멜론〉은 음악에 천부적인 재능을 타고난 코다(CODA) 소년이 1995년에 불시착하면서 벌어지는 이야기를 다룬 작품입니다. 코다는 청각 장애인 부모에게서 태어난 자녀를 모두 일컫는 말인데 보통 청인 자녀를 가리키며, 극중 주인공 역시 가족 중에서 유일하게 소리를 들을 수 있는 인물이었습니다.

04 토니상은 매년 미국 브로드웨이에서 상연된 연극과 뮤지컬의 우수한 업적에 대해 수여하는 상이다. O / X

> **꿀잼상식 쏙쏙!**

연극의 아카데미상이라고도 불리는 토니상은 5월 하순~6월 상순에 최종 발표와 시상식이 열립니다.

05 '새로운 물결'이라는 뜻을 지닌 프랑스 영화 운동은 '네오리얼리즘'이다. O / X

> **꿀잼상식 쏙쏙!**

'새로운 물결'이라는 뜻을 지닌 프랑스의 영화 운동은 '누벨바그(Nouvelle Vague)'입니다.

06 영화 〈아이언맨〉 주인공의 극중 이름은 로버트 다우니 주니어다. O / X

> **꿀잼상식 쏙쏙!**

2008년 개봉한 히어로물 〈아이언맨〉의 주인공의 극중 이름은 토니 스타크(Tony Stark)입니다. 로버트 다우니 주니어(Robert Downey Jr.)는 토니 스타크를 연기한 배우입니다.

07 KBS 대하드라마 〈고려거란전쟁〉의 시대적 배경은 1009년부터 1019년이다. O / X

> **꿀잼상식 쏙쏙!**

2023년 11월부터 방영을 시작한 KBS 대하드라마 〈고려거란전쟁〉은 당시 신생국가였던 고려와 거란족이 세운 요나라가 26년간 벌인 여요 전쟁 중 현종이 즉위한 1009년부터 제2차~3차 전쟁(1010~1019)을 배경으로 한 작품입니다.

| 객관식 |

08 노동계급에 주목하며 〈보리밭을 흔드는 바람〉, 〈나, 다니엘 블레이크〉 등을 만든 영화감독은 누구인가?

① 켄 로치　　　　② 마틴 스코세이지　　　③ 크리스토퍼 놀란

꿀잼상식 쏙쏙!

켄 로치(Ken Loach)는 노동계급에 지대한 관심을 두고 있는 영국 출신 감독입니다. 2006년 〈보리밭을 흔드는 바람〉과 2016년 〈나, 다니엘 블레이크〉로 황금종려상을 수상했습니다. 역대 칸 영화제를 통틀어 황금종려상을 2회 수상한 감독은 켄 로치 감독을 포함해 9명 뿐입니다.

09 2023년 베니스 국제영화제에서 황금사자상을 수상한 영화는?

① 〈올 더 뷰티 앤 더 블러드쉐드〉
② 〈가여운 것들〉
③ 〈레벤느망〉

꿀잼상식 쏙쏙!

요르고스 란티모스(Yorgos Lanthimos) 감독의 〈가여운 것들〉이 2023년 베니스 국제영화제에서 황금사자상을 수상했습니다. 앞서 2022년에는 로라 포이트러스(Laura Poitras) 감독의 〈올 더 뷰티 앤 더 블러드쉐드〉가, 2021년에는 오드리 디완(Audrey Diwan) 감독의 〈레벤느망〉이 황금사자상을 수상한 바 있습니다.

10 작가 강풀의 동명 웹툰을 원작으로 한 초능력 소재의 액션 히어로 드라마의 이름은 무엇인가?

① 〈마스크걸〉　　　　② 〈비질란테〉　　　　③ 〈무빙〉

꿀잼상식 쏙쏙!

디즈니+ 한국 오리지널 드라마 〈무빙〉은 작가 강풀의 동명 웹툰을 원작으로 한 작품입니다. 국내에서 처음으로 시도한 초능력 소재의 액션 스릴러 히어로물이라는 점에서 공개 전부터 주목을 받았으며, 탄탄한 배우진과 뛰어난 연출력으로 공개 이후에도 화제성 1위에 오르며 호평을 받았습니다.

11 미국 영화업자와 '미국 영화예술과학아카데미(AMPAS)'에서 주관하며, LA
의 개봉관에서 일주일 이상 상영된 영화를 대상으로 수여하는 미국 최대
의 영화상은?

① 에미상 ② 오스카상 ③ 황금사자상

꿀잼상식 쏙쏙!

오스카상(The Oscars)의 정식 명칭은 아카데미 시상식(Academy Awards)으로 상금이 없는 대신 '오
스카(Oscar)'라는 인간을 형상화한 트로피를 수여하는 데서 오스카상이라는 애칭이 붙었습니다. 미국
에서 가장 권위 있는 영화 시상식으로, 미국 영화예술과학아카데미(Academy of Motion Picture Arts
and Science, AMPAS)의 회원들이 그 해에 상영된 영화 중에서 투표ㆍ선정해 시상하고 있습니다.

12 〈죽은 시인의 사회〉라는 영화에서 키팅 선생이 제자들에게 '현재의 순간
을 소중히 여겨라'라는 의미로 했던 말은?

① 카르페 디엠(Carpe Diem)
② 아디오스 아미고(Adios Amigo)
③ 베리타스 럭스 메아(Veritas Lux Mea)

꿀잼상식 쏙쏙!

'카르페 디엠(Carpe Diem)'은 '지금 살고 있는 현재의 순간에 충실하라'는 뜻을 담고 있는 라틴어입니
다. 영화 〈죽은 시인의 사회〉에서 키팅 선생이 학생들에게 자주 이 말을 하면서 유명해진 용어로, 영
화에서는 전통과 규율에 도전하는 청소년들의 자유정신을 상징하는 의미로 사용됐습니다. ②는 '친구
여, 안녕!', ③은 '진리는 나의 빛'이라는 뜻입니다.

13 다음 영화 〈라이언 일병 구하기〉의 배경이 되었던 군사작전은 무엇인가?

① 안톤 작전
② 횃불 작전
③ 노르망디 상륙작전

꿀잼상식 쏙쏙!

노르망디 상륙작전은 제2차 세계대전 중 프랑스 전역을 탈환하기 위해 펼쳐진 오버로드 작전의 일환으로, 연합군이 나치 독일 치하의 프랑스 군정청 노르망디에 1944년 6월 6일에 개시한 상륙작전을 말합니다. 인류 역사상 최대 규모의 상륙작전으로 꼽히며, 연합군이 유럽을 탈환하는 데 발판을 마련한 최초의 작전입니다. 원래 작전명은 '해왕성 작전(Operation Neptune)'이었으나 노르망디 해안에 상륙하는 작전 과정 탓에 노르망디 상륙작전으로 더 많이 알려져 있습니다.

14 다음 중 영국 웨스트엔드와 미국 브로드웨이에서 탄생한 세계 4대 뮤지컬에 속하지 않는 작품은?

① 〈햄릿〉   ② 〈레 미제라블〉   ③ 〈미스 사이공〉

꿀잼상식 쏙쏙!

세계 4대 뮤지컬은 〈캣츠〉, 〈레 미제라블〉, 〈오페라의 유령〉, 〈미스 사이공〉입니다. 〈햄릿〉은 셰익스피어의 4대 비극 중 하나로 그 외에 〈오셀로〉, 〈리어왕〉, 〈맥베스〉가 있습니다.

15 다음 중 판소리 · 풍물놀이 · 무용 · 기악 · 시조 · 활쏘기 따위의 국악과 민속놀이의 경연대회인 대사습놀이의 고장으로 유명한 곳은?

① 통영　　　　　② 광주　　　　　③ 전주

전주 대사습놀이는 조선 후기에 성행했다가 중단된 후, 1975년도에 복원되어 지금까지 전북 전주 지역에서 매년 개최되고 있는 판소리 중심의 전국 규모 국악 경연대회를 지칭하는 말입니다.

16 다음 중 영화 등에서 선배의 재능이나 업적을 기리며 감명 깊은 장면이나 대사를 인용하는 것은?

① 클리셰　　　　　② 패러디　　　　　③ 오마주

'오마주(Hommage)'는 '존경 · 감사'라는 뜻의 프랑스어로, 다른 작가나 감독의 업적 · 재능에 대한 경의의 표현으로 특정 장면이나 대사를 모방하는 것을 말합니다.

17 다음 중 연극의 3요소가 아닌 것은?

① 배우　　　　　② 희곡　　　　　③ 무대

연극의 3요소는 배우, 희곡, 관객을 가리키며, 3요소에 무대를 추가하면 연극의 4요소가 됩니다. 참고로 희곡의 3요소는 해설, 대사, 지문입니다.

18 원소설을 모티브로 한 픽사의 장편 애니메이션으로 제76회 칸 영화제 폐막작으로 공식 초청되기도 했다. 원소를 다채롭게 활용한 참신한 상상력과 캐릭터 설정 등으로 호평을 받은 이 영화는 무엇인가?

꿀잼상식 쏙쏙!

〈엘리멘탈(Elemental)〉은 불, 물, 흙, 공기 4원소를 소재로 세계관을 구성했으며 감동적인 스토리와 뛰어난 영상미, 캐릭터들 간의 관계성 등이 잘 나타났다는 평가를 받은 작품입니다. 특히 국내에서 입소문을 타면서 북미와 중국 다음으로 높은 5,000만달러 이상의 극장수입을 기록했고, 〈겨울왕국〉 시리즈에 이어 국내에서 가장 흥행한 애니메이션 영화에 이름을 올렸습니다.

19 넷플릭스에서 방영된 시리즈로 탈영병을 잡는 군무 이탈 체포조의 이야기를 담은 드라마는?

꿀잼상식 쏙쏙!

넷플릭스 시리즈 〈D.P.〉는 웹툰 원작 드라마로, 한국 군대의 현실을 다루며 부대 내 가혹행위와 부조리, 그리고 이를 방관하는 조직 문화에 대해 다루며 많은 이들의 공감을 자아냈습니다. 신선한 소재와 매력적인 캐릭터들로 2021년 공개 당시 사회적인 신드롬을 일으켰던 〈D.P.〉는 2023년 7월 시즌2가 공개됐습니다.

20 영화에서 너무 자주 쓰여 진부하게 받아들여지는 카메라 연출, 캐릭터, 스토리 등을 가리키는 말은?

꿀잼상식 쏙쏙!

클리셰(Cliché)는 여러 영화에서 자주 쓰여 정형화된 연출을 가리킵니다. 관객이 영화가 던지는 메시지를 이해하긴 쉬우나 식상하거나 진부하게 받아들일 가능성이 큽니다. 이러한 클리셰는 독특한 연출에서는 오히려 장르 자체에 대한 풍자나 패러디로 사용되기도 합니다.

21 영화, 드라마, 애니메이션, 만화의 제작에 앞서 실제 제작 작업에 필요한 계획을 담는 것을 무엇이라 하는가?

영화, 드라마, 애니메이션 외에도 많은 서사 장르의 제작에 앞서 제작자들은 각본을 바탕으로 필요한 모든 사항을 기록한 콘티를 작성합니다. 콘티는 콘티뉴이티(Continuity)의 줄임말이며, 스토리보드 (Storyboard)라고 부르기도 합니다.

22 연극, 뮤지컬 등의 공연이나 장시간 상영 영화에서 극 중간에 쉬는 것을 무엇이라 하는가?

인터미션(Intermission)이란 연극, 영화, 공연 중간에 갖는 휴식시간을 의미합니다. 보통 러닝타임이 2 시간 반에서 3시간이 넘는 뮤지컬은 1부가 끝나고 15~20분 정도의 인터미션을 갖습니다.

23 영화 상영 중 노래가 나오는 장면에서 관객이 함께 따라 부르도록 하는 영화 상영 방식을 무엇이라 하는가?

싱어롱(Sing Along) 상영은 영화 상영 중 노래가 나오는 부분에선 관객들이 함께 따라 부를 수 있도록 한 콘서트 형식의 상영 방식을 뜻합니다. 〈보헤미안 랩소디〉의 싱어롱 상영이 큰 인기를 얻으면서 주목받게 되었습니다.

| OX 퀴즈 |

24 메이킹 필름은 사후에 발생할지 모르는 촬영 과정에서의 시비를 가리기 위해 남겨놓는 촬영 원본이다. O / X

> **꿀잼상식 쏙쏙!**

메이킹 필름(Making Film)은 촬영장에서의 스태프, 배우를 대상으로 마케팅을 목적으로 촬영하는 것입니다. 종종 영화 촬영 간에 벌어진 문제를 해결하기 위해 메이킹 필름을 활용하는 경우도 있으나, 영화 원본과는 다릅니다.

25 스핀오프는 별개 작품의 등장인물들이 한데 모여 하나의 이야기를 이루는 것을 말한다. O / X

> **꿀잼상식 쏙쏙!**

스핀오프(Spin-off)는 본편에서 벗어나 이야기에서 파생될 수 있는 부가적인 이야기를 가리키는 말입니다. 주연이 바뀌기도 하고 주인공의 선택이 일부 바뀌었다는 가정하에 나오는 이야기도 있습니다. 다른 작품의 인물들이 한데 나오는 서사는 크로스오버(Crossover)라고 합니다.

26 영화 제작에서 줄거리와 제작 의도 등을 소개한 짧은 글을 '필모그래피'라 한다. O / X

> **꿀잼상식 쏙쏙!**

'시놉시스(Synopsis)'는 영화 제작의 첫 단계로 줄거리와 제작 의도 등을 소개하는 짧은 글입니다. '필모그래피(Filmography)'는 전기를 뜻하는 바이오그래피와 필름의 합성어로 감독과 배우의 연출, 출연 영화들을 연대기 식으로 정리한 것입니다.

27 2023년 초 개봉한 극장판 애니메이션 〈더 퍼스트 슬램덩크〉의 인기에 더불어 원작 도서인 〈슬램덩크〉 시리즈가 국내 베스트셀러 순위에 올랐다.

O / X

> **꿀잼상식 쏙쏙!**

〈더 퍼스트 슬램덩크〉는 1990년대 인기 만화였던 〈슬램덩크〉 시리즈의 신 극장판 애니메이션입니다. 2023년 초 국내 개봉한 이후 선풍적인 인기를 끌면서 과거 만화를 즐겨봤던 3040세대 남성들뿐만 아니라 1020세대와 여성 팬층의 유입이 두드러졌으며, 극장판 열풍에 힘입어 각종 굿즈와 원작 도서가 불티나게 팔려 화제가 되기도 했습니다.

28 뮤지컬 시네마 〈맘마미아〉 시리즈는 모티브가 된 동명 노래를 부른 그룹 'ABBA'의 멤버들이 실제로 겪은 이야기를 각색해 제작되었다. O / X

> **꿀잼상식 쏙쏙!**

영화와 뮤지컬 〈맘마미아〉는 그룹 ABBA의 23가지 히트곡으로 구성된 창작 작품입니다. 뮤지컬의 스토리는 ABBA의 원곡 가사와 연관이 있지만, ABBA 멤버들과 관련이 있는 것은 아닙니다.

| 객관식 |

29 클로드 란즈만 감독이 만든 나치의 홀로코스트를 고발하는 다큐멘터리 영화의 제목은 무엇인가?

① 〈쇼아〉 ② 〈네이팜〉 ③ 〈피아니스트〉

> **꿀잼상식 쏙쏙!**

2018년 7월 5일 향년 93세로 타계한 클로드 란즈만(Claude Lanzmann) 감독의 홀로코스트 고발 다큐멘터리 〈쇼아(Shoah)〉는 나치 독일이 자행한 홀로코스트에서 살아남은 유대인들의 증언을 생생하게 담아낸 다큐멘터리입니다. '쇼아'는 히브리어로 대학살을 뜻합니다.

30 다큐멘터리 드라마 〈울지마, 톤즈〉의 주연으로 아프리카 수단에 병원과 학교를 설립한 인물은 누구인가?

① 법정 스님　　　　② 한경직 목사　　　　③ 이태석 신부

꿀잼상식 쏙쏙!

이태석 신부는 대한민국의 로마 가톨릭 사제이자 의사로 아프리카 남수단의 마을인 톤즈에서 의료봉사 활동과 교육 활동을 겸한 구호운동을 펼쳤고, 구수환 감독은 이를 다큐멘터리 영화로 제작했습니다. 이태석 신부는 2010년 암 투병 끝에 사망했습니다.

31 마블사의 　⑤　 영화 〈베놈〉은 시리즈 최초로 '빌런 　ⓒ　'이/가 주인공으로 등장한다. ⑤과 ⓒ에 공통적으로 들어갈 단어는?

① 위치(Witch)　　② 히어로(Hero)　　③ 사이보그(Cyborg)

꿀잼상식 쏙쏙!

히어로는 각본에서 극의 주인공을 지칭하는 대명사입니다. 고전 극본의 이야기에는 대부분의 주인공이 영웅적 업적을 이뤘기에 히어로에는 주인공이라는 의미와 영웅이라는 의미가 다 담겨 있습니다. 마블은 미국에서 히어로 만화, 영화를 제작하는 회사를 가리킵니다.

32 2023년 백상예술대상에서 TV 대상을 받은 배우는 누구인가?

① 박은빈　　　　② 송혜교　　　　③ 이성민

꿀잼상식 쏙쏙!

〈이상한 변호사 우영우〉에서 자폐스펙트럼 장애를 가진 주인공 '우영우' 역할을 연기한 배우 박은빈이 2023년 백상예술대상에서 TV 대상을 수상했습니다. 〈더 글로리〉에서 학교폭력으로 삶이 무너진 이후 가해자들을 향해 철저한 복수를 계획한 여자 '문동은' 역할을 맡은 송혜교는 여자 최우수연기상을, 〈재벌집 막내아들〉에서 재계 1위의 대기업을 이끄는 회장 '진양철' 역할을 맡은 이성민은 남자 최우수연기상을 수상했습니다.

33 미국의 영화·텔레비전 예술 부문 시상식 골든 글로브에서 처음으로 아시아계 출신으로서 여우주연상을 수상한 배우는 누구인가?

① 린다 박 ② 제이미 정 ③ 샌드라 오

꿀잼상식 쏙쏙!

샌드라 오(Sandra Oh)는 캐나다 국적의 한국계 미국 여배우입니다. 2019년 1월에 열린 제76회 골든 글로브 시상식에서 그녀는 아시아인 최초로 사회를 맡았으며 TV 드라마 부문에서 아시아인 최초로 여우주연상을 받았습니다.

34 다음 중 국내에서 누적 관객 수 1,000만명을 돌파한 영화가 아닌 것은?

① 〈검사외전〉 ② 〈명량〉 ③ 〈기생충〉

꿀잼상식 쏙쏙!

2016년 개봉한 이일형 감독의 영화 〈검사외전〉은 살인 누명을 쓰고 감옥에 갇힌 다혈질 검사가 우연히 자신이 누명을 쓴 사건과 관련된 내용을 알고 있는 사기꾼을 만나 복수를 계획해 실행하는 내용을 담은 영화입니다. 관객 수 970만명을 넘으며 흥행에 성공했으나 작품의 개연성이나 설정상 오류 등에 대해서는 논란이 있으며 출연 배우의 인지도와 연기로 흥행했다는 평도 있습니다.

35 다음 중 월트 디즈니사의 애니메이션이 아닌 것은?

① 〈밤비〉 ② 〈주토피아〉 ③ 〈파워 퍼프 걸〉

꿀잼상식 쏙쏙!

〈파워 퍼프 걸〉은 1998년 제작된 미국 애니메이션사 '카툰네트워크'의 애니메이션입니다.

36 미국의 3대 음악시상식 중 하나로 2022년 방탄소년단(BTS)이 5년 연속 수상자에 이름을 올린 시상식은?

① 아메리칸 뮤직 어워드

② 그래미 어워드

③ 빌보드 뮤직 어워드

💡 꿀잼상식 쏙쏙!

방탄소년단(BTS)은 2022 아메리칸 뮤직 어워드(AMA)에서 '페이보릿 팝 듀오/그룹'과 '페이보릿 K팝 아티스트' 부문 수상자로 선정됐습니다. BTS는 2018년 '페이보릿 소셜 아티스트' 부문을 첫 수상한 이래 2022년까지 5년 연속 AMA 수상자에 이름을 올렸으며, '페이보릿 팝 듀오/그룹' 부문은 4년 연속 수상했습니다.

| 주관식 |

37 영화 제작 업계에서 흥행 가능성이 높고 많은 수익이 기대되는 대작들을 뜻하는 용어는 무엇인가?

💡 꿀잼상식 쏙쏙!

텐트폴(Tent Pole)은 영화 제작사 또는 TV 방송국의 재정적 성과를 떠받치는 프로그램이나 영화를 말합니다. 텐트의 기둥처럼 제작사 자금 사정을 지탱한다는 뜻에서 비롯되었습니다.

38 제작사의 의도에 따라 편집되어 최초 개봉된 영화와 달리 감독의 연출 의지에 맞춰 편집한 영화의 버전을 가리키는 말은 무엇인가?

💡 꿀잼상식 쏙쏙!

리덕스(Redux)는 라틴어로 '복귀하다, 복구하다' 등을 뜻하며, 리덕스 필름은 감독이 배급 사정을 고려해 편집해 개봉했던 영화를 자신의 입맛에 맞춰 재편집해 개봉한 것을 뜻합니다. '무삭제판(언컷), 감독판(디렉터스컷)' 등으로 불리기도 합니다.

39 인도 영화에서 극의 진행과 함께 흥겨운 댄스와 노래가 이어지는 것을 무엇이라 하는가?

> **꿀잼상식 쏙쏙!**

마살라(Masala)는 인도 요리에 들어가는 향신료를 가리키는 말입니다. 인도 영화에는 마살라라 부르는 안무, 춤 등이 종종 이어지는데, 많은 장르가 섞였다는 뜻에서 이런 표현이 붙었습니다.

40 다음 중 공연장, 텔레비전 스튜디오 등에서 배우가 이용하는 휴게실을 가리키는 말은?

> **꿀잼상식 쏙쏙!**

출연자들이 이용하도록 만든 휴게실, 대기실, 분장실 등의 휴게 공간을 '그린 룸(Green Room)'이라고 부릅니다.

LEVEL ③ 고급

| OX 퀴즈 |

41 오드리 햅번 주연의 미국 영화 〈로마의 휴일〉에 나오는 트레비 분수에 세워진 조각상은 바다의 신 포세이돈이다.　　　　　　　　　　O / X

> **꿀잼상식 쏙쏙!**

바로크 양식의 트레비 분수에는 포세이돈과 그의 아들 트리톤과 해마 등을 표현한 조각상이 있습니다.

42 뮤지컬 〈그리스〉에서 그리스는 '보호, 안전한 장소(Grith)'를 뜻한다. O / X

'Grease'는 동물성 기름, 윤활유 등을 뜻하며, 뮤지컬에서는 머리에 바르는 포마드 기름을 뜻합니다.

43 1987년에 '시인과 촌장'이 발표한 노래 〈여울목〉에서 '여울목'은 강과 바다가 만나는 곳을 가리킨다. O / X

여울목은 여울물(강이나 바다의 바닥이 얕거나 폭이 좁아 물살이 세게 흐르는 물)이 턱진 곳을 뜻합니다.

44 정광태의 노래 〈독도는 우리 땅〉은 한때 사실상 방송 금지곡이었다. O / X

정광태의 노래 〈독도는 우리 땅〉은 일본과의 외교 문제에 대한 우려로 사실상 방송 전파를 타지 못한 적이 있습니다.

45 라디오나 TV 등에서 프로그램의 진행을 맡는 'MC'는 'Master of Casting'의 약어이다. O / X

프로그램 진행자를 지칭하는 MC는 공식적인 행사의 진행자라는 뜻의 'Master of Ceremonies'의 약어입니다.

46 기존의 규범적인 관례에서 벗어난 실험적이고 이단적인 영화나 연극을 데 우스 엑스 마키나(Dues ex Machina)라고 한다. **O / X**

데우스 엑스 마키나는 '기계에서 나온 신'이라는 뜻으로, 후반부에서 이야기의 종결을 위해 사용하는 억지스러운 극적 장치를 뜻합니다.

47 '맥거핀'은 영화에서 관객의 궁금증을 유발하지만 결말을 이루는 핵심 요 소가 아닌 심리적인 덫을 가리킨다. **O / X**

맥거핀(Macguffin)은 '속임수, 미끼'라는 뜻으로서, 영화에서는 서스펜스 장르의 대가 A. 히치콕(Alfred Hitchcock) 감독이 고안한 극적 장치를 뜻합니다.

48 인형극에 쓰이는 '마리오네트(Marionette)'는 프랑스어로 '무기력한 존재' 라는 뜻에서 유래했다. **O / X**

마리오네트는 '작은 성모 마리아'라는 뜻입니다. 중세 이탈리아 교회에서 아동 교육을 위해 끈이 달린 인형으로 공연을 한 것에서 유래했습니다.

49 '파파라치(Paparazzi)'라는 용어는 페데리코 펠리니 감독의 영화 〈달콤한 인생〉(1960)에서 유래했다. **O / X**

'Paparazzi'는 '윙윙거리며 달려드는 벌레'를 뜻하는 말로, 〈달콤한 인생〉에 등장한 사진기자의 이름인 'Paparazzo'에서 유래했습니다.

정답 42 X 43 X 44 O 45 X 46 X 47 O 48 X 49 O

| 객관식 |

50 중국의 영화 제작 규정에 따르면 배우의 출연료로 사용되는 비용이 전체 제작비의 몇 퍼센트를 넘지 못하도록 되어 있는가?

① 40%　　　　② 50%　　　　③ 60%

꿀잼상식 쏙쏙!

중국 정부는 2018년 6월 28일 TV와 영화 영상물 제작 과정에서 주연배우의 출연료가 전체 출연료의 70%를 넘지 못하며, 배우의 출연료로 사용되는 비용이 영화 전체 제작비의 40%를 넘지 못하도록 하는 규정을 만들었습니다.

51 영화 개봉 후 극장 상영, DVD 판매, TV와 케이블 방영권 판매 등이 순차적으로 이뤄진다. 이 기간을 가리켜 '극장 ▨▨▨▨▨'이/라고 하는데, 이것은?

① 로드(Road)　　　② 클락(Clock)　　　③ 윈도(Window)

꿀잼상식 쏙쏙!

극장 윈도는 개봉된 영화가 극장 상영을 하다가 DVD 판매를 하거나 또는 케이블에 방영권을 판매하는 등 수익을 거두는 방식을 변환하는 기간을 가리킵니다. '넷플릭스' 등 OTT 산업의 발달로 이 극장 윈도가 점차 짧아지고 있다고 합니다.

52 프랑스 영화감독 자크 베케르의 작품 〈황금 투구(Casque d'or)〉에서 '황금 투구'가 가리키는 것은 무엇인가?

① 금화　　　　② 신의 계시　　　　③ 여성의 금발 머리

꿀잼상식 쏙쏙!

'황금 투구'는 틀어올린 주인공 마리의 금발 머리를 가리킵니다. 암흑가 남자들을 파멸로 이끄는 그녀에게 아름다움은 마치 무기와도 같음을 은유합니다.

53 박찬욱 감독의 영화 〈헤어질 결심〉(2022)에서 주인공 '송서래' 역할로 출연한 중국 여배우는 누구인가?

① 판빙빙   ② 탕웨이   ③ 류시시

꿀잼상식 쏙쏙!

〈헤어질 결심〉은 산에서 벌어진 변사 사건을 수사하게 된 형사가 사망자의 아내를 만난 후 의심과 관심을 동시에 느끼며 벌어지는 이야기를 다룬 영화입니다. 탕웨이는 극중 남편을 죽인 살인자로 의심받는 '송서래' 역을 연기했습니다.

54 김한민 감독이 연출한 '이순신 3부작' 시리즈의 마지막 작품의 제목은 무엇인가?

① 〈한산〉   ② 〈명량〉   ③ 〈노량〉

꿀잼상식 쏙쏙!

〈노량〉(부제 : 죽음의 바다)은 임진왜란의 마지막 전투인 노량 해전과 충무공 이순신 장군의 죽음을 다룬 영화로 2014년 개봉한 〈명량〉과 2022년 〈한산 : 용의 출현〉에 이은 시리즈의 마지막 작품입니다. 특히 시리즈의 첫 편인 〈명량〉은 누적 관객 수 1,700만명을 돌파하며 역대 흥행 1위의 성적을 거둔 바 있습니다.

55 마블 시리즈에 등장하는 가상의 물질로, 캡틴 아메리카의 방패와 블랙팬서의 수트를 만드는 데 사용된 물질은?

① 우르   ② 미스릴   ③ 비브라늄

꿀잼상식 쏙쏙!

비브라늄은 마블 시리즈의 세계관에 나오는 가상의 금속으로 충격과 진동을 받을수록 더욱 견고해지는 특성이 있다고 합니다.

56 제59회 백상예술대상에서 웹 예능 최초로 TV부문 작품상을 수상한 유튜브 채널의 이름은 무엇인가?

① 숏박스   ② 빠더너스   ③ 피식대학

꿀잼상식 쏙쏙!

'피식대학'은 공채 개그맨 출신인 김민수, 이용주, 정재형이 함께 운영하는 유튜브 채널로서 웹 예능 최초로 백상예술대상에서 후보 등록과 수상이라는 큰 성과를 이뤄냈습니다. 방송계에서 개그 프로그램들이 문을 닫은 이후 다수의 개그맨들이 유튜브로 진출한 가운데 트렌드를 주도하는 채널로 꼽히고 있으며, 특히 피식대학의 대표 콘텐츠 중의 하나인 〈피식쇼〉는 미국 토크쇼 형식을 패러디하여 유명 연예인을 비롯해 다양한 국적의 출연진과 캐릭터의 특성을 잘 살린 설정으로 인기를 끌었습니다.

| 주관식 |

57 무관하게 보이는 컷들을 연결함으로써 수용자에게 본래 영상의 의미와는 다른 별개의 감정을 자아내는 영상 제작 기법을 뜻하는 말은?

꿀잼상식 쏙쏙!

쿨레쇼프 효과는 소련의 영화감독 레프 쿨레쇼프(Lev Kuleshov)가 만들어낸 영상 제작 기법입니다. 각 컷들이 연결될 때 관객에게 원래 컷의 의미와 다른 효과를 내는 것을 가리키는데 '몽타주 기법'이라고도 합니다.

58 조지 거브너가 주장한 '영화, 드라마 등의 과도한 영상 시청 시에 시청자의 세계관이 비관적으로 바뀐다'는 이론은 무엇인가?

꿀잼상식 쏙쏙!

배양 이론은 과도한 TV 시청이 수용자가 세상을 비관적으로 바라보도록 만든다는 주장을 담고 있습니다. 조지 거브너(George Gerbner)의 연구에 따르면 사람들은 성인이 될 때까지 평균 13,000여 회의 죽음을 영화, TV 등에서 목격한다고 합니다.

59 쿠바의 '재즈 디바' 다이메 아로세나가 주로 구가하는 재즈의 형식은 무엇인가?

다이메 아로세나(Daymé Arocena)는 아프리카 전통 타악기와 서양악기가 결합해 탄생한 아프로-쿠반(Afro-Cuban) 재즈를 흥미롭게 연주하는 뮤지션입니다.

60 연극이나 뮤지컬 등에서 주연 배우가 자리를 비울 경우 그를 대신해 주역을 연기하는 배우를 가리키는 말은?

언더스터디(Understudy)는 출연 중 또는 출연 예정인 배우가 질병, 사고, 기타 이유로 출연을 못하게 되었을 때 대신 그 역을 맡아 하는 대역 배우를 말합니다. 즉, 평소에는 무대에서 앙상블 등으로 특정 배역을 연기하지만 메인 배우가 맡은 배역이 공석이 될 경우 출연기회가 주어지게 됩니다.

61 전용 극장 없이 국내외에서 순회공연을 하는 극단을 무엇이라 하는가?

투어링 컴퍼니(Touring Company)는 자체적으로 작품을 제작해 공연하는 극장을 뜻하는 프로듀싱 하우스(Producing House)와 상대되는 개념으로, 순회공연을 목적으로 작품을 제작해 장기적인 계획에 따라 공연장과 관객을 찾아다니는 극단을 말합니다.

62 영화나 소설 등 유명한 이야기의 이전 사건을 다룬 속편을 뜻하는 프리퀄(Prequel)과 상대적인 개념은?

유명한 책이나 영화에 나온 내용과 관련해 그 다음의 일들을 다룬 속편을 시퀄(Sequel)이라고 합니다.

63 '봄베이'와 '할리우드'를 합쳐 '발리우드'라고 할 정도로 봄베이는 인도 영화의 중심지이다. 그렇다면 이탈리아 영화의 중심지는 어디인가?

꿀잼상식 쏙쏙!

로마 인근의 치네치타에는 이탈리아에서 가장 규모가 큰 촬영 시설이 있으며, 미국의 할리우드에 다음가는 영화 도시로 평가받고 있습니다.

64 우리나라 최초로 공개 이후 넷플릭스가 서비스 중인 83개국에서 모두 1위를 차지한 시리즈는?

꿀잼상식 쏙쏙!

황동혁 감독이 연출한 넷플릭스의 한국 오리지널 시리즈 〈오징어게임〉은 456억원의 상금이 걸린 의문의 서바이벌에 참가한 456명의 사람들이 최후의 승자가 되기 위해 목숨을 걸고 극한의 게임에 도전한다는 내용의 드라마입니다. 흔히 '발리우드'라고 불리는 인도 시장의 벽마저 뚫고 전 세계 드라마 부문 1위를 차지하며 K-콘텐츠의 역사를 새롭게 쓴 작품으로 평가받았습니다.

정답 63 치네치타 64 오징어게임

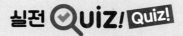
실전 QUIZ! Quiz!

65 영화나 드라마에서 현재로부터 과거로 거슬러 가는 장면이나 기법을 말한다. 이것을 활용한 대표적인 영화로는 〈타이타닉〉과 〈포레스트 검프〉가 있다. 이것은 무엇인가?

꿀잼상식 쏙쏙!

플래시백(Flashback)은 현재 시제로 진행하는 영화나 드라마 등에서 과거에 일어난 일을 묘사할 때 사용하는 기법입니다. 다른 장면들을 차례차례 필름 단편으로 연결한 몽타주 기법의 하나로서 장면의 순간적인 변화를 연속해서 보여주는 형태로 표현됩니다. 특히 긴장의 고조나 감정의 격렬함을 나타내는 데 효과적입니다.

66 이것은 엔딩 크레딧 후에 나오는 추가 장면을 말한다. 1903년 영화 〈대열차 강도〉가 끝난 후 출연자가 다시 등장해 관객에서 총을 쏘는 장면이 이것의 시초이다. 식사 후 디저트를 먹듯이 영화 상영 후에 관객에게 여운을 남긴다는 의미로 이름 붙여진 이것은 무엇인가?

꿀잼상식 쏙쏙!

쿠키 영상은 영화에서 엔딩 크레딧 전후에 짧게 추가된 장면을 뜻하는 말로, 주로 에필로그 영상이나 속편의 예고 영상이 들어갑니다. 관객들에게 본편 외의 재미를 주고 엔딩 크레딧이 끝날 때까지 퇴장하지 않게 만드는 효과가 있습니다. 특히 마블 시리즈는 쿠키 영상을 통해 세계관 확장이나 다음 시리즈를 예고하는 것으로 유명합니다.

67 시리즈의 연속성을 버리고 새로운 시리즈를 만드는 영화를 이것이라 한다. 어떤 시리즈 작품에서 골격이나 등장인물만 차용하고, 캐릭터와 이야기는 새롭게 해석하는 것을 뜻하는 이것은 무엇인가?

꿀잼상식 쏙쏙!

리부트(Reboot)는 원래 컴퓨터 용어로, 영화에서는 속편이 반복되면서 스토리가 정체되는 것을 탈피하기 위한 방법으로 사용됩니다.

68 과거 프랑스에서는 다양한 계급의 사람들이 함께 타는 마차를 '이것'이라고 불렀다고 한다. 오늘날 하나의 주제 안에 여러 명의 감독이 연출한 단편을 합쳐 놓은 영화를 가리키는 이것은 무엇인가?

꿀잼상식 쏙쏙!

옴니버스(Omnibus)는 '모든 사람을 위한 것'이라는 라틴어에서 유래한 말로, 하나의 주제를 중심으로 몇 개의 독립된 짧은 이야기들을 모아 하나의 작품으로 만드는 것을 말합니다. 이때 각각의 이야기들은 연속성이 없거나 서로 영향을 주지 않은 채 캐릭터와 기본 배경만 공유합니다.

69 이것은 영화에서 중요한 복선인 척 등장하지만 실제로는 줄거리에 영향을 주지 않는 극적인 장치를 말한다. 스릴러 장르의 대가 알프레드 히치콕 감독이 고안한 것으로, 그의 영화 〈사이코〉에서 등장한 '돈다발'이 대표적이다. 이 영화 용어는 무엇인가?

꿀잼상식 쏙쏙!

맥거핀(Macguffin)은 작품의 줄거리에는 영향을 주지 않지만 관객의 시선을 의도적으로 묶어둠으로써 공포감이나 의문을 자아내는 일종의 장치입니다. 복선(伏線)과 반대되는 말로, 관객의 호기심을 자극하는 사건, 상황, 인물, 소품 등을 이용해 의문이나 혼란을 유발할 수 있습니다. 감독들은 맥거핀에 해당하는 소재를 미리 보여주고 관객의 자발적인 추리 행태를 통해 서스펜스를 유도합니다.

70 이것은 우주를 무대로 전개되는 SF의 한 장르를 가리키는 말이다. 우주 공간이나 우주여행 등을 소재로 한 작품을 일컫는 '이것'은 무엇인가?

꿀잼상식 쏙쏙!

스페이스 오페라(Space Opera)는 1941년 SF작가이자 평론가인 윌슨 터커에 의해 처음 사용된 용어입니다. 오늘날 대표적인 스페이스 오페라 영화로는 조지 루카스 감독의 영화 〈스타워즈〉 시리즈가 있습니다.

정답	65 플래시백 66 쿠키 영상 67 리부트 68 옴니버스 69 맥거핀 70 스페이스 오페라

Part 2

상식을 다잡는
연상퀴즈

뇌가 섹시해지는

꿀잼 상식퀴즈

01 | 동양·한국사

---

01 다음에서 연상되는 인물은?

- 양무운동
- 시모노세키 조약
- 이이제이(以夷制夷)

> **꿀잼상식 쏙쏙!**

이홍장은 중국 청나라 말의 정치가로 군사 관련 산업을 비롯하여 근대 공업 건설을 추진하는 양무운동을 전개하여 중국 근대화에 앞장섰습니다. 청일 전쟁이 일어나자 대사로서 일본에 건너가 이토 히로부미와 협상을 하여 시모노세키 조약에 조인하였는데요. 그는 '이이제이(以夷制夷 · 한 나라를 이용해 한 나라를 제압한다)'로써 열강들을 서로 견제시켰다고 합니다.

---

02 다음에서 연상되는 것은?

- 조선 시대 중추부에 속한 정3품 무관 벼슬
- 소설 〈운수 좋은 날〉의 주인공 이름에 붙는 말

> **꿀잼상식 쏙쏙!**

첨지의 본뜻은 첨지중추부사(僉知中樞府事)로, 조선 시대 중추부에 속한 정3품 무관의 벼슬을 의미하였으나, 시간이 지나면서 나이 많은 남자를 낮잡아 이르는 말로 바뀌어 쓰이게 되었습니다.

정답 01 이홍장 02 첨지

03 다음은 모두 이날 행해지는 풍속들이다. 이 명절은 무엇인가?

- 창포물에 머리 감기
- 대추나무 시집보내기
- 부채 선물하기

꿀잼상식 쏙쏙!

- 창포물에 머리 감기 : 창포의 잎과 뿌리, 줄기에는 아사론, 칼라메온 등의 방향성 물질이 들어 있어 전체에서 향기가 나며, 머리카락이 빠지지 않고 윤기가 흐르게 합니다.
- 대추나무 시집보내기 : 가수(嫁樹)라고도 하며, 풍성한 수확을 바라는 뜻에서 나무의 갈라진 틈에 돌을 끼우는데, 이는 성적인 결합을 뜻합니다.
- 부채 선물하기 : 단오가 있는 음력 5월은 무더위가 시작되는 무렵이어서 올해도 더위를 타지 말고 건강하라는 뜻입니다.

04 다음에서 공통적으로 연상되는 인물은?

〈성학십도〉   〈도산서원〉

꿀잼상식 쏙쏙!

〈성학십도〉와 도선서원은 모두 조선의 학자 퇴계 이황과 관련된 것입니다. 〈성학십도〉는 1568년 이황이 선조에게 올린 글로, '성왕 및 성인'이 되기 위한 유교 철학 10가지를 작성한 것입니다. 도산서원은 이황의 학문과 덕행을 기리고 추모하기 위해 그의 제자들이 건립한 서원입니다.

05 다음에서 연상되는 인물은?

- 조선 시대의 기녀
- 서경덕
- '청산리 벽계수야 수이감을 자랑 마라'

꿀잼상식 쏙쏙!

황진이는 조선 시대의 명기(名妓)로 서경덕, 박연 폭포와 더불어 송도삼절(松都三絶)이라 불렸습니다. 한시와 시조에 뛰어났으며 작품에 한시 4수와 시조 6수가 있습니다. 위에 제시된 시조의 제목은 〈청산리 벽계수야〉입니다.

06 다음에서 연상되는 것은?

- 고대 삼국이 이곳을 얻기 위해 국운을 걸고 치열하게 싸웠던 곳
- 고구려인들은 이곳을 '아리수'라고 불렀음

꿀잼상식 쏙쏙!

광개토대왕비에 기록된 '아리수'는 '큰 물'이라는 뜻으로 지금의 한강을 가리키며, 통일신라 이후 〈삼국사기〉 등에서 아리수를 '한수(漢水), 한강(漢江)'으로 표기했습니다. 여기서 '漢'은 '크다, 넓다, 밝다' 등을 뜻하는 순우리말 '한'을 한자의 음을 빌려 표기한 것입니다.

07 다음에서 연상되는 인물은?

- 조선 시대 제3대 왕
- 조선에서 후궁이 제일 많았던 왕
- 〈하여가〉

꿀잼상식 쏙쏙!

조선 시대 제3대 왕 태종(재위 1400~1418) 이방원은 원경왕후 민씨를 비롯해 12명의 부인을 두었으며, 참고로 제9대 왕 성종(재위 1469~1494) 역시 공혜왕후 한씨를 비롯해 12명의 후궁을 두었습니다. 〈하여가〉는 조선이 개국하기 전 이방원이 지은 시조로 고려의 충신 정몽주의 진심을 떠보고 그를 회유하기 위해 읊은 시조입니다.

정답 03 단오 04 이황 05 황진이 06 한강 07 이방원

08 다음은 일본 에도 시대의 시가로 당시 통일을 이루려했던 세 사람의 성격을 나타낸 것이다. ○○○○ ○○○○에 들어갈 인물은?

- 울지 않는다면 죽여버리겠다, 두견새야 : 오다 노부나가
- 울지 않는다면 울게 만들겠다, 두견새야 : 도요토미 히데요시
- 울지 않는다면 울 때까지 기다리겠다, 두견새야 : ○○○○ ○○○○

꿀잼상식 쏙쏙!

○○○○ ○○○○에 들어갈 인물은 도쿠가와 이에야스입니다. 두견새에 관한 보기의 시조는 해당 인물들이 각각 쓴 것이 아니라 에도 시대 말기 지방 호족이었던 마쓰라 세이잔이 당시 통일을 추진했던 3인의 인생관을 주제로 〈두견새〉라는 제목의 일본 시조를 남긴 것입니다.

09 다음 유물과 공통적으로 관련된 전쟁은?

〈삼전도비〉　　　〈남한산성〉

꿀잼상식 쏙쏙!

삼전도비와 남한산성은 모두 병자호란(丙子胡亂)과 관련된 유물입니다. 1636년 후금은 국호를 청으로 고친 후 조선을 침략했고, 주력부대인 기마부대는 재빨리 한양까지 진격했습니다. 이에 인조는 남한산성으로 피신하지만 한 달 보름 만에 청나라에 항복했고, 삼전도(지금의 송파)에서 머리를 땅에 찧으며 굴욕적인 항복 조약을 맺었습니다.

10 다음 보기는 이 왕과 관련된 일화에서 유래된 사자성어이다. 이 왕의 이름은 무엇인가?

- 두문불출(杜門不出) : 고려의 신하들이 새 왕조를 섬기길 거부하고 경기도 개풍군 두문동에 들어가 나오지 않았다는 데서 유래
- 이전투구(泥田鬪狗) : 정도전이 팔도를 평할 때 강인한 함경도 사람을 비유한 말
- 함흥차사(咸興差使) : 심부름을 간 사람에게서 소식이나 회답이 오지 않음을 비유

꿀잼상식 쏙쏙!

보기에 제시된 사자성어는 모두 조선의 제1대 왕 태조 이성계(재위 1392~1398)와 관련된 일화에서 유래한 사자성어입니다.

11 다음에서 연상되는 것은?

- 금강송
- 우리나라 최초의 크리스마스 실(Seal)
- 중앙부에 홍예문을 낸 거대한 석축기단
- 조선 시대 서울 도성을 둘러싼 성곽의 정문

꿀잼상식 쏙쏙!

보기에 제시된 요소들을 종합해 연상할 수 있는 것은 남대문(숭례문)입니다. 2008년 방화사건으로 훼손된 이후 진행된 복원사업에 금강송이 사용됐으며, 1932년 결핵 요양소 운영비 마련을 위해 우리나라 최초로 발행된 크리스마스 실에 남대문 그림이 삽입되기도 했습니다. 또한 중앙부에는 석축을 쌓고 무지개 모양의 홍예문(虹霓門)이 나 있으며, 조선 시대 서울(한양) 도성의 남쪽에 세워져 정문의 역할을 맡았습니다.

서울(한양)의 4대문(별칭 – 정식 명칭)
- 남대문 – 숭례문
- 동대문 – 흥인지문
- 서대문 – 돈의문
- 북대문 – 숙정문

12 다음 유물과 공통적으로 관련된 나라는?

〈금동대향로〉　　〈정림사지 5층 석탑〉

백제 금동대향로와 정림사지 5층 석탑은 모두 7세기에 만들어진 백제의 유물입니다. 백제 금동대향로 는 불교와 도교의 복합적 요소가 잘 나타나 있으며, 물결 무늬와 연꽃 무늬를 통해 당시 백제의 사상 관을 엿볼 수 있습니다. 정림사지 5층 석탑은 세련되고 정제된 조형미를 통해 격조 높은 기품을 풍기 고 있는 아름다운 작품입니다.

13 다음에 공통으로 들어갈 말은 무엇인가?

- 우리나라에서 가장 널리 유통되고 신봉되는 대표적인 불경 : ○○경
- 경치가 매우 아름답기로 유명한 강원도 북부의 명산 : ○○산
- 다이아몬드의 다른 이름 : ○○석

○○에 공통으로 들어갈 말은 '금강'입니다. '금강(金剛)'은 매우 단단하며 결코 부식되지도, 썩지도, 변하지도 않는 것을 비유하는 말입니다.

14 다음에서 연상되는 것은?

- '가락국의 동쪽을 흐르는 강'이라는 뜻에서 이름 붙여짐
- 어떤 무리에서 뒤처져 처량하게 남게 된 신세를 비유하는 말, 이것 오리알

꿀잼상식 쏙쏙!

낙동강 오리알의 유래

6 · 25 전쟁 당시 국군과 UN군이 낙동강 방어진지를 점령하고 배수진을 치고 있던 1950년 8월 4일, 낙동강변 낙동리(낙정리)에 배치된 국군 제1사단 12연대 11중대 앞에는 인민군이 낙동강을 건너기 위해 필사적인 도하를 시도하고 있었습니다. 치열한 총격전이 계속되고 있을 때 UN 항공기에서 네이팜탄을 퍼부어 적 진지를 무력화시키자 항공기에서 떨어지는 포탄과, 국군의 사격으로 적이 쓰러지는 모습을 바라보던 11중대장은 갑자기 큰 소리로 "야! 낙동강에 오리알 떨어진다"라고 소리쳤습니다. 이때부터 국군들이 인민군을 조롱하는 뜻으로 널리 사용하게 되었습니다.

15 다음에서 연상되는 인물은?

- 인현왕후의 라이벌
- 미나리는 사철, 장다리는 한철

꿀잼상식 쏙쏙!

인현왕후가 폐위되고 6년쯤 되었을 때 당시 백성들 사이에 불렸던 노래 중에서 "미나리는 사철이요, 장다리는 한철일세, 철을 잊은 호랑나비 오락가락 노느니, 제철 가면 어이 놀까, 제철 가면 어이 놀까"라는 노래가 있습니다. 여기서 미나리는 인현왕후를, 장다리는 장희빈을, 철을 잊은 호랑나비는 숙종을 의미합니다. 이는 장희빈에게 마음을 빼앗긴 숙종이 인현왕후를 내쫓은 것을 비유한 노래가사였습니다.

16 다음에서 연상되는 사물은?

- 조미 수호 통상 조약
- 국경일
- 건곤감리

1882년 조미 수호 통상 조약 체결 당시 미국 측은 조선에 국기를 제정해 조인식에서 사용할 것을 요구했고, 이에 김홍집은 고종의 명을 받들어 역관 이응준에게 지시해서 태극기를 그리게 하여 사용한 것으로 알려져 있습니다.

17 다음에서 공통적으로 연상되는 인물은?

〈씨름도〉 〈활쏘기〉

단원 김홍도는 조선 시대 화가로 어린 시절부터 강세황의 지도를 받아 그림을 그렸습니다. 김홍도는 풍속화와 신선도, 산수화, 이외에 화조화, 동물화 등에도 능했으며 대표 작품으로는 〈씨름도〉, 〈활쏘기〉, 〈서당〉, 〈무도〉 등이 있습니다.

18 다음의 고사성어들은 모두 누구와 관련된 것인가?

- 조나라의 20만 대군을 상대하기 위해 친 '배수진'
- 유방과 자신의 군사 통솔력을 비교하여 자신은 '다다익선'이라고 함
- 유방에 의해 좌천당하자 '토사구팽'이라는 말을 남김

꿀잼상식 쏙쏙!

한신은 중국 한(漢)나라 초의 무장으로 초나라의 항량ㆍ항우를 섬겼으나 중용되지 않아 한왕 유방의 수하가 되어 대장군이 되었습니다. 보기에 제시된 것 외에 한신과 관련된 고사성어로는 과하지욕(胯下之辱), 명수잔도(明修棧道), 암도진창(暗渡陳倉), 사면초가(四面楚歌) 등이 있습니다.

19 다음에서 연상되는 나라는?

- 아시아 최초의 민주주의 국가
- 막사이사이상
- 말리꽃
- 세부

꿀잼상식 쏙쏙!

필리핀은 1987년 헌법 개정으로 아시아 최초의 민주공화국으로 지정됐으며, 국화(國花)는 삼파귀타 (Sampaguita)인데, 우리나라에서는 이 꽃을 말리꽃이라 부릅니다. 또 라몬 막사이사이 전 대통령의 공적을 기리기 위해 막사이사이상을 제정해 매년 아시아를 위해 공헌한 개인이나 단체에 수여하고 있습니다. 세부는 필리핀에서 두 번째로 큰 대도시이자 대표 관광지 중 하나입니다.

20 다음은 타고르의 시이다. ○○○에 들어갈 단어는?

일찍이 아시아의 황금시기에 / 빛나던 등불의 하나인 ○○○ /
그 등불 다시 한번 켜지는 날에 / 너는 동방의 밝은 빛이 되리라.

꿀잼상식 쏙쏙!

이 시는 타고르의 〈동방의 등불〉로 한국 민족문화의 우수성과 강인하고도 유연한 민족성을 '동방의 등불'로 표현했습니다. 특히 독립 쟁취에 대한 강렬한 기원을 담고 있어 3ㆍ1 운동 이후 실의에 빠져 있던 우리에게 큰 감동과 자긍심을 준 작품입니다.

21 다음에서 연상되는 나라는?

- 1956년 제작된 영화 〈왕과 나〉의 배경
- 예전에는 '시암(Siam)'이라 부름
- 붉은 셔츠 운동

꿀잼상식 쏙쏙!

영화 〈왕과 나〉는 영국 출신의 젊은 미망인과 태국 왕의 사랑이야기로 태국 왕실이 주요 배경이며, 시암(샴)은 타이 왕국의 옛 이름입니다. '샴 쌍둥이'는 시암(타이)에서 태어난 쌍둥이에게서 유래된 말이며, 고양이의 품종 중 하나인 '샴' 역시 태국이 원산인 점에서 비롯된 말입니다. 한편 태국은 2006년 군부 쿠데타로 군사정권이 수립됐는데, 정치적·사회적으로 불안정한 상황이 지속되면서 2010년 정권 퇴진 운동인 '붉은 셔츠 운동'이 일어나기도 했습니다.

22 다음에 공통적으로 연관되는 인물은?

- 중앙아시아의 몽골-투르크계 군사 지도자
- '내가 이 무덤에서 나올 때 가장 커다란 재앙이 일어날 것이다'
- 우즈베키스탄의 푸른 도시 사마르칸트

꿀잼상식 쏙쏙!

14세기에 세워진 사마르칸트는 티무르 왕조의 수도로, 푸른색을 좋아했던 티무르가 도시를 푸른색으로 꾸미게 했다고 합니다. 티무르는 '타메를란(절름발이 티무르라는 뜻)'이라는 별칭으로도 불렸으며, 명나라를 정벌하려고 떠났다가 1405년에 병사하였습니다.

23 다음에서 연상되는 나라는?

- 자나드리아 축제
- 리얄(Riyal)
- 〈아라비안나이트〉

매년 2~3월에 약 2주 동안 열리는 자나드리아 축제는 사우디아라비아에서 열리는 문화축제이며, 리알(Riyal)은 사우디아라비아의 화폐단위입니다. 〈아라비안나이트〉는 '천일야화(千一夜話)'라고도 하며 6세기경 페르시아에서 전해지는 1,001일 동안의 이야기를 아랍어로 기술한 설화를 말합니다.

24　다음에서 공통적으로 연상되는 단어는?

- 〈청산별곡〉
- 백석
- 노천명
- 지록위마(指鹿爲馬)

고려가요 〈청산별곡〉에는 사슴이 등장합니다. 백석은 1936년에 〈사슴〉이라는 시집을 펴냈습니다. 시인 노천명의 대표적인 시로 〈사슴〉이 있고, 지록위마는 '사슴을 가리켜 말이라 한다'는 뜻입니다.

25　다음에서 공통적으로 연상되는 것은?

- 부귀
- 국보 98호 청자에 새겨진 꽃문양
- 성남의 시장(市場)
- 설총의 화왕계 설화

모란은 꽃이 화려하고 품위가 있어 '부귀화'라고 합니다. 그래서인지 설총의 화왕계 설화에는 모란이 화왕으로 등장하기도 하는데요. 국보 98호인 청자 상감모란문 항아리에도 모란의 문양이 새겨져 있습니다. 또한 성남의 시장 중에는 모란 시장이 있습니다.

정답 21 타이(태국) 22 티무르 23 사우디아라비아 24 사슴 25 모란

02 | 세계사

01 다음에 해당하는 도시는?

- 비잔티움, 세계문화유산
- 오스만 튀르크의 중심 도시
- 아시아와 유럽 대륙에 걸쳐 있는 튀르키예(터키)의 옛 수도

꿀잼상식 쏙쏙!

오늘날 튀르키예(터키)의 수도는 앙카라입니다. 옛 수도인 이스탄불은 당초 비잔티움으로 불리다 330년 로마 황제 콘스탄티누스에 의해 수도로 지정되면서 콘스탄티노플로 바뀌었는데요. 이후 1453년 오스만 튀르크에 의해 점령되면서 이스탄불('이슬람의 땅'이라는 의미)로 바뀌었습니다.

02 다음에서 연상되는 것은?

- 마라톤 우승자
- 승리의 '이것'을 쓰다

꿀잼상식 쏙쏙!

월계관은 그리스 신화의 아폴론 신과 관련되어 있습니다. 다프네가 아폴론의 끈질긴 구애를 피해 달아나다 월계수 나무로 변하자 슬픔에 빠진 아폴론이 다프네를 기억하기 위해 월계수 잎을 사시사철 푸르게 하고 항상 몸에 지니고 다녔다는 데서 유래했습니다. 현재 올림픽의 꽃인 마라톤 우승자에게 월계관이 상징적으로 전달되고 있습니다.

03 다음에서 공통으로 연상되는 인물은?

- 황야의 사자
- 소설 〈동물농장〉의 돼지
- 네잎클로버
- '내 사전에 불가능이란 없다'

꿀잼상식 쏙쏙!

나폴레옹(Napoleon Bonaparte, 재위 1804~1815)은 프랑스 군인이자 제1통령 · 황제로 한때 유럽의 여러 나라를 침략하며 '내 사전에 불가능이란 없다'라는 말을 남긴 인물입니다. 나폴레옹이란 이름은 우리나라 말로 '황야의 사자'라는 뜻이며, 조지 오웰의 소설 〈동물농장〉에서는 독재자 돼지로 비유됩니다. 또한 나폴레옹은 포병 장교 시절 자신의 밭에서 우연히 발견한 네잎클로버를 보다 적군의 총탄을 피했다고 전해집니다.

04 다음에서 연상되는 인물은?

- 산타페 협약
- '육지가 보이지 않으면 내 머리를 잘라도 좋소'
- 달걀
- 서인도제도

꿀잼상식 쏙쏙!

이탈리아 제노바 출신의 콜럼버스(Christopher Columbus)는 카스티야 왕국의 이사벨 1세와의 산타페 협약에서 자신이 요구하는 조건을 다 승인한 이사벨 여왕과 협약을 체결하고 신대륙을 찾아 항해를 시작하였습니다. 항해를 하는 중에 오랜 시간이 흘러도 육지가 나타나지 않아 선원들의 원성이 커지자 '육지가 보이지 않으면 내 머리를 잘라도 좋소'라는 말을 했다고 하는데요. 달걀을 세울 수 있느냐고 사람들에게 질문을 했다는 일화도 알려져 있습니다. 또 그가 1차 항해 때 산살바도르섬에 상륙하였는데 그곳을 인도의 일부라고 오인하여 '서인도'라는 호칭이 붙었습니다.

05 다음에서 연상되는 단어는?

- 히틀러
- 파시스트
- 한나 아렌트

전체주의는 '개인은 전체 속에서 비로소 존재가치를 갖는다'는 주장으로 강력한 국가 권력에 의해 국민생활을 간섭·통제하는 사상을 말합니다. 이탈리아의 파시즘, 독일의 나치즘, 일본의 군국주의가 이에 해당되는데요. 한나 아렌트(Hannah Arendt)는 〈전체주의의 기원〉이라는 책을 통해 전체주의에 대해 조명했습니다.

06 다음에 공통으로 해당하는 인물은?

- 제품의 예술적 디자인을 접목해 브랜드의 이미지와 품격을 높이는 마케팅 전략, 이 사람 마케팅
- 이 좌표를 창안하는 데 큰 역할을 함으로써 수학적 발견에 크게 이바지한 인물
- '나는 생각한다, 고로 나는 존재한다'

데카르트(Descartes)는 프랑스의 뛰어난 수학자이자 물리학자, 의학자로 근대 철학의 아버지로 불립니다. 그는 '나는 생각한다, 고로 존재한다'라는 근본 원리를 확립하였습니다. 한편 데카르트 마케팅은 기술과 예술이 결합된 용어로 소비자의 감성을 만족시킬 수 있는 디자인과 첨단 기능을 이용한 마케팅 전략입니다.

07 다음에서 연상되는 것은?

- 헬레니즘
- 쿠샨 왕조
- 향기, 토지, 계곡

꿀잼상식 쏙쏙!

'간다라(Gandhara)'라는 말은 '향기, 토지, 계곡'을 의미하는데 문명의 교차로에 위치한 간다라 지방의 예술 경향을 간다라 미술이라 합니다. 간다라 미술은 그리스 문화와 불교 문화가 융합된 형태를 띠어 인도의 헬레니즘이라 불리기도 합니다. 이러한 간다라 미술은 쿠샨 왕조 때 가장 전성기를 이루었다고 전해집니다.

08 다음 인물들과 공통으로 관계있는 이탈리아의 도시는 어디일까?

- 13세기 이탈리아의 시인으로 명작 〈신곡〉을 남긴 단테
- 16세기 〈군주론〉을 쓴 니콜로 마키아벨리
- 르네상스 시대를 대표하는 미술가이자 과학자, 사상가였던 레오나르도 다 빈치

꿀잼상식 쏙쏙!

단테(Dante Alighieri, 1265~1321)와 마키아벨리(Niccolo Machiavelli, 1469~1527)는 피렌체에서 태어났고, 이탈리아 중부 토스카나 지방의 산골 마을에서 태어난 다 빈치(Leonardo da Vinci, 1452~1519)는 피렌체에서 활동하였습니다.

09 다음에서 연상되는 인물은?

- 쿠바 혁명
- 아르헨티나 의사 출신 혁명가
- 피델 카스트로

'체 게바라(Che Guevara)'는 1928년 아르헨티나의 유복한 가정에서 태어나 의사로서 보장된 미래를 누릴 수 있었지만 혁명가의 길을 걷습니다. 특히 쿠바의 피델 카스트로와 만남은 그의 인생에 한 획을 긋는 계기가 됩니다. 결국 그는 카스트로와 쿠바 혁명을 성공적으로 이끌지요. 그러나 현실에 안주하지 않고 홀연히 떠나 볼리비아 혁명에 가담합니다. 그리곤 1967년 볼리비아 정부군에 붙잡혀 사살당합니다. 그의 죽음 이후 체 게바라는 베레모와 더불어 혁명의 아이콘으로 불리며 전세계에 '체 게바라 열풍'을 불러일으켰습니다.

10 다음에서 설명하는 인물은 누구인가?

19세기 영국을 대표하는 소설가로 현대의 최고의 스타가 누리는 정도의 인기를 누렸고, 그의 의견은 사회에 큰 영향을 미쳤다고 한다. 대표작으로는 〈두 도시 이야기〉, 〈올리버 트위스트〉, 〈위대한 유산〉, 〈크리스마스 캐럴〉 등이 있다.

1812년 영국의 포츠머스에서 태어난 찰스 디킨스(Charles John Huffam Dickens)는 공장 노동을 하는 등 힘든 유년기를 보냈으나 1836년 〈픽윅 문서〉를 발표하면서부터 30년간 당대 최고의 작가로 활동합니다.

11 다음에서 연상되는 나라는?

> - 에멘탈
> - 알프스
> - 빌헬름 텔
> - 영세중립국

에멘탈(Emmental)은 스위스 에멘탈 지방에서 생우유를 가열·압착해 숙성시킨 하드치즈를 말하며, 빌헬름 텔(Wilhelm Tell)은 스위스에서 전해 내려오는 전설의 주인공입니다. 알프스는 유럽의 중남부에 있는 산맥으로 스위스, 프랑스, 이탈리아, 오스트리아에 걸쳐 있습니다. 현재 영세중립국으로는 스위스, 오스트리아, 바티칸 등이 있습니다.

12 다음에서 연상되는 춤은?

> - 불꽃
> - 카르멘 아마야
> - 에스파냐를 대표하는 춤

플라멩코(Flamenco)는 에스파냐(스페인) 남부 안달루시아 지방에서 전해지는 민요와 춤으로, 용어의 유래는 불꽃을 뜻하는 'Flama'에서 비롯된 하류층의 은어로서 '멋진, 화려한'을 뜻했던 것이 집시음악을 가리키는 용어로 사용된 것으로 추측되고 있습니다. 기타와 캐스터네츠 소리에 맞추어 손뼉을 치거나 발을 구르거나 하는 격렬한 리듬과 동작이 특색입니다. 카르멘 아마야(Carmen Amaya)는 20세기 플라멩코의 전설적인 댄서로 불리는 인물입니다.

13 다음에서 연상되는 것은?

- 마오쩌둥
- 중국 영화 〈인생〉
- 홍위병

문화대혁명은 1966년부터 1976년까지 10년간 중국의 최고지도자 마오쩌둥이 추진한 사회주의 운동입니다. 〈인생〉이라는 중국 영화는 문화대혁명을 모티브로 한 영화이기도 한데요. 문화대혁명에서 가장 주도적인 역할을 한 것이 바로 홍위병입니다. 대학생이나 고등학생으로 이뤄졌던 홍위병은 거의 군사조직에 가까웠다고 합니다.

14 다음에서 설명하는 체제는?

- 프랑스 혁명 때 타도의 대상이 된 구체제
- 왕권신수설에 바탕을 둔 군주제
- 관습에 지배된 신분계층이 분명한 사회제도

앙시앵 레짐(Ancien Regime)은 프랑스어로 '구제도'를 의미하는 말이나, 일반적으로는 프랑스 혁명 전의 '구제도'라는 특정 개념으로 쓰입니다. 프랑스에서는 앙리 4세부터 루이 16세에 이르는 17~18세기의 부르봉 왕가가 이 체제를 유지했습니다. 정치적으로는 왕권신수설에 바탕을 둔 군주제인데요. 당시 프랑스는 헌법 비슷한 것조차 없었고 의회도 거의 열리지 않았으며 고등법원도 극심한 억압을 받았습니다.

15 다음에서 연상되는 곳은?

- 미국에서 가장 면적이 넓은 주
- 주민은 약 73만명에 불과하지만 석유, 석탄 등 천연자원이 풍부
- 옛 러시아의 영토

알래스카는 미국의 49번째 주(州)로 원래는 러시아가 발견하여 통치하였는데, 1867년 재정이 궁핍해져 미국에 720만달러에 매각했습니다.

16 다음에서 연상되는 것은?

- 네덜란드, 벨기에
- 입헌군주제
- 수도명과 동일한 국명
- 나폴레옹이 '유럽의 골동품'이라 불렀던 나라

룩셈부르크는 유럽에서도 마지막으로 남아 있는 대공국으로서 입헌군주제이면서 의원내각제를 채택하고 있습니다. 수도와 국호가 같으며, 네덜란드, 벨기에와 함께 '베네룩스(Benelux)'라는 정치 경제 협의체를 구성하고 있습니다. 프랑스의 나폴레옹이 룩셈부르크를 방문했을 때 도시를 감싸고 있는 난공불락의 요새를 보고 '유럽의 골동품'이라고 표현했습니다. 그만큼 중세의 요새 도시로 1,000년의 역사를 여러 곳에 간직하고 있는 나라입니다.

17 다음에서 연상되는 것은?

- 예루살렘
- 흑사병
- 〈킹덤 오브 헤븐〉

십자군 전쟁은 11세기부터 13세기까지 유럽의 크리스트교도들이 이슬람교도로부터 성지인 예루살렘을 되찾겠다는 명목으로 일으킨 원정입니다. 약 200년이라는 오랜 기간의 전쟁으로 많은 사람들이 죽고 유럽에는 흑사병이 번졌다고 합니다. 〈킹덤 오브 헤븐〉은 십자군 전쟁을 소재로 한 영화입니다.

18 다음 인물들에서 연상되는 나라는?

- 네페르티티
- 아낙수나문
- 클레오파트라

꿀잼상식 쏙쏙!

- 네페르티티 : 고대 이집트 제18왕조 제10대 왕 아크나톤의 아내
- 아낙수나문 : 고대 이집트 제18왕조 제12대 왕 투탕카멘의 아내
- 클레오파트라 : 고대 이집트 프톨레마이오스 왕조(제32왕조)의
  마지막 통치자이자 사실상 마지막 파라오

▲ 클레오파트라

19 다음에서 공통으로 설명하는 것은?

- 16세기, 무인도였던 이곳에 네덜란드인들이 들어와 당시 네덜란드 왕자의 이름을 따서 국명을 붙인 것으로 알려짐
- 19세기경 영국에 점령당한 뒤 1968년 독립한 이곳은 인도양 남서부에 위치
- 2008년 노벨문학상을 받은 작가 르 클레지오의 소설 〈혁명〉의 주배경이 된 섬나라
- 미국의 소설가 마크 트웨인이 이곳을 방문했을 때 이곳의 아름다움을 극찬함

꿀잼상식 쏙쏙!

모리셔스는 인도양 서남부 마다가스카르섬의 동쪽에 있는 입헌 왕국으로서 화산섬이며, 1968년에 영연방 가맹국으로 독립하였습니다. 주민은 인도인이 많으며, 수도는 포트루이스입니다.

20 다음에서 연상되는 소설 제목은?

- 청나라 말기
- 왕룽
- 노벨문학상
- 펄 벅

꿀잼상식 쏙쏙!

펄 벅(Pearl Buck)은 청나라 말기를 시대배경으로 한 소설 〈대지〉로 1938년 노벨문학상을 수상했습니다. '왕룽'은 〈대지〉에 등장하는 가난한 농민의 이름입니다.

21 다음 사람들은 모두 같은 학교에서 공부했다. '진리(Veritas)'를 교훈으로 한 이 대학교는?

- T. S. 엘리엇
- 존 F. 케네디
- 헬렌 켈러
- 토미 리 존스

꿀잼상식 쏙쏙!

하버드대학교는 1636년 개교한 미국 매사추세츠주 케임브리지시에 있는 사립 종합대학이며, 교훈은 'Veritas'입니다. 베리타스(Veritas)는 라틴어로 진리라는 뜻입니다.

22 다음 A, B에 들어갈 인물은 각각 누구인가?

> • (A) : 현대 미술의 거장이라 불리는 입체파 화가로 독일 나치에 저
>   항한 그리스에 〈여인의 머리〉라는 그림을 선물하기도 했다.
> • (B) : 비운의 천재라 불리는 인상파 화가로 평생 동안 동생의 후원
>   을 받았다.

꿀잼상식 쏙쏙!

파블로 피카소(Pablo Picasso)는 초기 청색 시
대를 거쳐 종합적 입체주의까지 입체주의 미
술 양식을 창조하였으며, 아방가르드 미술 모
임의 핵심 인물로 많은 미술가들에게 영향을
끼쳤습니다. 빈센트 반 고흐(Vincent Van
Gogh)는 네덜란드 시절에는 어두운 색채로 비
참한 주제를 특징으로 한 작품을 주로 선보였
고, 1886~1888년 파리에서 인상파, 신인상파
의 영향을 받았습니다.

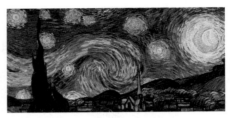

▲ 빈센트 반 고흐 〈별이 빛나는 밤〉

23 다음에서 연상되는 나라는?

> • 렘브란트와 히딩크
> • 세계 최초로 안락사 합법화
> • 난학

꿀잼상식 쏙쏙!

네덜란드는 1999년 세계 최초로 안락사를 합법화한 나라입니다. 우리나라는 안락사 대신 존엄사라는
용어를 사용했으나 2009년 7월 존엄사 대신 '무의미한 연명치료의 중단'으로 용어를 통일했습니다.
난학은 일본 에도 시대에 네덜란드에서 전래된 지식을 연구한 학문입니다.

24 다음에서 연상되는 것은?

- 에스파냐 카스티야 왕국의 이름에서 유래
- 거품을 낸 달걀에 밀가루, 설탕 따위를 넣어 구운 것

카스텔라(Castella)가 처음 등장한 때는 15~16세기로 에스파냐의 카스티야 지방에서 처음 만들어졌습니다. 당시 포르투갈은 지명을 따서 '가토드 카스티유(카스티야의 과자)'라 불렀으며 이것이 일본 나가사키 항구로 흘러들어와 '카스텔라'라는 이름으로 정착하게 됐습니다.

25 다음은 어떤 인물에 대한 설명인가?

- 글라스 하모니카와 안락의자 발명
- 미국 최초의 외국 대사
- 전기와 번개가 동일체임을 밝힘

벤저민 프랭클린(Benjamin Franklin)은 미국의 정치가 · 외교관 · 과학자 · 저술가입니다. 신문사의 경영자, 교육문화 활동, 자연과학 분야에서 전기유기체설을 제창하는 등의 활동뿐만 아니라 정치 · 외교적인 분야에서도 활약하였습니다.

26 다음에서 연상되는 것은?

- 하퍼 리
- 신라 흥덕왕
- 소설 〈보물섬〉의 플린트 선장

작가 하퍼 리(Harper Lee)는 1960년 〈앵무새 죽이기〉로 퓰리처상을 받았습니다. 신라 흥덕왕은 사신이 가져온 앵무새가 죽자 〈앵무가〉를 지었으며 플린트 선장은 소설 〈보물섬〉의 주인공으로 앵무새를 아꼈습니다.

정답 22 A 파블로 피카소 / B 빈센트 반 고흐 23 네덜란드 24 카스텔라
25 벤저민 프랭클린 26 앵무새

27 다음 ○, ■, △, ☆와 관련 깊은 나라는?

> • 섬과 섬 사이의 수로가 중요한 교통로가 되어 독특한 시가지를 이루는 물의 도시 ○○○○
> • 밀가루 반죽으로 밑면을 깔고 그 위에 토마토 소스, 올리브, 베이컨, 소시지 등 재료를 얹고 치즈를 뿌려 구운 음식 ■■
> • 피사 대성당에 있는 종탑으로 기울어진 탑으로 유명 △△△ △△
> • 레오나르도 다빈치가 프란체스코 델 조콘다를 위하여 그 부인을 그린 초상화 ☆☆☆☆

꿀잼상식 쏙쏙!

○는 베네치아, ■는 피자, △는 피사의 사탑, ☆는 모나리자입니다. 이와 모두 관련이 깊은 나라는 이탈리아입니다.

28 다음에서 공통으로 설명하는 인물은?

> • 자속밀도를 나타내는 국제단위 T는 미국의 전기공학자인 이 사람의 이름을 따서 명명되었다.
> • 변압기와 공진의 원리로 수십만에서 수백만볼트 이상의 고전압을 발생시키는 장치를 발명했다.
> • 에디슨의 라이벌로 알려져 있다.

꿀잼상식 쏙쏙!

니콜라 테슬라(Nikola Tesla)는 오스트리아 · 헝가리 제국 출신의 발명가이자 물리학자 · 기계공학자로, 1891년 미국으로 귀화했습니다. 그의 다양한 이론과 발명품은 제2의 산업혁명을 이루는 데 일조했다는 평가를 받습니다.

29 다음에서 연상되는 것은?

- 잘츠부르크
- 전라남도 신안군 증도면
- 로마 병사의 월급

보기를 통해 연상할 수 있는 것은 소금입니다. 잘츠부르크(Salzburg)의 'Salz'는 소금, 'Burg'는 성(城)이라는 뜻입니다. 전남 신안군 증도면에는 국내 최대의 소금 생산지인 태평염전이 있으며, 고대 로마 시대에는 소금이 귀해 병사들은 월급으로 소금을 받기도 했다고 합니다.

30 다음은 모두 이 사람과 관련된 일화들이다. 이 인물은?

- 긴 지렛대를 주면 지구도 움직일 수 있다고 함
- 땅에 도형을 그리며 기하학 연구에 몰두하던 중 로마 병사에게 목이 잘림
- 정육각형과 정오각형으로 이뤄진 축구공 모양의 32면체를 발견

고대 그리스의 수학자이자 물리학자인 아르키메데스(Archimedes)는 제2차 포에니 전쟁 중이던 어느 날 땅에다 원을 그리며 연구를 하고 있었습니다. 로마군 중 한 병사가 그의 원을 밟자 아르키메데스는 "내 원을 밟지 마시오"라고 경고했는데 그 말에 화가 난 로마 병사가 그를 죽였습니다.

31 다음에서 연상되는 것은?

- 기원전 20년경 아르키메데스가 처음 고안한 것
- 나폴레옹은 여왕의 의자에 밧줄을 매달아 사용하기도 함
- 수직으로 도시를 확장시킴

보기를 통해 공통으로 연상할 수 있는 것은 엘리베이터입니다. 현대적 개념의 엘리베이터가 등장한 것은 1857년 엘리샤 오티스(Elisha Graves Otis)가 미국 뉴욕 브로드웨이 극장에 승객용 승강기를 설치하면서부터입니다.

정답 27 이탈리아 28 니콜라 테슬라 29 소금 30 아르키메데스 31 엘리베이터

32 다음에서 연상되는 인물은?

- 20세기의 레오나르도 다 빈치
- 성가족 성당
- '직선은 인간의 것이지만 곡선은 신의 것이다'

안토니 가우디(Antoni Gaudi, 1852~1926)는 스페인 바르셀로나 출신의 건축가로 자유롭게 흐르는 선의 형태를 3차원의 표현력을 갖는 건축으로 전환시킨 아르누보 건축가 중 가장 독창적인 건축가이자 디자이너입니다.

33 다음에서 연상되는 인물은?

- 지동설
- 〈천체의 회전에 대하여〉
- 종래의 사고방식을 완전히 뒤엎는 획기적인 생각

지동설을 주장한 코페르니쿠스(Nicolaus Copernicus)는 1543년에 〈천체의 회전에 관하여〉라는 책을 발표하면서 지구를 포함한 모든 행성은 태양의 둘레를 돈다는 지동설을 주장했습니다.

34 다음에서 연상되는 인물은?

- 몽고 대왕
- 〈피델리오〉
- 파스콸라티 하우스
- 〈운명 교향곡〉

베토벤(Ludwig van Beethoven)은 바흐, 모차르트와 함께 인류 역사상 가장 위대한 작곡가로 평가받는 인물로 대표 작품으로는 〈운명 교향곡〉, 〈엘리제를 위하여〉 등이 있습니다. '몽고 대왕'은 하이든이 붙여준 베토벤의 별칭이며, 파스콸라티 하우스는 오스트리아의 수도 빈에 있는 베토벤 기념관입니다. 오페라의 걸작 중의 걸작인 〈피델리오〉는 베토벤의 유일한 오페라입니다.

35 다음에서 연상되는 인물은?

- 소행성 2578
- 마르세유 해저
- 소설 〈어린왕자〉

생텍쥐페리(Antoine de Saint Exupery, 1900~1944)는 프랑스 출신의 작가이자 비행사로 〈어린 왕자〉, 〈야간 비행〉 등의 작품을 써냈습니다. 소행성 2578은 러시아의 천문학자가 발견한 소행성으로 '2578 생텍쥐페리'라고 이름 붙였습니다. 또한 2차 세계대전 당시 행방불명된 생텍쥐페리의 정찰기가 마르세유 해저에서 발견되었습니다.

36 다음에서 공통으로 연상되는 나라는?

- 티칼 국립공원
- 안티구아 커피
- 걱정인형
- 푸에고 화산 폭발

티칼 국립공원은 과테말라 북부에 위치한 마야 문명의 최대 도시 유적지이며, 예로부터 걱정이 많아 잠을 못 이룰 때 베개 밑에 넣고 자면 걱정이 사라진다는 걱정인형 설화가 전해집니다. 또한 안티구아 커피는 과테말라가 원산지인 커피이자 고급 스모크 커피의 대명사로 불립니다. 한편 2012년에는 과테말라 푸에고 화산이 폭발해 3만 3,000여 명이 대피하는 사태가 발생하기도 했습니다.

37 다음에서 연상되는 나라는?

- 해바라기
- 검은 미망인
- 나선정벌

꿀잼상식 쏙쏙!

해바라기는 러시아의 국화이고 '검은 미망인'은 러시아 북부 카프카스 지역의 이슬람계 테러단체로 러시아에 의해 남편이나 형제 자매를 잃은 여성들이 주요 구성원입니다. 또한 나선정벌은 조선 군대와 청나라 군대가 함께 러시아를 무찌른 정벌로, 나선은 러시아를 뜻합니다.

38 다음에서 설명하는 인물은?

- 2008년 영국 런던의 크리스티 경매소에 공개된 '비텔스바흐 다이아몬드'는 이 사람이 혼인할 당시 아버지로부터 받은 지참금
- 15살에 삼촌이자 신성 로마 제국의 황제인 레오폴트 1세와 결혼하여 재위에 오르지만 21살에 넷째 아이를 출산한 후 요절
- 프랑스의 작곡가 모리스 라벨의 〈죽은 왕녀를 위한 파반느(Pavane)〉는 이 사람의 초상화에서 영감을 얻어 작곡한 곡

꿀잼상식 쏙쏙!

오른쪽의 그림 〈라스 메니나스(Las Meninas)〉는 벨라스케스의 최고 걸작중 하나입니다. 벨라스케스가 펠리페 4세(Felipe IV, 재위 1621~1665)와 그의 두 번째 왕비 합스부르크 가(家)의 마리아나(Mariana de Austria, 1634~1696)의 초상화를 제작하던 중, 마드리드 궁전 내 벨라스케스의 아틀리에를 방문한 마르가리타 테레사 왕녀(Margarita Teresa de Austria, 1651~1673)와 그 수행자 일행을 그린 것입니다.

39 다음에서 연상되는 곳은?

- 프란츠 카프카
- 오페라 〈돈 조반니〉
- 소설 〈참을 수 없는 존재의 가벼움〉
- 체코슬로바키아의 민주자유화운동

꿀잼상식 쏙쏙!

실존주의 문학의 선구자라 불리는 프란츠 카프카(Franz Kafka)는 1883년 프라하에서 태어났습니다. 오페라 〈돈 조반니〉는 모차르트(Wolfgang Amadeus Mozart)가 로렌초 다 폰테(Lorenzo Da Ponte)의 대본에 의해 작곡한 것으로 1787년 10월 프라하에서 초연을 하였습니다. 〈참을 수 없는 존재의 가벼움〉이라는 책은 체코의 작가 밀란 쿤데라(Milan Kundera)의 소설인데, 그는 체코슬로바키아의 민주화운동인 '프라하의 봄'에 참여하기도 했습니다.

40 다음에서 연상되는 인물은?

- 정략결혼
- 다이아몬드 목걸이
- 베르사유 궁전의 프티 트리아농
- 기요틴

꿀잼상식 쏙쏙!

오스트리아의 공주였던 마리 앙투아네트(Marie Antoinette)는 정략결혼에 의해 프랑스의 루이 16세(재위 1774~1792)와 결혼하였습니다. 남편인 루이 16세가 즉위하여 프랑스의 왕비가 되었고, 베르사유 궁전의 정원에 있는 별궁인 프티 트리아농을 선물받기도 했습니다. 그녀는 절대왕정을 붕괴시키는 계기가 된 '다이아몬드 목걸이 사건'에 연루되었는데, 기요틴(J. I. Guillotin)이 발명하여 그의 이름이 붙은 단두대인 '기요틴'에서 처형되었습니다.

01 다음이 설명하는 현상은?

- 골령의 남쪽에 신비로운 빛이 나타났는데, 그 빛이 푸르고 붉었다.
  – 〈삼국사기〉
- 서북방에 붉은 요기가 있어 30척쯤 되는데, 용이나 뱀과 같이 공중에 가로 놓였다.
  – 〈고려사〉

꿀잼상식 쏙쏙!

오로라는 태양에서 방출된, 전기를 띤 입자 일부가 지구 자기장에 이끌려 공기 분자와 반응해 빛을 내는 현상으로, 주로 북반구와 남반구의 고위도 지방에서 볼 수 있습니다.

02 다음에서 연상되는 것은?

- 국가나 인류사회에 도움이 되게 하거나 공헌하는 것
- 결혼하는 두 집안의 사돈 간에 예의를 표하기 위해 준비하는 음식

꿀잼상식 쏙쏙!

보기에서 공통으로 설명하고 있는 이바지는 '대접하다', '봉양하다'라는 과거의 단어 '이받다'에서 변화한 말로 추정됩니다.

03 다음에서 연상되는 동물은?

- 장유유서
- 전통 혼례
- 가야금

🍯 꿀잼상식 쏙쏙!

대형을 이루고 이동할 때 우두머리를 따라가는 기러기 떼는 장유유서(長幼有序)를 보여줍니다. 전통 혼례에서 쓰이는 기러기 목각 인형이 가지고 있는 의미는 '때를 알고, 예절을 알고, 사랑을 아는 세 가지 덕목을 본받자'는 뜻입니다. 가야금의 안족(雁足)은 기러기의 발에서 이름을 따 왔습니다.

04 다음은 무엇에 관한 설명인가?

- '신선놀음에 도낏자루 썩는 줄 모른다'
- 수담(手談)
- 귤중지락(橘中之樂)

🍯 꿀잼상식 쏙쏙!

- 난가(爛柯) : 선인(仙人)들이 바둑 두는 것을 구경하던 나무꾼이 도낏자루 썩는 줄도 모를 정도로 세월이 지나 있었다는 이야기에서 유래
- 수담(手談) : 서로 상대하여 말이 없이도 의사가 통한다는 뜻으로, 바둑 또는 바둑 두는 일을 뜻함
- 귤중지락(橘中之樂) : 바둑을 두는 즐거움을 이르는 말. 옛날 중국의 파공에 사는 사람이 뜰의 귤나무에서 귤을 따서 쪼개어 보니, 그 속에서 두 늙은이가 바둑을 두며 즐거워하고 있었다는 고사에서 유래

정답 01 오로라 02 이바지 03 기러기 04 바둑

05 공통적으로 연상되는 것은?

- 율곡 이이
- 관혼상제
- 충남 공주시

- 율곡 이이 : '십만양병설'에서 식량 자원으로 밤을 추천
- 관혼상제 3대 과일 : 대추, 감, 밤
- 충남 공주시 : 밤의 대표적인 생산지

06 다음은 정지용의 시 〈향수〉이다. ○○○에 들어갈 것은?

옛이야기 지줄대는 실개천이 회돌아 나가고, / 얼룩백이 황소가
/ ○○○ 금빛 게으른 울음을 우는 곳

해설피는 해가 기운 저녁 무렵을 뜻하는 충청도 사투리입니다.

07 다음에서 연상되는 것은?

- 상고 시대에는 이것을 '저(菹)'라는 한자로 표기
- 소금에 절인 야채를 뜻하는 '침채'가 이것의 어원

김치를 표기할 때 중국에서는 저(菹), 지방에서는 지(漬), 제사 때는 침채(沈菜)라 합니다. 궁중에서는 '젓국지', '짠지', '싱건지' 등으로 불렀습니다. 2001년 7월 5일 식품 분야의 국제표준인 국제식품규격위원회(Codex)에서 김치가 일본의 '기무치'를 누르고 국제식품규격으로 승인받았습니다.

08 다음에서 공통적으로 연상되는 것은?

> • 시인 김용택
> • 재첩
> • 두꺼비 나루

꿀잼상식 쏙쏙!

'섬진(蟾津)'은 '두꺼비 나루'라는 뜻이며, 민물조개 '재첩'은 섬진강의 특산물입니다. 또한 김용택은 '섬진강 시인'으로 유명합니다.

09 다음에서 연상되는 것은?

> • 몽골어로 '풀이 잘 자라지 않는 거친 땅'이라는 뜻
> • 아시아에서 가장 큰 사막
> • 황사

꿀잼상식 쏙쏙!

몽골과 중국에 걸쳐 있는 고비 사막은 타클라마칸 사막과 함께 우리나라 봄철 황사에 큰 영향을 줍니다. 모래로 된 부분이 적고, 사막이지만 넓은 초원도 포함하고 있습니다.

10 다음은 이 나라의 화폐 도안으로 쓰이는 소재이다. 어느 나라인가?

> • 볍씨   • 평등원
> • 국화   • 오동나무

꿀잼상식 쏙쏙!

일본 동전 그림에는 1엔-어린나무, 5엔-볍씨 · 톱니바퀴 · 물, 10엔-평등원 봉황당, 50엔-국화, 100엔-벚꽃, 500엔-오동나무가 도안되어 있습니다.

11 다음에서 연상되는 지역은?

- 동양 최초의 해저터널
- 박경리의 소설 〈김약국의 딸들〉
- 작곡가 윤이상을 기리는 국제음악제

🍯 꿀잼상식 쏙쏙!

통영 해저터널은 1931년부터 1932년까지 1년 4개월에 걸쳐 만든 동양 최초의 바다 밑 터널로 길이 483m, 너비 5m, 높이 3.5m입니다. 양쪽 바다를 막아 바다 밑을 파서 콘크리트 터널을 만든 것으로, 터널 입구에 쓰여 있는 용문달양(龍門達陽)은 '섬과 육지를 잇는 해저도로 입구의 문'이라는 뜻입니다. 박경리의 소설 〈김약국의 딸들〉은 경남 통영의 유지인 김약국과 다섯 딸들의 이야기이며, 통영국제음악제는 작곡가 윤이상을 기리기 위해 통영시에서 매년 3월에 열리는 음악제입니다.

12 다음에서 연상되는 기구는?

- '둘러주소 둘러주소 얼른 펄쩍 둘러주소'
- 마석
- 어처구니

🍯 꿀잼상식 쏙쏙!

'둘러주소 둘러주소 얼른 펄쩍 둘러주소'는 맷돌로 곡식을 갈 때 부르던 민요 〈맷돌노래〉 중 일부이고 마석(磨石)은 맷돌의 한자어입니다. 또 어처구니는 맷돌의 손잡이를 의미합니다.

13 다음에서 연상되는 것은?

- 후진타오 전 주석
- 타클라마칸 사막
- 금상첨화
- 왕서방 연서

- 후진타오 : '진타오(錦濤)'는 '비단처럼 물결을 이룬다'는 뜻
- 타클라마칸 사막 : 중국과 서역 간의 교통로인 실크로드가 지남
- 금상첨화(錦上添花) : 비단 위에 꽃을 더한다는 뜻으로 좋은 일에 더 좋은 일이 더해짐을 이르는 말
- 왕서방 연서(戀書) : 비단 장수 왕서방을 소재로 한 김정구의 노래

14 다음에서 연상되는 날은?

- 화전
- 답청
- 강남 갔던 제비가 돌아오는 날

'강남 갔던 제비가 돌아오는 날'로 불리는 삼짇날은 음력 3월 초사흗날로 주로 부녀자들이 부처나 민간 신앙에 치성을 드렸기 때문에 '여자의 날'이라 했다고 합니다. 화전(花煎)은 진달래꽃을 따다가 찹쌀가루로 둥글게 떡을 만든 뒤 그 위에 올린 다음 전으로 부쳐서 먹는 것이고, 답청(踏靑)은 삼짇날 들에 나가 파랗게 난 풀을 밟고 노는 풍속을 말합니다.

15 다음에서 공통적으로 연상되는 것은?

> • 세계무형유산
> • 고수
> • 신재효

판소리는 2003년 세계무형유산으로 지정되었으며, 고수는 판소리에서 북으로 장단을 맞추는 사람을 말합니다. 또한 신재효는 19세기 후기에 판소리를 여섯 마당으로 정리한 인물입니다.

16 다음에서 연상되는 것은?

> • 파놉티콘
> • 전옥서
> • 뤼순

파놉티콘은 영국의 공리주의 철학자 벤담(Jeremy Bentham)이 제안한 원형의 감옥 건축 양식인데 미셸 푸코(Michel Foucault)는 그의 저서 〈감시와 처벌〉에서 현대사회의 발달된 정보통신이 '파놉티콘' 처럼 개인을 감시·통제한다고 언급하였습니다. 전옥서는 조선 시대 죄수를 관장하던 관서로 오늘날의 감옥과 유사합니다. 뤼순 역시 안중근이 수감되었던 감옥입니다.

17 다음에서 연상되는 것은?

> • 프랑스어로 '물랭루주'는 빨간색의 이것
> • 돈키호테가 거인이라고 생각하고 공격한 이것

물랭루주(Moulin Rouge)는 프랑스어로 Moulin(풍차방앗간)＋Rouge(붉은색)으로, 붉은 풍차방앗간을 뜻합니다. 또 미겔 데 세르반테스(Miguel de Cervantes)의 소설 〈돈키호테〉에는 주인공 돈키호테가 풍차를 거인이라고 착각해 공격하는 장면이 등장합니다.

18 다음 ○○에 들어갈 말은?

> ○○을/를 수집하는 사람을 필라텔리스트(Philatelist)라고 부른다.

필라텔리스트(Philatelist)는 우표를 열심히 수집하는 사람을 일컫는 말로, 그리스어로 사랑한다는 뜻인 필로(Philo)와 요금을 지불했다는 아텔로스(Atelos)의 합성어입니다.

19 다음에서 연상되는 기기는?

- 어두운 방
- 앙리 카르티에 브레송
- 퓰리처상
- 폴라로이드

보기에서 연상할 수 있는 기기는 사진기입니다. 사진기(Camera)의 어원은 그 전신인 '카메라 옵스큐라(Camera Obscura)'에서 유래한 말로 '어두운 방'이라는 뜻입니다. 또 앙리 카르티에 브레송(Henri Cartier-Bresson)은 프랑스의 사진 작가로서, 보도사진이 예술로 인정받는 데 크게 이바지했습니다. '기자들의 노벨상'으로 불리는 퓰리처상은 미국의 신문 저널리즘, 문화적 업적과 명예, 음악적 구성에서 크게 기여한 사람에게 수여하는 상으로 특종사진 부문과 특집사진 부문이 유명합니다. 폴라로이드(Polaroid)는 원래 미국의 광학기기 제조·판매 업체의 이름이었지만 해당 회사에서 출시한 동명의 즉석사진기가 유명세를 타면서 현재는 출시되는 모든 즉석사진기를 지칭하는 용어로 사용하고 있습니다.

20 다음 책 제목의 괄호 안에 공통으로 들어갈 말은 무엇인가?

- 이탈리아 데아미치스의 아동문학 〈███의 학교〉
- 미국 정신분석학자 에리히 프롬의 심리학 저서 〈███의 기술〉
- 영국 작가 로렌스의 소설 〈채털리 부인의 ███〉

꿀잼상식 쏙쏙!

〈사랑의 학교〉는 초등학교 4학년인 엔리코가 학교와 집에서 있었던 아름다운 일들을 일기에 적어가는 형식을 취하고 있습니다. 〈사랑의 기술〉은 인간에 대한 애정을 기본으로 하여 사랑으로 충만한 세계에 대해 이야기합니다. 〈채털리 부인의 사랑〉은 남녀의 성적 관계를 솔직하게 묘사해 당시 보수적이었던 영국 사회에 많은 논란을 일으켰습니다.

21 다음에서 연상되는 색깔은?

- 바이킹족의 지도자 헤럴드
- 커피로 유명한 자메이카 산맥
- 치르치르와 미치르
- 사파이어

꿀잼상식 쏙쏙!

- 헤럴드는 이가 파래서 '블루투스'라는 별명으로 불리기도 했으며, 근거리 무선통신을 말하는 '블루투스'의 유래이기도 함
- 자메이카 산맥은 블루 마운틴 커피가 재배되는 곳
- 치르치르와 미치르는 동화 〈파랑새〉의 주인공
- 사파이어는 원래 다양한 색으로 산출되지만 사람들이 푸른색 사파이어를 가장 선호해 푸른색 광물만 보석으로 연마함

22 다음 빈칸에 공통으로 들어갈 단어는?

- ▓▓▓물 : 먼지가 풀풀 날리는 마당에 대문 앞 골목길에 먼지를 재우기 위하여 옆으로 쫙 퍼지게 끼얹는 물
- ▓▓▓효과 : 어떤 일이 시작될 때 있었던 아주 작은 차이가 결과적으로 매우 큰 차이를 만들 수 있다는 이론

꿀잼상식 쏙쏙!

빈칸에 공통으로 들어갈 단어는 '나비'입니다. 나비물이란 옆으로 쫙 퍼지게 끼얹는 물을 뜻하는 단어로 나비의 날개처럼 얇게 펼쳐진 모양을 본 따 만들어진 말입니다. 나비 효과는 어느 한 곳에서 일어난 작은 나비의 날갯짓이 뉴욕에 태풍을 일으킬 수 있다는 이론으로서, 미국의 기상학자 로렌츠가 처음 사용한 용어입니다.

23 다음에서 연상되는 것은?

- 오페라
- 소프라노
- 제1의 여인

꿀잼상식 쏙쏙!

이탈리아어로 '프리마돈나(Prima Donna)'는 오페라에서 제1여가수나 주연을 맡은 여가수를 가리킵니다. 남자의 경우에는 '프리모우오모(Primo Uomo)'라고 부릅니다.

24 다음에서 연상되는 동물은?

- 장사진
- 멕시코 국기
- 사이드와인더 미사일

사람이 뱀처럼 길게 줄을 지어 서 있는 모양을 '장사진(長蛇陣)'이라 표현하고, 멕시코 국기에는 독수리가 뱀을 물고 앉아있는 모습이 그려져 있습니다. 사이드와인더(Sidewinder)는 독사의 일종인데, 미사일이 발사되는 모습이 이 뱀의 움직임과 같다고 하여 붙여진 이름이라고 합니다.

25 다음에서 연상되는 것은?

- 승마에서 말의 총총걸음을 이르는 말
- 구성지고 애상적인 느낌의 우리나라 대중가요의 한 장르

승마에서 트로트(Trot) 보법이란 대각선이 되는 두 발을 동시에 들면서 걷거나 달리는 보법으로 왼쪽 앞발과 오른쪽 뒷발을 동시에 들거나, 오른쪽 앞발과 왼쪽 뒷발을 동시에 드는 보법을 말합니다. 또 대중가요에서 트로트는 4분의 2박자 또는 4분의 4박자를 기본으로 하는 대중가요의 한 장르로 1930년대 전후로 국내에 정착했다고 알려져 있습니다.

26 다음 ○○○○○에 공통으로 들어갈 단어는?

- 1987년 월요일 뉴욕 증권시장에서 일어났던 주가 대폭락 사건 : ○○○ ○○ Monday
- 비행 또는 주행 자동 기록 장치 : ○○○○○ Box

블랙먼데이는 1987년 10월 19일 월요일 미국 뉴욕에서 주가가 대폭락한 사건을 일컫는 용어로, 당시 하루 동안 다우존스지수가 22.6%나 하락했는데 이는 대공황이 일어났던 1929년 10월 28일과 29일의 12.6%와 11.7%와 비교해도 2배가량 큰 수치로 기록됐습니다. 이에 대해 전문가들은 그동안 누적돼 온 미국의 재정적자 및 국제수지 적자, 고주가 현상 등 여러 요인이 복합적으로 작용한 결과로 분석했습니다. 블랙박스는 원래 공학 용어로서, 내부의 구조나 작동 원리가 숨겨진 장치를 뜻합니다. 실제로 항공기용 블랙박스는 소수의 국가기관이나 전문기업에서만 해독이 가능한데, 이는 사건 발생 이후에 사실을 은폐 · 왜곡하려는 시도를 예방하기 위한 것입니다.

27 다음에서 공통으로 설명하는 것은?

- 펄프의 원료로, 목재를 가늘고 길게 자른 것
- 잘게 썰어서 기름에 튀긴 요리
- 반도체의 얇고 작은 조각판 표면에 많은 논리 소자를 구성해놓은 집적물

보기는 모두 '칩(Chip)'에 관한 설명입니다. 아울러 룰렛이나 포커 등의 노름판에서 계산을 편하게 하기 위해 돈 대신에 쓰는 상아나 플라스틱 등으로 만든 패를 가리킬 때도 '칩'이라는 말을 씁니다.

28 다음에서 연상되는 말은?

- 야구에서 만루 홈런
- 테니스의 US 오픈, 프랑스 오픈, 호주 오픈, 윔블던 선수권 대회 네 개 대회 석권

골프와 테니스의 경우 한 해에 4대 메이저 대회를 모두 석권하는 것을 그랜드슬램이라고 하며 야구에서는 일타(一打)로 한 번에 가장 큰 점수를 낼 수 있는 만루 홈런을 가리키는 용어입니다. 그랜드슬램의 유래에 대해서는 카드 게임의 일종인 브리지 게임에서 패 13장 전부를 따는 '압승'을 뜻하는 용어에서 나왔다는 설과 1911년 캐나다 앨버타주와 미국 몬태나주 경계의 대협곡에서 일어난 대규모 눈사태에 대한 신문기사에서 모두 엎어버렸다는 의미로 'Grand Slam'이라고 제목을 정한 데서 유래했다는 설이 있습니다.

29 다음 ○○에 들어갈 숫자는?

> 달은 하루에 약 ○○°씩 동쪽으로 이동하므로, 달이 뜨는 시각은 매일 약 50
> 분씩 늦어진다.

꿀잼상식 쏙쏙!

달의 공전주기는 27.3일입니다(항성월). 달이 한 바퀴를 돌아 원래 상태로 오기 위해서는 360°를 돌게
되며, 360°를 27.3일로 나눠 하루에 13°를 서쪽에서 동쪽으로 이동합니다.

30 다음에서 연상되는 것은?

> • 꼬리, 머리털
> • 1999년 발사된 스타더스트호(號)
> • 타원 또는 포물선 궤도로 도는 태양계의 천체

꿀잼상식 쏙쏙!

혜성은 우리말로 살별이라고 하며, 희랍어(그리스어)로는 'Komet'이라 하여 여자의 긴 머리털로 보았
습니다. 혜성에는 두 개의 꼬리가 있는데, 첫 번째 먼지 꼬리는 태양의 강한 복사압으로 혜성이 진행
하는 반대 방향에 먼지가 뿌려지게 되면서 생기는 것입니다. 두 번째 가스 꼬리는 이온입자들이 태양
에서 방출되는 태양풍에 의해 태양의 반대쪽에 밀려나면서 생기는 꼬리로, 먼지 꼬리보다 가늘고, 태
양에 가까울수록 태양풍의 영향을 강하게 받아 꼬리가 길어집니다. 미국 NASA가 발사한 스타더스트
(Stardust)호는 1999년 2월에 발사된 혜성 탐사선입니다.

31 다음에서 연상되는 것은?

- 군사 용어로 전투할 때 선두에 서서 돌진하는 부대
- 정치 용어로 19세기 초에 계급투쟁의 선봉에 선 정당과 당원
- 예술 용어로 19세기 중반부터 미지의 문제와 대결하여 지금까지의 예술을 변화시키는 혁명적 예술 경향

꿀잼상식 쏙쏙!

전위(아방가르드, Avant-garde)는 원래 군대 용어로, 전투할 때 선두에 서서 적진을 향해 돌진하는 부대라는 뜻입니다. 이것이 변하여 계급투쟁의 선봉에 서서 목적의식으로 일관된 집단으로서의 모습을 보이는 정당과 그 당원을 지칭하게 되었습니다. 현재는 예술 분야에서 끊임없이 미지의 문제와 대결하여 이제까지의 예술 개념을 일변시킬 수 있는 혁명적인 예술 경향 또는 그 운동을 의미하는 단어로도 사용하고 있습니다.

32 다음에서 공통으로 연상되는 것은?

- 고구려 고분 무용총의 〈수렵도〉에는 달리는 말 위에서 몸을 뒤로 돌려 활을 쏘는 이 기술을 구사하는 무사가 등장함
- 로마는 기원전 53년 일어난 카레 전투에서 이 기술을 능숙하게 구사하는 기마대의 공격에 밀려 패배한 것으로 알려짐
- 북방 기마민족의 특징적인 기마 전투술 중 하나로, 기원전 3세기부터 기원후 3세기까지 서아시아에서 활동했던 이란계 유목민들의 이름을 따서 이 기술이라 명명됨
- 후퇴할 때 유용한 공격 방법인 이 기술은 오늘날 영어권에서 '자리를 뜨면서 내뱉는 악담'이라는 뜻으로 쓰이기도 함

꿀잼상식 쏙쏙!

보기는 모두 말을 타고 달리면서 고삐를 놓고 몸을 뒤로 돌려 활을 쏘는 기술인 '파르티안 샷(Parthian Shot)'을 설명하고 있습니다. 고대 파르티아 왕조의 궁기병이 로마군과 전투하며 구사한 기술이라는 의미에서 후대에 붙여진 이름이라고 합니다. 파르티아는 기원전 247년 이란계 유목민이 카스피해 동남쪽에 세운 고대 국가로서, 로마와 여러 차례 전쟁을 치르기도 하였고, 기원후 226년 사산 왕조 페르시아로 인해 멸망했습니다.

33 다음 설명에 공통으로 해당되는 숫자는 무엇일까?

- '사회민주주의 부활'이라는 부제를 지닌 영국 사회학자 앤서니 기드슨의 저서
- 제2차 세계대전 이후 냉전질서 속에서 선진 자본주의 국가나 사회주의권 국가에 속하지 않는 저개발 국가를 이르는 말
- 미래학자 앨빈 토플러가 정보혁명을 지칭하면서 쓴 말

꿀잼상식 쏙쏙!

보기에서 설명하는 것은 차례대로 〈제3의 길〉, 제3세계, 제3의 물결로 모두 공통적으로 숫자 3이 쓰였습니다.

34 다음에서 연상되는 단어는?

- 영화 〈인생은 아름다워〉
- 진실의 입
- 피노키오

꿀잼상식 쏙쏙!

로베르토 베니니(Roberto Benigni) 감독이 1998년에 발표한 〈인생은 아름다워〉는 희극을 통해 전쟁의 비극성을 강조한 영화입니다. 유대인 수용소에 강제 수용된 귀도는 어린 아들 조슈아에게 희망을 주기 위해 자신들은 게임을 위해 선발되었으며, 이 게임에서 1,000점을 받으면 탱크를 상으로 받는다고 거짓말을 하면서 아들을 지키려고 사투를 벌이는데, 아내 도라를 구하려다가 독일군에게 사살됩니다. '진실의 입'은 로마 코스메딘 산타마리아델라 교회 입구의 벽면에 있는 대리석 가면으로, 이 조각의 입에 손을 넣고 거짓말을 하면 손을 물린다는 전설이 있습니다. 또 피노키오는 이탈리아의 작가 카를로 콜로디(Carlo Collodi)의 소설 〈피노키오의 모험〉의 주인공으로 거짓말을 하면 코가 길어지는 특징이 있습니다.

35 다음 ○, □, △, ☆와 관련 깊은 것을 고르면?

- 인도는 카레, 터키는 케밥, 베트남은 ○국수
- 중매는 잘하면 □이 석 잔, 못하면 뺨이 세 대
- 복녀와 그녀를 죽인 왕서방을 주인공으로 하는 김동인의 단편소설 〈△△〉
- 〈개구리 왕눈이〉의 주제가 '네가 울면 ☆☆☆ 연못에 비가 온단다'

꿀잼상식 쏙쏙!

○은 쌀, □는 술, △는 감자, ☆는 무지개를 의미합니다. 떡은 주로 쌀로 만들며, 종류로는 술떡·감자떡·무지개떡 등이 있습니다.

36 다음에서 연상되는 영양소는?

- 거미줄
- 파킨슨병
- 프로토스

꿀잼상식 쏙쏙!

거미줄은 단백질의 한 종류이며, 1999년 캐나다에서는 거미 유전자를 염소의 유방세포 안에 주입해 염소가 젖으로 거미줄 단백질을 대량 분비하게 하는 일에 성공했습니다. 또한 파킨슨병에서 약물의 흡수와 약리 작용은 단백질의 영향을 많이 받기 때문에 체중 1kg당 0.8g 정도로 단백질을 제한합니다. '단백질(Protein)'은 '첫 번째'라는 뜻의 그리스어 '프로토스(Protos)'에서 유래했습니다.

37 다음에서 연상되는 영어 알파벳은?

- 카메라 렌즈의 밝기
- 화씨온도
- 엘리베이터 4층

카메라 렌즈의 밝기는 조리개의 크기와 관계 있으며, 조리개를 나타내는 기호 F는 'Fine' 및 'Focus'의 약호입니다. 그리고 화씨온도를 나타내는 기호 'F'는 'Fahrenheit'의 약호입니다. 또한 한자 문화권에서는 숫자 4가 같은 한자 음을 가진 '죽을 사(死)'를 연상시킨다고 해서 불길하게 생각하는 경향이 있어 숫자 대신 'F'로 층수를 표기하기도 합니다.

38 다음에서 공통으로 연상되는 숫자는?

- 고조선의 법률
- 서울 하계 올림픽

고조선의 법률은 8조법이고, 제24회 서울 올림픽은 1988년에 개최되었습니다.

39 다음에서 연상되는 것은?

- 우수와 춘분 사이의 절기
- 흔히 이 절기를 전후로 고로쇠나무 수액을 채취함

경칩(驚蟄)은 계칩(啓蟄)이라고도 합니다. 동면하던 동물이 땅속에서 깨어난다는 뜻으로 날씨가 따뜻해져서 나무에 싹이 돋는 시기를 말합니다.

40 다음에 해당하는 색을 혼합하면 어떤 색이 될까?

- 유도에서 가장 높은 단의 띠 색깔
- 주식시장에서 수익성과 상징성, 안정성 등이 높은 우량주

유도에서 가장 높은 단의 띠 색깔은 빨간색이고, 주식시장에서 수익성과 상징성, 안정성 등이 높은 우량주는 파란색입니다. 빨간색과 파란색을 섞으면 보라색이 됩니다.

---

41 다음에서 연상되는 것은?

- 흔히 중고차에 비유되는 과일
- 겉은 그럴 듯하지만 속은 별 볼 일 없는 고물이라는 의미

레몬은 안에서부터 상하기에 겉은 이상이 없어 보이지만 껍질을 까보면 속이 다 상해있는 경우가 있습니다. 중고차나 그 밖의 물건들도 멀쩡해보이지만 막상 사용하면 표시가 난다는 의미에서 레몬에 빗대어 표현합니다.

---

42 다음에서 연상되는 말은?

- 사전적 의미로 손상시키는 사람, 강탈자라는 의미
- 영화나 소설 등의 중요 내용을 다른 사람이나 매체에 공개하는 행위

스포일러(Spoiler)는 원래 항공기의 속도를 떨어뜨려 하강·선회 능률을 높이기 위해 주날개 위쪽에 설치하는 가동판을 뜻합니다.

정답 37 F 38 8 39 경칩 40 보라색 41 레몬 42 스포일러

43 다음 ○, ▲, △와 관련 깊은 인물은?

- 미국 남매가수 카펜터스의 대표곡 〈○○○○○○○○○ once more〉
- 〈I just call to say I love you〉라는 곡으로 유명한 흑인 가수 ▲▲▲ ▲▲
- 이언 플레밍의 소설을 원작으로 한 △△△ 시리즈

꿀잼상식 쏙쏙!

○는 Yesterday, ▲는 스티비 원더, △는 007입니다. 폴 매카트니(Paul McCartney)는 비틀스의 대표곡 〈Yesterday〉를 작곡했으며, 1982년에는 인종 갈등 해소에 이바지하기 위해 흑인 가수 스티비 원더와 함께 〈Ebony and Ivory〉라는 노래를 불러 7주 동안 빌보드 싱글차트 정상을 차지한 바 있습니다. 또한 1973년에는 영화 007 시리즈의 음악 작업에 참여해 〈Live and Let Die〉를 발표했습니다.

44 다음에서 연상되는 것은?

- 복도, 화랑, 극장의 발코니를 뜻함
- 골프 대회의 관람객들을 부르는 말

꿀잼상식 쏙쏙!

갤러리(Gallery)의 사전적 의미에는 '관객, 관중'이란 뜻이 있습니다. 골프는 선수들이 주위 환경에 큰 영향을 받고, 또 고도의 집중력을 요하는 경기로 관람객들은 일반 스포츠 관람과 같이 관람해서는 안 되기 때문에 경기에 방해되지 않는 관객이라는 의미로 갤러리라는 말을 사용합니다.

45 다음 ○, ㅁ, △, ☆와 관련 깊은 것은?

- 괴테의 시에 곡을 붙여 만든 가곡 〈마왕〉의 작곡가 ○○○○
- 〈상도〉, 〈별들의 고향〉, 〈고래사냥〉은 소설가 ㅁㅁㅁ의 대표작
- 석가모니가 깨달음을 얻은 장소는 △△△ 아래
- 하루는 총 ☆☆시간

○은 슈베르트, □는 최인호, △는 보리수, ☆은 24입니다. 오스트리아 태생의 '가곡의 왕' 프란츠 슈베르트(Franz Peter Schubert)가 1827년에 작곡한 연작 가곡집 〈겨울 나그네〉는 모두 24곡으로 이루어져 있으며, 그중에서 〈보리수〉라는 노래가 널리 알려져 있습니다. 〈겨울 나그네〉는 어둡고 침울한 분위기를 나타내며, 슈베르트는 이 가곡집을 작곡한 이듬해에 가난과 발진티푸스를 겪다가 31세의 나이에 요절했습니다. 한편 1970년대 청년문화를 상징하는 소설가 최인호는 대중성이 짙은 순수문학을 주로 창작했으며, 그의 대표작으로는 〈별들의 고향〉, 〈고래사냥〉, 〈겨울 나그네〉 등이 있습니다.

46 다음에서 연상되는 것은?

- 증권시장에서 본격적 하락을 앞두고 주가가 잠시 오르는 현상
- 늦가을 이상고온 현상을 뜻하는 '인디언 서머(Indian Summer)'에서 유래

증시 하락 추세에서 일시적으로 찾아오는 주가 상승 현상을 인디언 랠리(Indian Rally)라고 합니다. 인디언 서머는 가을이 깊어가면서 겨울이 오기 전 잠깐 동안 여름날과 같은 더운 날씨가 계속되는 경우를 말하며 이러한 현상은 북미 대륙에서 자주 일어납니다. 즉, 긴 차가움 이전의 잠깐의 따뜻함을 의미하는 말로 인디언들은 이러한 인디언 서머를 겨울을 대비하여 사냥하기 좋은 계절로서 신이 주신 선물로 생각합니다.

47 다음에서 연상되는 것은?

- Aw
- 아프리카
- 사파리 관광
- 1년 중 건기와 우기가 뚜렷하게 구분되는 기후

사바나 기후는 건기와 우기가 뚜렷이 구분되는 것이 특징입니다. 우기인 여름에 집중적으로 비가 내리지만 겨울에는 매우 건조한데요. 기후 구분 조건표에 따라 정해진 기호 Aw 중 w는 'Winter dry'의 약자로 사바나 기후의 특성이 반영된 것입니다. 주로 아시아, 아프리카, 아메리카, 오스트레일리아에 분포하며, 특히 열대 사바나 기후 지역에는 다양한 동물들이 살고 있어 사파리 관광이 운영되기도 합니다.

48 다음에서 연상되는 것은?

- 옥수수
- 북한의 다세대 주택
- 우주에서 연주된 첫 번째 악기

꿀잼상식 쏙쏙!

보기를 통해 공통적으로 연상할 수 있는 것은 하모니카입니다. 북한 특유의 다세대 주택인 '하모니카 집'은 한 칸짜리 방에 부엌이 딸린 집이 길게 열을 지어 들어서 있다고 해서 붙여진 이름입니다. 대략 36m² 정도이며 아파트이지만 아궁이에 불을 땝니다. 또한 1965년 하모니카가 악기 중 최초로 우주에서 연주됐는데 이는 당시 우주선 내부가 매우 좁아 작고 가벼워 휴대가 편한 악기만 갖고 갈 수 있었고, 1960년대 미국에서 하모니카의 인기가 매우 높았기 때문이라고 합니다.

49 다음에서 공통적으로 연상되는 것은?

- 샤를 6세
- 소설 〈다빈치 코드〉
- 78장, 점술

꿀잼상식 쏙쏙!

모두 타로카드와 관련되는 단어입니다. 타로카드는 다양한 그림이 그려진 78장의 카드를 뽑아가면서 문제를 분석하고 해답을 찾아가는 방법을 제시하는 일종의 점술입니다. 타로카드가 만들어진 것은 프랑스 왕 샤를 6세를 위해서였으며, 아직도 이 카드가 파리 국립도서관에 보관되어 있습니다. 또한 우리에게 잘 알려진 소설 〈다빈치 코드〉에서는 주인공이 살인 현장에 남겨진 암호문과 타로를 단서로 사건의 실마리를 찾습니다.

50 다음에서 연상되는 배우는?

- 8명의 랭커셔 소년들
- '인생이란 가까이서 보면 비극이지만 멀리서 보면 희극이다'
- 슬랩스틱 코미디
- 콧수염

꿀잼상식 쏙쏙!

찰리 채플린(Charles Chaplin)은 가장 위대한 무성영화 배우이자 감독, 스튜디오의 수장으로서 영화 제작에 있어 최고의 능력자였습니다. '8명의 랭커셔 소년들'은 찰리 채플린이 유년시절에 활동했던 공연 단체의 이름입니다. 또한 찰리 채플린은 슬랩스틱 코미디의 대가로 불리고 있으며, 콧수염은 그의 상징이기도 합니다. '인생이란 가까이서 보면 비극이지만 멀리서 보면 희극이다'라는 명언을 남겼습니다.

51 다음에서 연상되는 것은?

- 창씨개명
- 내선일체
- 일선동조론

꿀잼상식 쏙쏙!

모두 일본 제국주의의 민족말살 정책과 관련된 것입니다. 일제는 만주사변(1931년), 중일 전쟁(1937년), 태평양 전쟁(1941년) 등을 거치며 국력이 소진하자 한국을 전쟁물자 보급창으로 사용하기 위해 강력한 탄압 정책을 펼쳤습니다. 한국인의 성을 강제로 일본식으로 고치게 한 창씨개명, 한국인을 일본에 동화시키려 한 내선일체, 일본인과 조선인은 조상이 같다고 주장한 일선동조론 모두 우리의 민족성을 말살하기 위한 정책들이었습니다.

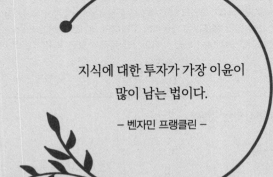

지식에 대한 투자가 가장 이윤이
많이 남는 법이다.

− 벤자민 프랭클린 −

Part 3

꼭 알아야 할
테마상식

뇌가 섹시해지는

꿀잼 상식퀴즈

중대재해기업처벌법

중대한 인명피해를 주는 산업재해 발생 시 사업주에 대한 형사처벌을 강화하는 내용의 법안이다. 이 법에 따라 안전사고로 근로자가 사망할 경우 사업주 또는 경영책임자에게 1년 이상의 징역 혹은 10억원 이하의 벌금을 부과할 수 있고, 법인에는 50억원 이하의 벌금을 부과할 수 있다. 또 노동자가 다치거나 질병에 걸리는 경우 7년 이하의 징역 또는 1억원 이하의 벌금에 처해진다. 2021년 1월 8일 국회 본회의를 통과해 2022년 1월 27일부터 근로자 50인 이상 기업, 2024년 1월 27일부터 50인 미만 사업장에 적용 중이다. 단, 5인 미만 사업장은 적용대상에서 제외된다.

RE100(Renewable Energy 100%)

2050년까지 필요한 전력의 100%를 태양광, 풍력 등 재생에너지로만 충당하겠다는 기업들의 자발적인 약속이다. 2014년 영국의 다국적 비영리기구인 기후그룹이 처음 제시했다. 가입 기업은 2024년 기준으로 전 세계 430여 곳에 이른다. 우리나라는 기업이 부담해야 할 비용이 막대하다는 이유로 RE100 참여가 전무했으나 RE100의 세계적 확산에 따라 2020년 말부터 LG화학, SK하이닉스, 한화큐셀 등이 잇따라 참여를 선언했다.

학교폭력 근절 종합대책

국가수사본부장에 임명됐다가 낙마한 정순신 변호사 아들의 학교폭력(학폭) 사건 논란을 계기로 2023년 4월 정부가 11년 만에 새롭게 발표한 학폭 근절 종합대책을 말한다. 중대한 학폭 사건에 엄정하게 대처하고 피해학생을 중심으로 한 보호조치 개선을 목적으로 한다. 이에 2026학년도 대입부터 학폭 가해학생에 대한 처분결과가 모든 전형에 의무적으로 반영된다. 또 중대한 처분결과는 학교생활기록부(학생부) 보존기간이 졸업 후 최대 4년까지로 연장돼 취업에도 영향을 미칠 전망이다.

이해충돌방지법

공직자가 자신의 직위를 이용해 사적 이익을 얻는 것을 방지하기 위한 법안이다. 2013년 처음 발의된 뒤 국회에서 8년간 계류했다. 이후 2021년 3월 LH(한국토지주택공사) 현·전 직원들의 부동산 투기사태로 법 추진이 급물살을 타면서 같은 해 4월 29일 국회를 통과했다. 첫 발의 당시 고위공직자의 범위가 모호하다는 이유로 부정청탁금지법 일부분만 통과돼 김영란법이라고 불리는 법률로 제정됐다. 법의 대상이 되는 범위는 국회의원을 포함한 공무원, 공공기관 임직원, 국공립학교 임직원 등 200만명이다. 법의 주요 내용은 ▲ 사적 이해관계 신고 및 직무회피제도 ▲ 직무상 비밀을 이용한 재산상 이익 취득 금지 ▲ 부정으로 취득한 이익 몰수 내지 추징 ▲ 직무와 관련해 가족을 비롯한 이해관계인과의 수의계약 금지 등이다. 이 때문에 토지·부동산 관련 직무를 담당하는 공직자가 부동산을 매수하는 경우 의무적으로 14일 이내에 신고해야 한다. 또한 미공개 정보로 사적 이득을 가지는 공무원은 최고 7년 이하의 징역형이나 7,000만원 이하의 벌금에 처한다. 퇴직 3년 내에 업무상 비밀을 활용하는 것도 금지된다. 법은 1년간의 준비기간을 가진 뒤 2022년 5월 19일부터 본격 시행됐다.

파리기후변화협약(Paris Climate Change Accord)

2015년 12월 12일에 프랑스 파리에서 열린 제21차 유엔기후변화협약 당사국총회(COP21) 본회의에서 195개 당사국이 온실가스 자율 규제에 대해 합의한 협정이다. 2020년에 만료된 교토의정서(1997)를 대체하는 새로운 기후협약으로서, 2100년까지 산업화 이전 대비 섭씨 2도 이상 상승하지 않도록 온실가스 배출량을 줄이는 것을 목표로 한다. 파리기후변화협약의 가입국은 5년마다 탄소 감축약속을 지켰는지 점검받지만, 법적 구속력은 없다. 우리나라의 감축목표는 2018년 대비 40%다. 도널드 트럼프 전 미국 대통령이 탈퇴를 선언하면서 잠시 혼란이 빚어지기도 했으나 2021년 1월 조 바이든 미국 대통령이 취임 첫날 재가입하면서 일단락됐다.

탄소국경조정제도(CBAM)

이산화탄소 배출이 많은 국가에서 생산·수입되는 제품에 부과하는 관세로 미국과 유럽연합(EU)이 주도적으로 추진하고 있다. 특히 EU는 2021년 7월 14일, 탄소국경세를 2030년 유럽의 평균 탄소 배출량을 감축하기 위한 '핏포 55(Fit for 55)'의 핵심 내용으로 발표했다. 이는 유럽으로 수입되는 제품 중 자국 제품보다 탄소 배출량이 많은 제품에 관세를 부과하는 조치를 말한다. EU는 2023년 10월부터 2025년까지 철강·알루미늄·시멘트 등 6개 업종에 배출량 보고 의무만 부과하고, 2026년부터는 CBAM 인증서 구매를 통해 비용을 납부하는 방식으로 운영할 예정이다. CBAM이 본격 시행되는 경우 한국의 철강 산업도 타격을 받을 것으로 예상된다.

중국제조 2025

중국이 제조업의 양적 성장에서 질적 성장으로 거듭나기 위해 추진 중인 10대 핵심 산업 육성 프로젝트다. 중국은 제조 강대국이라는 최종 목표를 달성하기 위해 3단계 계획을 세웠다. 즉, 세계 주요 제조국을 등급별로 1등급(미국), 2등급(독일, 일본), 3등급(중국, 영국, 프랑스, 한국)으로 분류하고, 1단계(2016~2025년)에 강국 대열에 들어서고, 2단계(2026~2035년)에는 독일과 일본을 넘어 강국 중간 수준에 이르며, 3단계(2036~2049년)에는 강국 선두에 서겠다는 의지를 밝힌 것이다.

10대 핵심 산업 육성 프로젝트
정보기술(IT), 우주항공, 해양공학, 선박·철도 교통, 신에너지, 로봇, 전력설비, 바이오의약, 농업기계설비, 신소재 등이 포함돼 있다. 미국은 미중 무역전쟁의 일환으로 2018년 4월 3일(현지시간) 중국산 수입품 1,333개 품목에 대해 25%의 관세를 부과하겠다고 밝혔는데, 그 품목 중 중국제조 2025 산업이 대다수 포함돼 논란을 빚었다.

고위공직자범죄수사처(공수처)

대통령을 비롯해 국회의원, 국무총리, 검사, 판사, 경무관급 이상 경찰 등 고위공직자들이 직무와 관련해 저지른 범죄에 대한 수사를 전담하는 기구로, 줄여서 '공수처'로 부른다. 공수처 설치는 1996년 참여연대가 고위공직자비리수사처를 포함한 부패방지법안을 입법 청원한 지 23년, 고(故) 노무현 전 대통령이 2002년 대선공약으로 내건 지 17년 만인 2019년 12월 30일 입법화가 이뤄졌다. 2021년 1월 21일에 공수처가 공식 출범되면서 초대 공수처장으로 김진욱 헌법재판소 전 선임연구관이, 2대 공수처장으로 오동운 변호사가 임명됐다.

연동형 비례대표제

총 의석수는 정당득표율로 정해지고, 지역구에서 몇 명이 당선됐느냐에 따라 비례대표 의석수를 조정하는 방식이다. 정당의 득표율에 연동해 의석을 배정하는 방식으로, 예컨대 A정당이 10%의 정당득표율을 기록했다면 전체 의석의 10%를 A정당이 가져갈 수 있도록 하는 것이다. 연동형 비례대표제는 지역구 후보에게 1표, 정당에 1표를 던지는 '1인 2표' 투표방식이지만, 소선거구에서의 당선 숫자와 무관하게 전체 의석을 정당득표율에 따라 배분한다. 그리고 정당득표율로 각 정당들이 의석수를 나눈 뒤 배분된 의석수보다 지역구 당선자가 부족할 경우 이를 비례대표 의석으로 채우게 된다. 연동형 비례대표제는 '혼합형 비례대표'로도 불리는데, 이를 택하고 있는 대표적 국가로는 독일, 뉴질랜드 등이 있다.

사모펀드

소수의 투자자로부터 모은 자금을 주식·채권 등에 운용하는 펀드로, 보통 49인 이하 투자자에게 비공개로 자금을 모아 투자하는 상품을 말한다. 사모펀드는 자산가를 중심으로 비공개적으로 설정되는 경우가 대부분이어서 가입 기회가 많지 않고 최저 가입액도 많아 문턱이 높은 편이다. 또 금융 당국의 투자자 보호 등의 규제가 가장 느슨하기 때문에 가입자 스스로 상품 구조나 내용을 정확히 파악할 수 있어야 한다. 사모펀드는 절대 수익을 추구하는 전문투자형 사모펀드(헤지펀드)와 회사경영에 직접 참여하거나 경영·재무 자문 등을 통해 기업 가치를 높이는 경영참여형 사모펀드(PEF)로 나뉘게 된다.

패스트트랙

발의된 국회의 법안 처리가 무한정 미뤄지는 것을 막고, 법안을 신속하게 처리하기 위한 제도이다. 우리나라의 입법 과정은 해당 분야를 담당하는 상임위원회의 의결 → 법제사법위원회의 의결 → 본회의 의결 → 대통령 거부권 행사 여부 결정 순으로 진행된다. 본회의 의석수가 많더라도 해당 상임위 혹은 법사위 의결을 진행시킬 수 없어 법을 통과시키지 못하는 경우가 있는데, 이런 경우 소관 상임위 혹은 본회의 의석의 60%가 동의하면 '신속 처리 안건'으로 지정하여 바로 본회의 투표를 진행시킬 수 있다. 하지만 이를 위해 상임위 심의 180일, 법사위 회부 90일, 본회의 부의 60일, 총 330일의 논의 기간을 의무적으로 갖게 된다.

검수완박법

검찰의 직접수사 범위를 축소한 개정 검찰청법·형사소송법이다. 문재인 정부 및 더불어민주당이 추진한 검찰개혁의 최종목표로 '검찰수사권 완전 박탈'을 의미한다. 이에 따라 검찰은 법률에서 정한 예외적인 경우를 제외하고 수사 업무를 수행하지 못하며 기소 및 공판 업무를 전담하게 됐다. 일부 수사 권한이 유지된다는 점에서 수사권의 '완전 박탈'은 아니지만, 유지되는 수사권을 행사하는 경우 검사는 '사법경찰관'으로 간주되기 때문에 그 범위나 내용 측면에서 수사권이 실질적으로 폐지되는 것으로 볼 수 있다. 그러나 윤석열 정부가 들어선 이후 법무부는 이러한 수사권 조정 조치로 경찰 수사 지연과 부실 수사 등의 부작용이 나타났다고 보고 '검찰수사권 원상 복구(검수원복)' 시행령과 개정 수사 준칙 마련 등을 통해 검찰의 수사권을 회복하겠다는 입장을 밝혔다.

인플레이션감축법(IRA)

미국 정부가 급등한 인플레이션을 완화하고 자국의 제조업을 강화하기 위해 마련한 법안으로 2022년 8월 16일 조 바이든 미국 대통령이 법안에 서명하며 발효됐다. 그러나 발표된 법안에 따르면 전기차 구매 시 보조금(세액공제 혜택)을 받기 위해서는 중국, 러시아 등 미국 정부가 언급한 우려 국가의 배터리 부품 및 광물을 일정 비율 이하로 사용해야 하고, 북미에서 최종 조립된 전기차에만 지급한다는 조건이 포함된 것으로 알려졌다. 이에 국내 자동차 업계의 전기차 수출이 차질을 빚을 것이란 우려가 제기됐다.

한미 방위비분담 특별협정(SMA)

한미 양국은 1991년 제1차 협정을 시작으로 2019년까지 총 10차례의 협정을 맺어왔다. 이 협정은 주한 미군 주둔 비용에 관한 방위비분담을 위해 체결하고 있는 특별협정에 기본을 두고 있다. 주로 미군이 한국에서 고용하는 근로자의 인건비(비중 약 40%), 군사건설 및 연합방위 증강사업(40%), 군수지원비(20%) 등의 명목으로 지원되고 있다. 2019년 10월에 시작한 '제11차 한미 방위비분담 특별협정(SMA)'은 2021년 3월 5~7일 미국 워싱턴에서 개최된 9차 회의에서 마무리됐다. 이는 2020년부터 2025년까지 6년 동안 유효한 다년도 협정으로, 2021년부터 2025년까지의 방위비에 매년 한국의 국방비 인상률을 반영한다. 그러나 과거 분담금 상승률이 물가상승률(4% 이하)에 연동됐던 것과 달리 2021년 이후부터는 국방비 증가율(예년 평균 6.1%)에 연동되면서 우리나라의 부담이 커질 것으로 전망됐다.

탄소중립기본법

2030년까지 중장기 국가온실가스 감축목표(NDC)를 2018년 대비 40% 이상 감축하도록 명시한 법안으로 2022년 3월 25일부터 시행됐다. 2050년 탄소중립을 국가비전으로 명시하고 이를 달성하기 위한 국가전략, 기본계획 수립 및 이행점검 등의 법정 절차를 체계화했다. 특히 2050년 탄소중립을 실질적으로 지향하는 중간단계의 목표를 설정하여 2030년 온실가스 감축목표를 40% 이상 범위에서 사회적 논의를 시작하도록 법률에 명시했다. 나아가 탄소중립 이행을 위한 정책수단을 마련하고 전문가와 산업계 위주로만 참여했던 거버넌스의 범위를 미래세대와 노동자, 지역주민 등이 참여할 수 있도록 확대했다. 해당 법안 제정으로 우리나라는 유럽연합(EU)·스웨덴·영국·프랑스·독일·덴마크·스페인·뉴질랜드·캐나다·일본 등에 이어 14번째로 2050 탄소중립 비전과 이행체계를 법제화한 국가가 됐다.

고향사랑기부제

개인이 주소지를 제외한 지방자치단체에 기부하면 금액에 따라 일정 비율을 공제해주는 세제 혜택과 함께 해당 지역의 특산물을 답례품으로 받을 수 있도록 한 제도를 말한다. 고향사랑기부금은 지자체가 주민복리 증진 등의 용도로 사용하기 위한 재원을 마련하기 위해 해당 지자체의 주민이 아닌 사람으로부터 자발적으로 제공받거나 모금을 통해 취득하는 금전이다. 2023년 1월 1일부터 시행됐으며, 1인당 연간 500만원까지 기부할 수 있고 10만원 이하는 전액, 10만원 초과분에 대해서는 16.5%의 세제 혜택을 받을 수 있다.

디리스킹(Derisking)

'위험제거'를 뜻하는 영단어로 2023년 3월 30일 우르줄라 폰데어라이엔 유럽연합(EU) 집행위원장이 대중정책 관련 연설에서 언급하면서 주목받기 시작했다. 원래는 금융기관이 테러나 자금세탁 제재와 관련해 위험을 관리하기 위해 광범위하고 무차별적으로 거래를 중단하는 것을 가리키는 말이었다. 그러나 우르줄라 위원장의 연설 이후 경쟁 또는 적대관계의 세력으로부터의 탈동조화를 뜻하는 용어 '디커플링(Decoupling)'을 대신하는 개념으로 본격 사용되면서 의미가 확대됐다. 이는 중국과 경제적 협력관계를 유지하면서도 중국에 대한 과도한 외교적·경제적 의존도를 낮춰 위험요소를 관리하겠다는 의도로 풀이된다.

일국양제(一國兩制)

특별자치구 기본법에 의거한 홍콩·마카오에 대한 중국의 통치 방식이다. 한 국가 안에 두 체제가 공존한다는 뜻으로 1980년대 덩샤오핑이 영국으로부터 홍콩을, 포르투갈로부터 마카오를 반환받고자 할 때 제안한 것이다. 반환 이후에도 두 도시의 자유주의·자본주의 체제를 보장할 것을 시민들과 상대국에게 보장함으로써 1997년에 홍콩을, 1999년에 마카오를 반환받을 수 있었다. 현재 홍콩과 마카오는 중국의 특별자치구 기본법에 의거하여 고도의 자치권을 영유할 수 있으며, 독자적인 외교권을 행사할 수 있게 되어 있으나, 2019년 홍콩에서 대규모 반정부 시위가 벌어지자 중국은 이듬해 '홍콩국가보안법'을 제정해 홍콩에 대한 통제를 강화하고 있다.

영구채(Perpetual Bond)

만기가 정해져 있지만 발행회사의 선택에 따라 만기를 연장할 수 있어 회계상으로 자본으로 인정받는 채권을 말한다. 일반적으로 회사가 부도날 경우 다른 채권보다 상환 순위가 밀리기 때문에 고위험·고수익 채권으로 분류된다. 만기를 계속 연장할 수 있지만 정해진 발행회사 선택에 따라 수년 뒤 돈을 갚을 수 있는 콜옵션이 있어 중도 상환이 대부분 이루어진다. 영구채는 주식과 채권의 중간 성격을 띠는 신종자본증권으로, 부채이지만 발행자의 명시적 상환의무가 없다는 측면에서 국제회계기준(IFRS)상 자본으로 인정받고 있다. 따라서 부채비율을 낮출 수 있고, 유상증자와 비교 시 대주주 지분율도 그대로 유지되어 지배구조에 변동 없이 자본 확충을 동시에 꾀할 수 있다는 장점 때문에 최근 대기업들의 자금조달 수단으로 각광받고 있다.

ESG

환경(Environment), 사회(Social), 지배구조(Governance)의 머리글자로 무디스가 고안한 투자가치와 성장가능성의 지속가능 여부를 알려주는 새로운 투자기준이다. 기업이 환경보호에 앞장서는지, 사회적 약자에 대한 지원 및 사회공헌 활동을 활발히 하는지, 법과 윤리를 철저히 준수하는 윤리경영을 실천하는지를 평가한다. 2000년 영국의 ESG 정보공시 의무제도 도입을 시작으로 프랑스, 독일 등에서도 해당 제도를 시행하고 있다. 우리나라는 2021년 1월 금융위원회가 2025년부터 유가증권시장 상장사 중 자산이 2조원 이상인 경우 의무적으로 ESG를 공시하도록 했다. 2030년에는 모든 코스피 상장사로 공시 의무가 확대될 예정이다.

테이퍼링(Tapering)

중앙은행이 국채 매입 등으로 통화량을 늘리는 정책인 양적완화를 점진적으로 축소하는 것을 말한다. 즉, 경제가 침체되면 돈을 풀고 회복세를 보이면 시장에 푸는 돈을 점차 줄여나가는 것이다. 'Tapering'은 '점점 가늘어지는'이라는 뜻으로 원래는 마라톤 용어로 사용되었으나 2013년 당시 미국 중앙은행인 연방준비제도(Fed, 연준) 의장이었던 벤 버냉키가 처음 언급한 이후 경제 용어로 쓰이고 있다. 미국이 테이퍼링을 시행하면 시장에 도는 돈이 줄어들기 때문에 금리와 환율이 상승하며, 주가가 하락하는 모습을 보이기도 한다.

명령휴가제

은행에서 횡령, 부당대출 등 금융사고가 잇달아 발생하면서 투명하고 실효성 있는 내부통제 시스템을 마련하기 위해 강화된 제도다. 출납, 트레이딩, 파생상품 거래 등 금융사고가 발생할 가능성이 높은 업무를 수행하는 임직원에게 사측이 불시에 휴가를 명령하고, 그 기간에 해당 직원의 금융거래 내역 및 취급 서류, 업무용 전산기기 등을 조사해 부실이나 비리 등의 문제가 있는지 확인한다. '금융회사의 지배구조에 관한 법률'과 그 행정규칙인 '금융회사 지배구조 감독규정' 등을 근거로 하는데, 기존에는 형식적 절차로만 사용됐으나 최근 은행 직원의 횡령사건 등 금융사고가 연이어 발생하면서 필요성이 대두됐다.

페그제

각국 화폐 사이의 환율을 일정 수준에 고정시키는 제도이다. 달러 등 기축통화에 대해 자국 화폐의 교환비율을 고정시키고 이 환율로 무한정의 교환을 약속하는 환율제도로 원래는 19세기 영국 식민지에 적용된 제도였다. 이 제도에서는 한 국가의 통화와 연계되는 통화 사이의 환율은 변하지 않으나 연계된 통화와 다른 통화들 사이의 환율은 변하기에 다른 통화와는 간접적으로 변동환율 제도를 택한 것과 동일한 효과를 가진다.

페그제의 장단점

페그제 장점	페그제 단점
• 환율변동에 대한 불확실성이 제거됨으로써 대외교역과 자본 유출입이 원활해진다. • 수입품 가격이 변동해도 자국 물가에 큰 영향을 미치지 않기 때문에 물가가 안정된다.	• 기축통화인 달러의 가치 변동에 영향을 많이 받아 통화 자체의 가치가 적절히 반영되지 못한다. • 국제 환투기 세력의 표적이 되기 쉽고, 엄청난 손실을 입는 사례가 발생한다.

양자우월성(Quantum Supremacy)

양자컴퓨터는 관측 전까지 양자가 지닌 정보를 특정할 수 없다는 '중첩성'이라는 양자역학적 특성을 이용한 컴퓨터다. 물질 이온, 전자 등의 입자를 이용해 양자를 만든 뒤 여러 개의 양자를 서로 관련성을 지니도록 묶고, 이렇게 만든 양자를 제어해 정보단위로 이용한다. 디지털의 정보단위 비트는 0 또는 1의 분명한 하나의 값을 갖지만, 양자정보는 관측 전까지 0이기도 하고 1이기도 하기에 이들이 여럿 모이면 동시에 막대한 정보를 한꺼번에 병렬로 처리할 수 있다. 2019년 11월 구글이 양자컴퓨터로 기존 컴퓨터를 능가하는 연산 성능을 보이는 이른바 '양자우월성'을 달성했다는 논문을 정식 발표하면서 과학계와 공학계에 파장을 일으켰다.

인앱 결제(In-app Purchase)

구글과 애플 등의 앱마켓 운영업체가 자체 개발한 내부결제 시스템이다. 자사 앱 안에서 유료 앱이나 콘텐츠를 각국의 신용카드, 각종 간편결제, 이동통신사 소액결제 등으로 결제하는 것을 말한다. 2020년 9월, 구글은 2021년 10월부터 구글플레이에서 유통되는 모든 디지털 콘텐츠 앱에 인앱 결제 방식을 의무화한다고 발표했다. 이에 모바일 서비스 및 콘텐츠를 제공하는 사업자들의 수수료 부담(30% 지급)이 커지면서 관련 콘텐츠의 판매가격 인상이 불가피해지고, 이것이 소비자 이용료 인상으로 이어질 가능성이 높아지자 거센 반발을 받았다. 비판이 이어지자 결국 구글은 인앱 결제 강제적용 시점을 2022년 4월로 연기했다.

그린 택소노미(Green Taxonomy)

환경적으로 지속가능한 경제활동의 범위를 정하는 것으로 친환경 산업을 분류하기 위한 녹색 산업 분류체계를 말한다. 녹색 투자를 받을 수 있는 산업 여부를 판별하는 기준으로 활용된다. 2020년 6월 세계 최초로 유럽연합(EU)이 그린 택소노미를 발표했을 당시만 해도 원자력발전을 포함한 원자력 관련 기술이 포함되지 않았지만, 2021년 12월에 마련한 그린 택소노미 초안에 방사성폐기물을 안전하게 처리할 계획을 세우고 자금과 부지가 마련됐을 경우 친환경으로 분류될 수 있다는 내용이 새롭게 포함됐다. EU 집행위원회는 2022년 1월 원전과 천연가스를 환경친화적인 녹색분류체계인 그린 택소노미에 포함하기로 결정했다. 우리나라 환경부 역시 환경적으로 지속가능한 경제활동의 범위를 정해 한국형 녹색분류체계 가이드라인 'K-택소노미'를 개발하여 기업의 다양한 활동에 적용할 수 있는 제도적 기반을 마련했다.

리니언시(Leniency)

리니언시(Leniency)는 담합행위 기업의 자진신고 감면 제도다. 기업이 불공정한 담합행위를 한 사실을 인정하고 공정거래위원회에 자진신고하면 과징금을 면제하거나 감면해준다. 이는 담합행위를 억제하는 효과가 있다. 그러나 제도의 허점을 이용해 이익을 챙긴 뒤 자진신고해 과징금을 적게 내는 기업이 생기자, 2012년부터 리니언시 적용을 받은 기업은 이후 5년간 자진신고를 해도 리니언시가 되지 않도록 운영고시를 수정했다.

필립스 곡선(Phillip's Curve)

필립스 곡선(Phillip's Curve)은 임금상승률과 실업률 사이의 상관관계를 나타낸 곡선으로 금융정책의 중심이 되는 경제지표이다. 영국 경제학자 윌리엄 필립스(William Phillips)가 1958년에 발표했다. 이 곡선에 따르면 실업률이 낮을수록 임금상승률 또는 물가상승률은 높아지며, 반대로 임금상승률이 낮을수록 실업률은 높아진다.

출생통보제

의료기관이 출생정보를 건강보험심사평가원(심평원)을 통해 지자체에 통보하고, 지자체가 부모 대신 미등록 아동의 출생신고를 하도록 하는 제도다. 원래 부모에게만 있던 출생신고 의무를 의료기관에도 부과함으로써 부모가 고의로 출생신고를 누락한 미등록 신생아, 즉 '유령 아동'이 생기지 않도록 하기 위한 조치다. 출생통보제 법안이 2023년 6월 30일 국회를 통과한 데 이어 사회·경제적 어려움에 처한 위기 임신부가 신원을 숨기고 출산해도 정부가 아동의 출생신고를 할 수 있도록 하는 '보호출산제'에 관한 내용을 담은 제정안이 같은 해 10월 6일 국회를 통과해 2024년 7월부터 시행 중이다.

MZ세대

1980년대 초반 ~ 2000년대 초반에 걸쳐 태어난 밀레니얼 세대와 1990년대 중반 ~ 2000년대 초반 출생자를 뜻하는 Z세대를 합친 말이다. 디지털 환경에 익숙해 모바일을 주로 사용하고 최신 트렌드 및 자신만의 이색적인 경험을 추구한다는 특징이 있다. 특히 MZ세대

밀레니얼 세대
현재 전 세계 노동 인구의 절반을 차지하고 있고, 향후 경제를 이끌어갈 핵심 주도층
Z세대
당장 경제력을 갖춘 세대는 아니지만 사회 진출을 막 시작한 미래 소비의 주역

는 SNS를 기반으로 유통시장에서 강력한 영향력을 발휘하는 소비 주체로 부상하고 있다. 이에 각 업계에서는 이들을 사로잡기 위한 다양한 마케팅 전략을 펼치고 있다.

인구절벽(Demographic Cliff)

한 국가의 미래성장을 예측하게 하는 인구지표에서 생산가능인구인 만 15세~64세 비율이 줄어들어 경기가 둔화하는 현상을 가리킨다. 이러한 개념은 경제예측 전문가인 해리 덴트의 저서 〈인구절벽(Demographic Cliff)〉에서 처음 사용했다. 우리나라에서는 출생자 수보다 사망자 수가 많아지며 인구가 자연 감소하는 인구데드크로스 현상이 2020년 인구통계상에서 처음 나타나면서 인구절벽이 가속화됐다. 인구절벽이 발생하면 의료 서비스의 수요가 늘어나며 개인의 공공지출 부담이 증가한다. 또한 국가 입장에서는 노동력 감소, 소비위축, 생산 감소 등의 현상이 동반돼 경제에 큰 타격을 받는다.

┃챗 GPT(Chat GPT)

2022년 11월 30일 미국의 인공지능(AI) 연구재단 오픈AI(Open AI)가 출시한 대화형 AI 챗봇이다. 사용자가 대화창에 텍스트를 입력하면 그에 맞춰 대화를 나누는 서비스로 오픈AI에서 개발한 대규모 인공지능모델 'GPT-3.5' 언어 기술을 기반으로 개발됐다. 챗 GPT는 방대한 데이터베이스를 기반으로 한 강화학습을 통해 스스로 언어를 생성하고 추론할 수 있는 능력을 지니고 있어 마치 사람과 이야기하는 것처럼 자연스러운 대화가 가능하고, 다양한 형태의 창작물을 새롭게 만들어낼 수도 있다는 점에서 전 세계적인 열풍을 불러일으켰다.

┃소비기한

소비자가 식품을 섭취해도 건강이나 안전에 이상이 없을 것으로 판단되는 소비의 최종기한을 말한다. 식품의 제조과정부터 유통과정과 소비자에게 전달되는 기간을 모두 포함한다. 단, 식품의 유통과정에서 문제가 없고 보관방법이 철저하게 지켜졌을 경우에 해당하며, 식품이 제조된 후 유통될 수 있는 기간을 의미하는 유통기한보다 길다. 2021년 7월 24일 국회가 기존의 유통기한 표기제를 2023년 1월 1일부터 소비기한 표기제로 변경하는 내용의 '식품 등의 표시·광고에 관한 법률' 개정안을 통과시키면서 1985년 도입된 유통기한 표기가 38년 만에 사라지게 됐다. 다만 영업자의 비용부담 완화와 자원낭비 방지를 위해 1년간 계도기간을 부여하고, 우유류의 경우 위생관리와 품질유지를 위한 냉장보관 기준에 개선이 필요하다는 점을 고려해 2031년부터 소비기한으로 표시하기로 했다.

┃누리호(KSLV-II)

한국항공우주연구원 등이 국내 독자 기술로 개발한 한국형 발사체다. 탑재 중량 1,500kg, 길이 47.2m의 3단형 로켓으로 설계부터 제작, 시험, 발사운용 등 모든 과정이 국내 기술로 진행됐다. 2018년 11월 시험발사체 발사에 성공한 데 이어 2021년 10월에 1차 발사를 시도했으나 위성모사체가 목표궤도에 안착하지 못해 최종 실패했다. 2022년 6월 21일 진행된 2차 발사에서 발사부터 목표궤도 안착까지의 모든 과정을 완벽히 수행한 뒤 성능검증위성과의 교신에도 성공하면서 마침내 우리나라는 전 세계에서 7번째로 1톤(t)급 실용위성을 우주발사체에 실어 자체 기술로 쏘아 올리는 데 성공한 나라가 됐다. 또 2023년 5월 25일에 진행된 3차 발사이자 첫 실전 발사에서는 주탑재위성인 '차세대소형위성 2호'를 고도 550km 지점에서 정상분리한 데 이어 부탑재위성인 큐브위성 7기 중 6기도 정상분리한 것으로 확인돼 이륙부터 위성 작동까지 성공적으로 마쳤다는 평가가 나왔다.

프롭테크(Proptech)

부동산(Property)과 기술(Technology)의 합성어로, 기존 부동산 산업과 IT의 결합으로 볼 수 있다. 프롭테크의 산업 분야는 크게 중개 및 임대, 부동산 관리, 프로젝트 개발, 투자 및 자금조달 부문으로 구분할 수 있다. 프롭테크 산업 성장을 통해 부동산 자산의 고도화와 신기술 접목으로 편리성이 확대되고, 이를 통한 삶의 질이 향상될 전망이다. 무엇보다 공급자 중심의 기존 부동산 시장을 넘어 정보 비대칭이 해소되어 고객 중심의 부동산 시장이 형성될 것으로 보인다.

핀테크(FinTech)
금융(Finance)과 기술(Technology)을 합친 신조어로, 금융과 기술을 융합한 각종 신기술을 의미한다. 핀테크의 핵심은 기술을 통해 기존의 금융기관이 제공하지 못했던 부분을 채워주고 편의성 증대, 비용 절감, 리스크 분산, 기대 수익 증가 등 고객에게 새로운 가치를 주는 데 있다.

반덤핑관세

반덤핑관세는 덤핑을 방지하기 위하여 덤핑 상품에 매기는 징벌적인 관세를 말한다. 여기서 덤핑(Dumping)이란 국제 가격경쟁력을 위해 국내 판매 가격보다 낮은 가격으로 상품을 수출하는 것을 말한다. 해외에서 가격을 과도하게 낮춘 수입품이 국내 산업에 타격을 줄 수 있어 정상가격과 덤핑가격 사이에 차액 범위 내에서 반덤핑관세를 부과한다. 다른 말로 덤핑방지관세 또는 부당염매방지관세라고도 한다.

탄소중립

기업이나 개인이 발생시킨 이산화탄소 배출량만큼 이산화탄소 흡수량도 늘려 실질적인 이산화탄소 배출량을 '0(Zero)'으로 만든다는 개념이다. 다시 말하면 대기 중으로 배출한 이산화탄소의 양을 상쇄할 정도의 이산화탄소를 다시 흡수하는 대책을 세움으로써 이산화탄소 총량을 중립 상태로 만든다는 뜻이다. 각 나라에서는 지구온난화의 주범인 이산화탄소의 배출량을 조절하기 위해 탄소중립 운동을 활발히 시행하고 있다.

에코디자인
자원을 효율적으로 디자인에 활용하여 의식주 전반에 걸쳐 친환경적 가치를 실현하는 것을 말한다. 이와 더불어 환경과의 공존과 생활에서의 편리성을 모두 고려해 가장 실용적인 결과를 찾는 것에 목표를 두고 있으며, 크게 업사이클링과 탄소중립으로 나뉜다.

코드커팅(Cord-cutting)

유료 방송 시청에 필요한 케이블을 '끊는' 것을 빗댄 용어로, 인터넷 속도 증가와 플랫폼 다양화를 바탕으로 전 세계적으로 일어나고 있다. 각자 환경과 취향에 맞는 서비스 선택이 가능해지자 소비자들은 유선방송의 선을 끊는 사회적 현상을 보였다. 미국은 넷플릭스, 구글 크롬 캐스트 등 OTT 사업자가 등장하면서 대규모 코드커팅이 발생했다. 우리나라에서는 코드커팅이라는 말보다는 가전제품인 TV가 없다는 의미에서 '제로(Zero)TV'가 일반적으로 사용된다. 코드커팅이나 제로TV 현상은 주로 스마트폰 등 모바일 기기의 확산 때문에 일어난다.

디지털 서비스법(DSA)

유럽연합(EU)이 월별 활성이용자가 4,500만명 이상인 거대 글로벌 IT기업에 유해콘텐츠 검열의무를 규정한 법이다. 2020년부터 논의됐으며 2022년 4월 벨기에 브뤼셀에서 열린 의회에서 유럽의회가 제정에 합의했다. 규제대상인 기업들은 자사 플랫폼에서 미성년자를 대상으로 한 부적절한 콘텐츠, 허위정보, 특정 인종·성·종교에 대한 차별적 콘텐츠, 아동학대, 테러선전 등의 불법 유해콘텐츠를 의무적으로 제거해야 하며 삭제정보도 공개해야 한다. 이 법안에는 알고리즘의 설계원리를 투명하게 공개하는 내용도 포함된 것으로 알려졌다. 규제대상인 거대 IT기업들은 자사 플랫폼에서 불법 유해콘텐츠를 삭제하지 않을 경우 매출의 최대 6%에 달하는 과징금을 부여받고, 반복적이거나 심각한 위반으로 판단되는 경우 플랫폼의 EU 역내 운영 자체가 일시 정지되는 등 강력한 제재를 받게 된다. EU는 2023년 8월 25일부터 구글, 페이스북, 인스타그램, 틱톡, 엑스(X, 옛 트위터), 유튜브, 아마존 등 초대형 온라인 플랫폼 및 검색엔진을 대상으로 규제를 시행하고 있으며, 2024년에는 빅테크 기업들의 시장지배력 남용을 방지하기 위해 이들을 '게이트키퍼'로 지정해 특별 규제하는 디지털시장법(DMA)도 시행하고 있다.

〈마케팅 용어 모음〉

- OSMU(One Source Multi Use) 마케팅

  하나의 콘텐츠를 다양한 범위에서 사용하는 것을 말한다. 예를 들면, 인기 있는 웹툰이 영화나 드라마로 제작되기도 하고 이렇게 만들어진 제작물은 다시 제조업과 결합해 캐릭터 상품으로 탄생한다. 연극, 뮤지컬, 게임과 테마파크 등 새로운 놀이문화까지 만들어내며 다른 산업에서도 적극적으로 활용되는데 이를 OSMU 마케팅이라 한다.

- 레트로 마케팅(Retro Marketing)

  레트로 광고는 과거를 활용하는 마케팅 기법으로 과거로 회귀한다는 의미에서 '레트로'라고 한다. 분명 과거의 향수와 추억을 이용하는 것이지만 그것에 그치는 것이 아니라 현대적인 감각에 맞추어 상품을 부각시킨다.

- O2O(Online To Offline) 마케팅

  오프라인을 위한 온라인 마케팅으로 모바일 서비스를 기반으로 한 오프라인 매장의 마케팅 기법이다. 스마트 기기가 이제는 없어서는 안 될 필수품으로 자리 잡으면서 새로운 융합 산업인 'O2O 마케팅' 시장 선점을 위한 주요 기업들의 소리 없는 전쟁이 진행 중이다.

- 그린 마케팅(Green Marketing)

  환경적 역기능을 최소화하면서 소비자가 만족할 만한 수준의 성능과 가격으로 제품을 개발하여 환경적으로 우수한 제품 및 기업이미지를 창출함으로써, 기업의 이익 실현에 기여하는 마케팅이다.

- 앰부시 마케팅(Ambush Marketing)

  앰부시(Ambush)는 '매복'을 뜻하는 말로, 교묘히 규제를 피해가는 마케팅 기법이다. 기업은 대개 행사 중계방송의 텔레비전 광고를 구입하거나 공식 스폰서인듯 보이기 위해 기업이 개별 선수나 팀의 스폰서가 되는 방식으로 앰부시 마케팅을 활용한다.

- 퍼플카우 마케팅(Purple Cow Marketing)

'퍼플카우'는 보는 순간 사람들의 시선을 확 잡아끄는 추천할 만한 제품이나 서비스를 가리키는 말이다. 이렇듯 인상적이고 계속 화제가 되는 제품을 개발하여 보는 순간 사람들의 시선을 확 잡아끌며 초기 소비자를 장악하는 마케팅 기법을 말한다.

- 세그먼트 마케팅(Segment Marketing)

고객층의 성향에 맞게 제품이나 서비스, 판매방법 등을 다양화·세분화하는 마케팅 기법이다.

- 데카르트 마케팅(Techart Marketing)

유명 디자이너의 손길을 제품 생산에 반영해 소비자의 감성까지 만족시키는 마케팅 기법의 하나로 기술(Technology)과 예술(Art)의 합성어이다. 초기에는 냉장고·에어컨 같은 가전제품에 접목됐으나 최근에는 화장품, 가방 등에 이르기까지 유명 디자이너의 작품을 반영하여 눈길을 끌고 있다.

- 디 마케팅(Demarketing)

기업들이 자사 상품에 대한 고객의 구매를 의도적으로 줄임으로써 적절한 수요를 창출하는 마케팅 기법이다. 즉, 기업들이 상품을 많이 판매하기보다는 오히려 고객들의 구매를 줄임으로써 적절한 수요를 창출하고 장기적으로는 수익의 극대화를 꾀하는 것이다. 맥주회사가 고급브랜드를 일정한 업소에만 선택적으로 공급하는 경우가 그 예이다.

- 스텔스 마케팅(Stealth Marketing)

소비자가 상술이라는 것을 전혀 인식하지 못하게 전개하는 브랜드 커뮤니케이션 전략으로 언더커버 마케팅(Undercover Marketing)이라고 한다. 광고, PR의 홍수 속에서 일명 콘크리트 소비자라 불리는 현대인들에게 도전하는 기업은 더욱 새롭고 독특한 커뮤니케이션 방법을 모색해야 하는데, 이 방어막을 무력화시키고 마케팅 효과를 극대화하려는 노력의 수단이 스텔스 마케팅이다.

- 니치 마케팅(Niche Marketing)

니치(Niche)는 '빈틈' 또는 '틈새'를 뜻하며, 남이 아직 모르는 좋은 낚시터라는 은유적 의미를 담고 있다. 니치 마케팅은 특정한 성격을 가진 소규모의 소비자를 대상으로 판매목표를 설정하는 것으로 남이 아직 모르고 있는 좋은 곳, 빈틈을 찾아 그곳을 공략하는 마케팅 기법이다.

- 플래그십 마케팅(Flagship Marketing)

대기업과의 정면대결을 피하고, 자사의 특정 상품 브랜드를 중심으로 하여 집중적으로 마케팅 활동을 펼치면서 브랜드의 긍정적 이미지를 극대화하는 기법이다. 토털 브랜드 (Total Brand) 전략과 반대되는 개념으로 기업의 인지도를 앞세워 매출신장을 도모하는 것이 아니라 특정 브랜드의 매출신장에 힘입어 기업 이미지를 제고시켜 나가는 것이다.

- 메기 효과(Catfish Effect)

기업이 발전하기 위해서는 위협 및 자극이 필요하다는 신경영이론이다. 청어만 있는 어항에 메기를 집어넣으면 청어들이 메기를 피해 빠르게 움직이는 현상을 기업 경영에 빗대어 표현한 것이다. 치열한 경쟁 속에서 기업이 살아남기 위해서는 메기와 같은 긴장, 자극, 위협, 위기의식이 필요하다는 논리로 메기론(論)이라고도 한다. 냉장 기술이 없던 시절 유럽의 어부들이 먼 배송지까지 청어를 운송할 때 천적인 메기를 함께 운반하여 싱싱한 청어를 제공할 수 있었던 일화에서 유래되었다. 국내에서는 1993년 삼성의 이건희 회장이 경영혁신을 내세우기 위해 이 용어를 인용하면서 자주 쓰이게 되었고, IMF 외환위기 때는 국내 은행의 경쟁력을 키우기 위해 메기에 해당하는 외국계 은행의 자극이 필요하다는 주장이 제기되면서 인용되었다.

- 어닝쇼크(Earning Shock)

기업이 실적을 발표할 때 시장의 예상보다 낮은 실적을 발표하는 것이다. 어닝시즌은 기업들이 영업실적을 발표하는 시기로, 기업의 실적에 따라 주식시장에서 그 기업의 주가가 결정되기 때문에 투자자들의 관심이 이 시기에 쏠리게 된다. 기업이 좋은 실적을 발표해도 시장의 예상치보다 저조하면 주가가 떨어지기도 하고, 기업의 실적이 저조하더라도 시장의 예상치보다 좋으면 주가가 오르기도 한다. 이와 반대로 어닝서프라이즈(Earning Surprise)는 시장의 예상을 훨씬 뛰어넘는 기업의 실적발표를 말하는 것으로, 이때는 주가가 큰 폭으로 상승할 가능성이 매우 높다.

〈콤플렉스 관련 용어〉

- 카인 콤플렉스(Cain Complex)

부모의 사랑을 독차지하기 위해 형제 간에 나타나는 심리적 갈등이나 적대감, 경쟁심을 말한다. 창세기에 등장하는 아담과 하와의 아들인 카인이 그의 동생 아벨을 시기하여 죽인 데서 유래하였다.

- **나폴레옹 콤플렉스(Napoleon Complex)**

  키가 작은 사람들의 보상심리로 공격적이고 과장된 행동을 하는 것이 특징이다. 나폴레옹 1세가 키가 작은 데서 연유한 말로 외모 · 가문 · 학력 등이 보잘 것 없었던 나폴레옹은 자신의 콤플렉스를 보상하려는 심리 때문에 황제가 될 수 있었다. 부족한 것을 보상하고 해소하려는 끝없는 욕구가 바로 도약을 위한 분발심을 불러일으킨 것으로, 이처럼 자신의 콤플렉스에 대한 보상심리로 공격적이고 과장된 행동을 하는 심리적 요소를 가리킨다.

- **오이디푸스 콤플렉스(Oedipus Complex)**

  아들이 어머니에 대해 애정의 감정을 느끼고 아버지에 대해서는 질투와 혐오를 지니는 경향이다. 정신분석학자 프로이트는 3~6세 사이의 남자아이가 이성인 어머니의 사랑을 독차지하기 위해 동성의 아버지를 경쟁자로 적대시하는 심리현상을 오이디푸스 콤플렉스라고 하였다. 그리스 신화에서 오이디푸스는 테베의 왕 라이오스와 이오카스테의 아들인데 숙명적으로 아버지를 살해하고 스핑크스의 수수께끼를 풀어 테베의 왕이 되었다. 어머니인 줄 모르고 결혼한 그들은 그 사실을 알자 이오카스테는 자살하고 오이디푸스는 자기 눈을 뽑았다.

- **엘렉트라 콤플렉스(Electra Complex)**

  딸이 아버지에게 애정을 품고 어머니를 경쟁자로 인식하여 반감을 갖는 경향이다. 정신분석학에서 오이디푸스 콤플렉스와 대비되는 개념으로 프로이트가 이론을 세우고 융이 이름을 붙였다. 그리스 신화에서 아가멤논의 딸 엘렉트라가 보여준 아버지에 대한 집념과 어머니에 대한 증오에서 유래하였다.

- **프로크루스테스 콤플렉스(Procrustes Complex)**

  모든 일을 자신의 잣대로 해석하고 안주하는 현상이다. 아테네의 영웅 테세우스가 괴물들을 물리치는 여행을 하던 중 침대를 가지고 여행객을 괴롭히는 프로크루스테스를 만났는데, 그는 나그네들을 자신의 침대에 눕혀서 침대보다 키가 크면 다리를 자르고, 작으면 늘여서 고통을 주었다던 데에서 유래했다.

- **메두사 콤플렉스(Medusa Complex)**

  환경 변화를 외면하게 만드는 지나친 자부심을 일컫는다. 원래 메두사는 매우 아름다운 소녀였으나 자신의 미모에 자만해 아테네 여신보다 예쁘다고 자랑하다가 벌을 받아 모든 남성이 혐오하는 괴물이 되었다. 메두사 콤플렉스란 지나친 자부심으로 인해 위험에 빠지는 것을 의미한다.

- 인피어리오리티 콤플렉스(Inferiority Complex)

아들러의 이론체계인 개인심리학에서의 기본개념이다. 인간은 자기 안에 존재하는 열등한 요소를 인정하지 않으려는 경향이 있으며, 그것이 억압되어 일종의 콤플렉스로서 작용한다고 하였다. 이 콤플렉스가 강하면 침착하지 못하고 성급해지며, 걱정에 빠지기 쉽고 남의 일을 생각하지 못하게 된다.

- 롤리타 콤플렉스(Lolita Complex)

미성숙한 소녀에 대해 정서적 동경이나 성적 집착을 보이는 현상으로 블라디미르 나보코프의 소설 〈롤리타〉에서 유래했다. 이 소설에서 묘사된 어린 소녀에 대한 중년 남자의 성적 집착 혹은 성도착을 롤리타 콤플렉스 또는 롤리타 신드롬이라고 한다.

- 쇼타로 콤플렉스(Shotaro Complex)

소년을 대상으로 가지는 애정, 집착을 가리키는 말이다. 또는 그러한 애정, 집착을 가진 자들을 가리킬 때 사용되기도 한다. 이 말을 줄인 쇼타콘(Shotacon) 또는 쇼타라는 명칭이 일반적으로 널리 알려져 있다. 1980년대 초반부터 사용되었는데, 일본의 애니메이션 〈철인28호〉의 카네다 쇼타로라는 캐릭터의 이름에서 유래했다.

〈증후군(신드롬) 관련 용어〉

- 램프 증후군(Lamp Syndrome)

실제로 일어나지 않은 미래의 일, 특히 일어날 가능성이 없는 일에 대해 〈알라딘〉에 나오는 요술램프에서 지니를 부르는 것처럼 수시로 쓸데없는 걱정을 하는 현상으로 과잉근심이라고도 한다.

- 손목터널 증후군(Carpal Tunnel Syndrome)

마우스, 키보드 등 컴퓨터의 잦은 사용과 스마트폰의 지나친 사용으로 손목의 신경과 혈관, 인대가 지나가는 수근관이 신경을 압박하는 증상을 말한다.

- TATT 증후군(Tired All The Time Syndrome)

질병 등 신체적인 문제가 없음에도 불구하고 항상 피곤함을 느끼는 증상으로 스트레스로 인한 무기력함이나 초조함이 주요한 원인이다.

- 뮌하우젠 증후군(Munchausen Syndrome)

병적으로 거짓말을 일삼고, 그럴듯하게 이야기를 지어내며, 결국 이 거짓말에 도취해버리는 증후군을 말한다.

- **스톡홀름 증후군(Stockholm Syndrome)**

  인질이 인질범에게 동화되어 그들에게 동조하는 비이성적 현상을 가리키는 범죄심리학 용어이다. 목숨을 잃을 수 있다는 극도의 스트레스에 적응함으로써 스스로를 보호하려는 심리가 반영된 것이다.

- **리마 증후군(Lima Syndrome)**

  인질범들이 인질들에게 정신적으로 동화되어 자신을 인질과 동일시함으로써 공격적인 태도가 완화되는 현상을 가리키는 범죄심리학 용어이다.

- **VDT 증후군(Visual Display Terminal Syndrome)**

  컴퓨터 단말기를 오랜 시간 사용함으로써 발생하는 질병을 의미하는 것으로 VDT(Visual Display Termial)란 주로 컴퓨터 모니터를 말한다. VDT 증후군의 증상으로 가장 많은 것은 눈의 피로와 시력 저하이다.

- **아인슈타인 증후군(Einstein Syndrome)**

  지능이 일찍 발달한 어린이들의 말하는 능력이 늦게 발달하는 현상을 말한다.

- **피터팬 증후군(PeterPan Syndrome)**

  성년이 되어도 어른들의 사회에 적응할 수 없는 '어른아이'와 같은 남성들이 나타내는 심리적인 증후군을 말한다.

- **리플리 증후군(Ripley Syndrome)**

  남들을 속이는 데 도가 지나쳐 거짓말이 늘고 결국에는 자기 자신도 그 거짓이 진실인양 믿게 되는 증후군이다.

- **아키바 증후군(Akiva Syndrome)**

  집중력이 천재를 만든다는 학설이다. 1세기경 유태인 목동 아키바가 실의(失意) 속에서 바위에 떨어지는 물방울이 구멍을 뚫는 것을 보고 대학자로 대성한 역사적 사례를 의학 용어로 원용한 것이다. 아인슈타인의 뇌 또한 천재는 타고나는 것이 아니라 후천적인 것임을 의미한다.

- **파랑새 증후군(Bluebird Syndrome)**

  장래의 행복만을 꿈꾸면서 자기 주변에 만족하지 못하는 사람을 의미한다. 즉, 몽상가처럼 지금 시점에 만족하지 못하고 새로운 이상만을 추구하며 사는 것을 파랑새 증후군이라고 한다.

- LID 증후군(Loss Isolation Depression Syndrome)

핵가족화에 기인한 노인들의 고독병을 말한다. 자녀들은 분가해서 떠나고 주위에 의지할 사람들이 하나둘 세상을 떠나면서 그 손실에 따른 고독감을 느끼거나, 자녀와 떨어져 대화할 상대를 잃은 채 소외되기도 하는데 이런 상태가 지속되면 우울증에 빠지게 된다.

- 리셋 증후군(Reset Syndrome)

컴퓨터가 느려지거나 제대로 작동하지 않을 때, 리셋(Reset) 버튼만 누르면 처음부터 다시 시작할 수 있는 것처럼 현실 세계에서도 '리셋'이 가능할 것으로 착각하는 현상을 말한다.

- 샹그릴라 증후군(Shangri-La Syndrome)

시간적인 여유와 경제적인 풍요를 가진 시니어 계층을 중심으로 단조롭고 무색무취한 삶의 틀을 깨고, 젊게 살아가고자 하는 노력을 통틀어 샹그릴라 신드롬이라고 한다.

- NIH 증후군(Not Invented Here Syndrome)

집단 내부의 단결이 공고해지면서 외부의 새로운 시각이나 아이디어를 배척하게 되는 현상을 말한다.

- 슈퍼노바 증후군(Supernova Syndrome)

슈퍼노바(초신성)란 항성 진화의 마지막 단계에 이른 별이 폭발하면서 엄청난 에너지를 순간적으로 방출, 그 밝기가 평소의 수억배에 이르렀다가 서서히 사그라지는 현상으로 심리학에서는 열심히 인생을 산 사람들이 성공 뒤 갑작스럽게 허탈감을 느끼는 것을 말한다. 주로 정상의 자리에 오른 CEO들에게 찾아온다.

- 므두셀라 증후군(Methuselah Syndrome)

과거는 항상 좋고 아름다운 것으로 생각하는 현상을 말한다.

- 번아웃 증후군(Burnout Syndrome)

오직 한 가지 일에만 몰두하던 사람이 신체적·정서적인 극도의 피로감으로 인해 무기력증이나 자기혐오, 직무거부 등에 빠지는 증후군이다.

- 스탕달 증후군(Stendhal Syndrome)

뛰어난 미술품이나 예술작품을 보았을 때 순간적으로 느끼는 각종 정신적 충동이나 분열 증상으로, 이 현상을 겪고 처음으로 기록한 스탕달의 이름을 따서 심리학자들이 명칭을 붙였다.

03 | 가볍게 읽고 넓게 공부하는 '단어상식'

〈처음에 관한 모든 것〉

- 우리나라 최초의 우주인 – 이소연 박사
- 우리나라에서 처음 금메달을 획득한 선수 – 양정모 선수
- 우리나라 최초의 여왕 – 선덕여왕
- 우리나라 최초의 근대적 헌법 – 홍범 14조
- 우리나라가 태극기를 처음 사용한 시점 – 제물포 조약 이후
- 우리나라가 '대한'이란 국호를 처음 사용한 시점 – 아관파천 이후
- 우리나라를 처음으로 유럽에 알린 문헌 – 〈하멜표류기〉
- 우리나라의 독립을 최초로 언급한 것 – 카이로 선언
- 우리나라 최초의 한국형 구축함 – 광개토대왕함
- 우리나라 최초로 실전 배치된 잠수함 – 장보고함
- 우리나라 최초의 국산 자동차 – 시발(始發)자동차
- 우리나라 최초의 순 한글신문 – 〈독립신문〉
- 우리나라 최초의 국문소설 – 〈홍길동전〉
- 우리나라 최초의 민간극장 – 원각사(圓覺社)
- 우리나라 최초로 한글이 새겨진 현존 최고의 금석문 – 이윤탁 한글 영비
- 세계 최초 금속활자로 인쇄된 책 – 〈직지심체요절〉
- 세계에서 해가 가장 먼저 뜨는 나라 – 키리바시공화국
- 세계 최초 여성 대통령을 배출한 나라 – 아르헨티나
- 세계 최초의 영화 – 〈기차의 도착〉
- 세계 최초의 해양 문명 – 에게 문명
- 세계 최초의 헌법 – 마그나 카르타
- 세계 최초의 근대적인 조약 – 베스트팔렌 조약

- 최초의 인류 – 오스트랄로피테쿠스
- 최초의 인류 우주인 – 유리 가가린
- 아시아에서 최초로 노벨문학상을 수상한 사람 – 라빈드라나트 타고르
- 최초의 할리우드 블록버스터 – 스티븐 스필버그 〈죠스〉
- 최초로 사회보험제도를 실시한 나라 – 독일
- 최초로 여성에게 참정권을 부여한 나라 – 뉴질랜드

〈숫자별 모둠 정리〉

- 빛의 3원색 – 빨강, 초록, 파랑
- 색의 3원색 – 빨강, 노랑, 파랑
- 문학의 3대 장르 – 시, 소설, 수필
- 연극의 3요소 – 희곡, 배우, 관객
- 희곡의 3요소 – 대사, 지문, 해설
- 시의 3요소 – 운율, 심상, 주제
- 소설의 3요소 – 주제, 구성, 문체
- 소설 구성의 3요소 – 인물, 사건, 배경
- 조선시대 3사 – 사간원, 사헌부, 홍문관
- 세계 3대 법전 – 〈함무라비법전〉, 〈로마법대전〉, 〈나폴레옹법전〉
- 3대 시민혁명 – 영국 명예혁명, 프랑스 대혁명, 미국 독립혁명
- 노동3권 – 단결권, 단체교섭권, 단체행동권
- 당3역 – 사무총장, 원내대표, 정책위의장
- 정부 3부 요인 – 국회의장, 대법원장, 국무총리
- 뉴턴의 3대 법칙 – 관성의 법칙, 작용·반작용의 법칙, 가속도의 법칙
- 세계 3대 유종 – 서부텍사스중질유(WTI), 브렌트유, 두바이유
- 송도 3절(松都三絕) – 서경덕, 박연폭포, 황진이
- 3대 영양소 – 단백질, 지방, 탄수화물
- 중국의 3대 악녀 – 청나라 서태후, 한나라 여태후, 당나라 측천무후
- 세계 3대 광고제 – 클리오 광고제, 칸 국제광고제, 뉴욕페스티벌
- 임진왜란 3대 대첩 – 한산대첩, 행주대첩, 진주대첩

- **르네상스시대 3대 예술가** – 레오나르도 다 빈치, 미켈란젤로, 라파엘로
- **세계 3대 미항(美港)** – 호주 시드니, 이탈리아 나폴리, 브라질 리우데자네이루
- **철인 3종 경기(트라이애슬론)** – 수영, 사이클, 달리기
- **미국 3관(Triple Crown) 경주** – 켄터키 더비, 프리크니스 스테이크스, 벨몬트 스테이크스
- **세계 3대 오페라 극장** – 이탈리아 밀라노 라 스칼라 극장, 미국 뉴욕 메트로폴리탄 오페라 극장, 오스트리아 빈 국립오페라 극장
- **세계 3대 인명사전** – 마르퀴즈 후즈후(Marquis Whos Who), 미국인명정보기관(ABI), 영국 케임브리지 국제인명센터(IBC)
- **사신도(四神圖) 4신(神)** – 청룡, 백호, 주작, 현무
- **세계 4대 문명** – 메소포타미아 문명, 인더스 문명, 황하 문명, 이집트 문명
- **세계 4대 종교** – 기독교, 이슬람교, 불교, 힌두교
- **셰익스피어의 4대 비극** – 〈햄릿〉, 〈리어왕〉, 〈오셀로〉, 〈맥베스〉
- **베이컨의 4대 우상** – 종족의 우상, 동굴의 우상, 시장의 우상, 극장의 우상
- **서울의 4대문** – 숭례문, 숙정문, 흥인지문, 돈의문
- **세계 4대 경제블록** – EU, NAFTA, APEC, ASEAN
- **중국의 4대 미인** – 서시, 왕소군, 초선, 양귀비
- **맹자의 4단** – 인(仁), 의(義), 예(禮), 지(知)
- **4대 사화** – 무오사화, 갑자사화, 기묘사화, 을사사화
- **4대 보험** – 국민연금, 고용보험, 국민건강보험, 산업재해보상보험
- **마케팅 4P** – Product, Place, Promotion, Price
- **선거 4대 원칙** – 직접선거, 보통선거, 평등선거, 비밀선거
- **중국의 4대 발명품** – 종이, 화약, 나침반, 인쇄술
- **세계 4대 뮤지컬** – 〈캣츠〉, 〈레 미제라블〉, 〈오페라의 유령〉, 〈미스 사이공〉
- **사물놀이** – 북, 장구, 징, 꽹과리
- **사서(四書)** – 〈논어〉, 〈맹자〉, 〈중용〉, 〈대학〉
- **오경(五經)** – 〈주역〉, 〈서경〉, 〈시경〉, 〈예기〉, 〈춘추〉
- **향약 4대 덕목** – 덕업상권(德業相勸), 과실상규(過失相規), 예속상교(禮俗相交), 환난상휼(患難相恤)
- **세속오계(世俗五戒)** – 사군이충(事君以忠), 사친이효(事親以孝), 교우이신(交友以信), 임전무퇴(臨戰無退), 살생유택(殺生有擇)

- **테니스 세계 4대 선수권** – 호주 오픈대회, 프랑스 오픈대회(롤랑 카로스), 미국 US 오픈대회, 영국 오픈대회(윔블던 대회)
- **5대 사회악** – 궁핍, 질병, 나태, 무지, 불결
- **이슬람교도의 5대 의무** – 샤하다(신앙고백), 살라(1일 5회 기도), 자카트(자선), 사움(단식), 하즈(성지순례)
- **판소리 5마당** – 춘향가, 적벽가, 흥보가, 심청가, 수궁가
- **오장(五臟)** – 간장, 심장, 비장, 폐장, 신장
- **육부(六腑)** – 대장, 소장, 쓸개, 위, 삼초, 방광
- **현악 4중주** – 바이올린 1, 바이올린 2, 비올라, 첼로
- **금관 5중주** – 트럼펫 1, 트럼펫 2, 호른, 트럼본, 튜바
- **목관 5중주** – 플루트, 오보에, 클라리넷, 호른, 바순
- **경제 4단체** – 전국경제인연합회, 대한상공회의소, 한국무역협회, 중소기업중앙회
- **경제 5단체** – 경제 4단체 + 한국경영자총협회
- **경제 6단체** – 경제 5단체 + 전국은행연합회
- **십장생(十長生)** – 해, 산, 물, 돌, 달(구름), 소나무, 불로초, 거북, 학, 사슴

〈바람과 관련한 순우리말〉

- **갈마바람**   뱃사람들이 서남풍을 이르는 말
- **건들바람**   초가을에 선들선들 부는 바람
- **고추바람**   살을 에는 듯 매섭게 부는 차가운 바람
- **높새바람**   뱃사람들이 동북풍을 이르는 말
- **높하늬바람**   뱃사람들이 서북풍을 이르는 말
- **된마파람**   뱃사람들이 동남풍을 이르는 말
- **된바람**   매섭게 부는 바람, 북풍, 덴바람, 호풍, 삭풍
- **마파람**   남풍
- **살바람**   좁은 틈으로 새어 들어오는 찬바람, 초봄에 부는 찬바람
- **색바람**   이른 가을에 부는 선선한 바람
- **샛바람**   동풍, 봄바람
- **소소리바람**   이른 봄의 맵고 스산한 바람
- **왜(倭)바람**   방향이 없이 이리저리 함부로 부는 바람

- 피죽바람   모낼 무렵 오래 계속해 부는 아침 동풍과 저녁 서북풍을 이르는 말
- 하늬바람   서풍

〈비와 관련한 순우리말〉

- 개부심   장마로 큰물이 난 뒤, 한동안 쉬었다가 다시 퍼붓는 비
- 건들장마   초가을에 비가 오다가 금방 개고 또 비가 오다가 다시 개는 장마
- 그믐치   그믐 무렵에 오는 비나 눈
- 는개   안개보다 조금 굵고 이슬비보다는 가는 비, 연우(煙雨)
- 먼지잼   겨우 먼지나 날리지 않을 정도로 비가 조금 옴
- 목비   모낼 무렵에 한목 오는 비
- 악수   엄청나게 퍼붓는 비
- 여우비   볕이 나 있는데 잠깐 오다가 그치는 비
- 웃비   한창 내리다가 잠시 그친 비
- 작달비   장대비, 좍좍 퍼붓는 비

〈눈과 관련한 순우리말〉

- 길눈   한 길이 될 만큼 많이 쌓인 눈
- 누리   우박
- 도둑눈   밤사이에 사람들이 모르게 내린 눈
- 마른눈   비가 섞이지 않고 내리는 눈
- 숫눈   눈이 와서 쌓인 상태 그대로의 깨끗한 눈
- 자국눈   겨우 발자국이 날 만큼 적게 내린 눈
- 진눈깨비   비가 섞여 내리는 눈

〈안개, 서리와 관련한 순우리말〉

- 무서리   늦가을에 처음 내리는 묽은 서리
- 상고대   나무나 풀에 내려 눈처럼 된 서리

- 서리꽃 유리창 따위에 서린 김이 얼어서 꽃처럼 엉긴 무늬
- 성에가시 성에의 뾰족뾰족한 것을 가시에 비유하여 이르는 말
- 해미 바다 위에 낀 아주 짙은 안개

〈길과 관련한 순우리말〉

- 고샅길 시골 마을의 좁은 골목길 또는 골목 사이
- 길섶 길의 가장자리, 흔히 풀이 나 있는 곳을 가리킨다.
- 낭길 낭떠러지를 끼고 난 길
- 모롱이 산모퉁이의 휘어 둘린 곳(또는 웅어의 새끼)
- 자드락길 나지막한 산기슭의 비탈진 땅에 난 좁은 길
- 조롱목 조롱 모양처럼 된 길목

〈단위를 나타내는 우리말〉

- 갓 조기 · 굴비 따위의 해산물은 10마리, 나물 종류는 10모숨을 한 줄로 엮은 것
- 강다리 장작 100개비
- 고리 소주 10사발
- 거리 오이나 가지 따위의 50개
- 님 바느질에 쓰는 토막친 실을 세는 단위
- 닢 납작한 물건(돈 · 가마니 · 멍석)을 세는 단위
- 단 짚, 땔나무, 채소 따위의 묶음을 세는 단위
- 달포 한 달 쯤, 삭여(朔餘)
- 두름 조기 · 청어 따위를 10마리씩 두 줄로 묶은 20마리. 산나물 10모숨
- 마지기 논 200~300평, 밭 100평(씨앗을 한 말 정도 뿌릴 넓이)
- 마장 오 리나 십 리(4㎞)가 못 되는 거리의 단위
- 매 종이나 널빤지 따위를 세는 단위, 열매를 세는 단위, 젓가락 한 쌍
- 모숨 한 줌 안에 들어올 만한 분량의 길고 가느다란 물건
- 뭇 채소, 짚, 잎나무, 장작의 작은 묶음. 생선 10마리, 미역 10장, 자반 10개

- **발** 두 팔을 양옆으로 펴서 벌렸을 때 한쪽 손끝에서 다른 쪽 손끝까지의 길이
- **사리** 국수, 새끼, 실 따위의 뭉치를 세는 단위
- **섬** 곡식, 가루, 액체 따위의 부피를 잴 때 쓰는 단위(한 섬=약 180리터)
- **손** 큰 놈 뱃속에 작은 놈 한 마리를 끼워 넣어 파는 자반고등어 2마리
- **쌈** 바늘 24개
- **연** 종이 500장
- **접** 사과, 배 등 과일이나 무, 배추 등의 채소 100개
- **제(劑)** 한약의 분량을 나타내는 단위, 스무 첩
- **죽** 옷, 신, 그릇 따위의 10개
- **첩(貼)** 약봉지에 싼 약의 뭉치를 세는 단위
- **축** 오징어 20마리
- **쾌** 북어 20마리
- **토리** 실을 감은 뭉치 또는 그 단위
- **톳** 김 100장(원래는 40장이었다고 함)
- **필(匹)** 말이나 소를 세는 단위
- **한겻** 하루의 4분의 1인 6시간
- **해포** 1년쯤

04 | 삶의 가치를 더하는 '고사성어'

- 가가호호(家家戶戶)　　각 집과 각 호(戶)마다, 집집마다
- 가담항설(街談巷說)　　길거리에 떠도는 소문이나 세상의 풍문(風聞)
- 가렴주구(苛斂誅求)　　세금을 가혹하게 거둬들여 국민을 괴롭힘
- 가인박명(佳人薄命)　　아름다운 여자는 기박(奇薄)한 운명(運命)을 타고남
- 가정맹어호(苛政猛於虎)　가혹한 정치는 호랑이보다 더 무섭다는 뜻으로, 가혹하게 세금을 뜯어가는 정치는 호랑이에게 잡혀 먹히는 고통보다 더 무섭다는 말
- 각골난망(刻骨難忘)　　뼛속에 새겨 두고 잊지 않는다는 뜻으로, 남에게 입은 은혜가 마음속 깊이 새겨져 잊히지 아니함을 말함
- 각주구검(刻舟求劍)　　초(楚)나라 사람이 배를 타고 가다가 강물에 칼을 빠뜨리자 배에 칼이 떨어진 곳을 새기고 나루에 이르러 칼을 찾았다는 고사로서, 어리석고 융통성이 없음을 비유함
- 간담상조(肝膽相照)　　마음과 마음을 서로 비춰볼 정도로 서로 마음을 터놓고 사귀는 것을 말함[간담(肝膽)은 간과 쓸개로 마음을 의미]
- 감불생심(敢不生心)　　감히 생각도 못함 = 감불생의(敢不生意)
- 감언이설(甘言利說)　　남의 비위에 맞도록 꾸민 달콤한 말
- 감탄고토(甘呑苦吐)　　달면 삼키고 쓰면 뱉는다는 뜻으로, 사리(事理)의 옳고 그름을 따지지 않고 자기 비위에 맞으면 좋아하고, 맞지 않으면 싫어한다는 말
- 갑남을녀(甲男乙女)　　갑(甲)이란 남자와 을(乙)이란 여자의 뜻으로, 평범한 사람을 말함
- 갑론을박(甲論乙駁)　　서로 논박(論駁)함
- 강구연월(康衢煙月)　　번화한 거리의 안개 낀 흐릿한 달이란 뜻으로, 태평한 시대의 평화로운 풍경을 말함 = 태평연월(太平烟月), 함포고복(含哺鼓腹), 고복격양(鼓腹擊壤)

- 개과천선(改過遷善)   허물을 고치고 착하게 됨
- 개세지재(蓋世之才)   세상을 뒤덮을 만한 재주, 또는 그러한 재주를 가진 사람
- 객반위주(客反爲主)   손이 도리어 주인이 됨 = 주객전도(主客顚倒)
- 거두절미(去頭截尾)   머리와 꼬리를 자르듯, 원인과 결과를 빼고 요점만 말함
- 거안사위(居安思危)   편안히 살 때 위태로움을 생각함
- 건곤일척(乾坤一擲)   운명과 흥망을 걸고 단판으로 승부나 성패를 겨룸. 또는 오
직 한 번에 흥망성쇠가 걸려 있는 일
- 격물치지(格物致知)   사물의 이치(理致)를 연구하여 자기의 지식을 확고하게 함
- 격세지감(隔世之感)   세대(世代)를 거른 듯이 몹시 달라진 느낌
- 격화소양(隔靴搔痒)   신을 신고 발바닥을 긁는다는 뜻으로, 일이 성에 차지 않는
것, 또는 일이 철저하지 못한 것을 가리킴
- 견강부회(牽强附會)   이치에 닿지 않는 것을 억지로 끌어다 붙임
- 견마지로(犬馬之勞)   '견마'는 '자기'의 겸칭(謙稱)이며, 자기의 수고를 겸손하게
이르는 말
- 견문발검(見蚊拔劍)   모기를 보고 칼을 뺀다는 뜻으로, 조그만 일에 허둥지둥 덤빔
- 결자해지(結者解之)   맺은 사람이 풀어야 한다는 뜻으로, 저지른 일은 스스로 해
결해야 함
- 결초보은(結草報恩)   죽어서라도 은혜를 갚는다는 뜻으로, 춘추전국시대에 진(晉)
나라 위무자(魏武子)가 아들 위과(魏顆)에게 자기의 첩을 순
장(殉葬)하라고 유언하였는데 위과는 이를 어기고 서모(庶
母)를 개가시켰더니, 그 뒤에 위과가 진(秦)나라의 두회(杜回)
와 싸울 때 서모 아버지의 혼령이 나타나 풀을 매어 놓아 두회
가 걸려 넘어져 위과의 포로가 되었다는 고사에서 유래함
- 겸양지덕(謙讓之德)   겸손(謙遜)하고 사양(辭讓)하는 미덕
- 경거망동(輕擧妄動)   경솔하고 망령된 행동
- 경국지색(傾國之色)   위정자의 마음을 사로잡아 한 나라의 형세를 기울게 할 만큼
뛰어나게 아름다운 미인
- 경천동지(驚天動地)   하늘을 놀라게 하고 땅을 뒤흔든다는 뜻으로, 세상을 몹시
놀라게 함을 말함

- 계명구도(鷄鳴狗盜)

  작은 재주가 뜻밖에 큰 구실을 한다는 뜻이며, 사대부가 취하지 아니하는 천한 기예(技藝)를 가진 사람을 비유하기도 한다. 전국시대 제(齊)나라의 맹상군(孟嘗君)이 개 흉내를 내는 식객의 도움으로 여우 가죽옷을 훔쳐서 위기를 모면하고, 닭 우는 소리를 흉내를 내는 식객의 도움으로 관문(關門)을 무사히 통과한 고사에서 유래한 말이다.

- 고군분투(孤軍奮鬪)

  외로운 군력(軍力)으로 분발하여 싸운다는 뜻으로, 홀로 여럿을 상대로 하여 싸우는 것을 말함

- 고립무원(孤立無援)

  고립되어 구원받을 데가 없음 = 孤立無依(고립무의)

- 고식지계(姑息之計)

  고식(姑息)은 아내와 자기 자식을 뜻하며, 당장의 편안함만을 꾀하는 임시적인 방편을 말함

- 고육지책(苦肉之策)

  적을 속이는 수단의 일종으로, 제 몸을 괴롭히는 것을 돌보지 않고 쓰는 계책

- 곡학아세(曲學阿世)

  학문을 왜곡하여 세속(世俗)에 아부(阿附)함

- 골육상쟁(骨肉相爭)

  뼈와 살이 서로 싸운다는 뜻으로, 동족이나 친족끼리 싸우는 것을 비유함 = 골육상잔(骨肉相殘), 골육상전(骨肉相戰)

- 과유불급(過猶不及)

  정도가 지나친 것은 오히려 모자란 것만 못하다는 뜻으로, 중용(中庸)을 강조한 말

- 과전이하(瓜田李下)

  과전불납리 이하부정관(瓜田不納履李下不整冠 · 오이 밭에서는 신을 고쳐 신지 않고, 자두나무 밑에서는 갓을 고쳐 쓰지 않는다)의 준말로서, 의심받을 일은 하지 말라는 뜻의 비유

- 관포지교(管鮑之交)

  춘추시대 제(齊)나라의 관중(管仲)과 포숙(鮑叔)이 매우 사이 좋게 교제하였다는 고사에서 유래한 말로서, 매우 다정하고 허물없는 교제를 말함

- 괄목상대(刮目相對)

  눈을 비비고 서로 대한다는 뜻으로, 남의 학식이나 재주가 급성장한 것을 보고 그에 대한 인식을 새롭게 함을 비유함

- 교각살우(矯角殺牛)

  소의 뿔을 바로잡으려다 소를 죽인다는 뜻으로, 사소한 일을 바로잡으려다가 오히려 큰일을 그르침을 말함

- 교언영색(巧言令色)

  남의 환심을 사려고 아첨하는 교묘한 말과 보기 좋게 꾸미는 얼굴빛

- 구관명관(舊官名官)

  먼저 있었던 관리가 더 훌륭하다는 말

- 구밀복검(口蜜腹劍)

  입으로는 달콤한 말을 하지만 마음속으로는 칼을 품는다는 뜻으로, 겉으로는 친절한 듯하나 해칠 생각을 품는 것

- 구사일생(九死一生)   거의 죽을 뻔하다가 겨우 살아남
- 구상유취(口尙乳臭)   입에서 아직 젖내가 난다는 뜻으로, 언행이 매우 유치함
- 구우일모(九牛一毛)   아홉 마리 소의 털 가운데서 한 가닥의 털, 즉 아주 큰 사물의 극히 작은 부분을 뜻함
- 구절양장(九折羊腸)   아홉 번 꺾인 양의 창자란 뜻으로, 꼬불꼬불하고 험한 산길
- 군계일학(群鷄一鶴)   많은 닭 가운데의 한 마리의 학이라는 뜻으로, 평범한 사람들 가운데 뛰어난 한 인물을 말함
- 군맹무상(群盲撫象)   여러 소경이 코끼리를 어루만진다는 뜻으로 모든 사물을 자기 주관대로 그릇되게 판단하거나 그 일부밖에 파악하지 못하여 일을 망친다는 말
- 군신유의(君臣有義)   오륜(五倫)의 하나로, 임금과 신하에게는 의(義)가 있어야 한다는 말
- 군위신강(君爲臣綱)   삼강(三綱)의 하나로, 임금은 신하의 모범(벼리)이 되어야 한다는 말
- 궁여지책(窮餘之策)   매우 궁한 나머지 짜낸 계책
- 권모술수(權謀術數)   목적 달성을 위해서 인정(人情)이나 도덕을 가리지 않고 권세와 모략, 중상 등 갖은 방법과 수단을 쓰는 술책
- 권불십년(權不十年)   아무리 높은 권세도 십 년을 가지 못한다는 말
- 권토중래(捲土重來)   흙먼지를 날리며 다시 온다는 뜻으로, 한 번 패한 세력을 회복해 전력을 다하여 다시 쳐들어옴을 말함
- 근묵자흑(近墨者黑)   먹을 가까이하는 사람은 검게 된다는 뜻으로, 나쁜 사람을 가까이하면 그 버릇에 물들기 쉬움 = 근주자적(近朱者赤)
- 금과옥조(金科玉條)   금옥(金玉)과 같이 몹시 귀중한 법칙이나 규정, 교훈
- 금란지계(金蘭之契)   다정한 친구 사이의 정의(情誼)를 뜻하며, 금란(金蘭)은 주역(周易)의 '二人同心其利斷金同心之言其臭如蘭(두 사람이 마음이 같으면 그 예리함이 쇠를 끊고, 마음이 같은 말은 그 향기가 난초와 같다)'에서 유래한 말
- 금상첨화(錦上添花)   비단 위에다 꽃을 얹는다는 뜻으로, 좋은 일이 겹침 ↔ 설상가상(雪上加霜)
- 금석맹약(金石盟約)   쇠나 돌 같은 굳은 약속 = 금석지계(金石之契)
- 금의환향(錦衣還鄕)   비단옷을 입고 고향으로 돌아온다는 뜻으로, 출세를 하여 고향에 돌아옴

- 기호지세(騎虎之勢) 　범을 타고 달리듯이 중도에 그만둘 수 없는 형세를 말함
- 낙화유수(落花流水) 　떨어지는 꽃과 물 흐르는 봄의 경치, 또는 영락(零落)한 상황을 말함(남녀 사이에 서로 그리는 정이 있다는 비유로도 쓰임)
- 난공불락(難攻不落) 　공격하기가 어려워 함락되지 않음
- 난형난제(難兄難弟) 　누가 형이고 아우인지 분간하기 어렵다는 뜻으로, 사물 사이의 우열을 가리기 어려움
- 남가일몽(南柯一夢) 　한 사람이 홰나무 밑에서 낮잠을 자다가 꿈에 대괴안국(大槐安國) 왕의 사위가 되어 남가군(南柯郡)을 20년 동안 다스리면서 부귀영화를 누리다가 꿈에서 깨었다는 내용을 담고 있는 당(唐)나라의 소설 〈남가기(南柯記)〉에서 유래한 것으로, 인생의 부귀영화가 모두 헛된 것임을 비유하여 이르는 말
- 남부여대(男負女戴) 　남자는 등에 지고 여자는 머리에 인다는 뜻으로, 가난한 사람들이 떠돌아다니면서 사는 것을 말함
- 낭중지추(囊中之錐) 　주머니 속에 든 송곳은 끝이 뾰족하여 밖으로 나온다는 뜻으로, 뛰어난 재주를 가진 사람은 숨기려 해도 저절로 드러난다는 뜻
- 내우외환(內憂外患) 　나라 안팎의 근심 걱정
- 내유외강(內柔外剛) 　겉으로는 강하게 보이나 속은 부드러움
- 노기충천(怒氣衝天) 　성난 기색이 하늘을 찌를 정도라는 뜻으로, 잔뜩 화가나 있음을 말함
- 노심초사(勞心焦思) 　마음으로 애를 쓰며 속을 태움
- 녹의홍상(綠衣紅裳) 　연두저고리에 다홍치마, 즉 젊은 여자가 곱게 치장한 복색(服色)
- 논공행상(論功行賞) 　공의 있고 없음, 작고 큼을 논해 그에 걸맞은 상을 줌
- 누란지세(累卵之勢) 　달걀을 포개어 놓은 것과 같은 몹시 위태로운 형세를 말함
- 다기망양(多岐亡羊) 　학문의 길이 여러 갈래여서 진리를 찾기 어려움
- 다다익선(多多益善) 　많을수록 더욱 좋음
- 단도직입(單刀直入) 　칼 한자루를 들고 혼자서 적진으로 쳐들어간다는 뜻으로, 문장 언론 등에서 요점을 바로 말하여 들어감을 말함
- 대기만성(大器晚成) 　큰 솥이나 큰 종 같은 것을 주조(鑄造)하는 데는 시간이 오래 걸리듯이, 크게 될 사람은 늦게 이루어진다는 말
- 대동소이(大同小異) 　거의 같고 조금 다름. 곧, 다른 점보다는 같은 점이 많음

- 도불습유(道不拾遺) 법 집행이 엄하거나 민심이 순후하여 백성이 길에 떨어진 물건을 주워 가지지 아니함

- 도원결의(桃園結義) 유비, 관우, 장비가 도원에서 의형제를 맺은 고사에서 유래한 말로서, 의형제를 맺거나 사욕을 버리고 공동의 목적을 위하여 합심함을 뜻함

- 독서삼매(讀書三昧) 오직 책 읽기에만 골몰하는 일

- 독야청청(獨也靑靑) 홀로 푸르다는 뜻으로, 혼탁한 세상에서 홀로 높은 절개를 지킴

- 동고동락(同苦同樂) 괴로움과 즐거움을 함께함

- 동문서답(東問西答) 동쪽을 묻는데 서쪽을 대답한다는 뜻으로, 묻는 말에 대하여 아주 딴판의 소리로 대답함

- 동병상련(同病相憐) 같은 병을 앓는 사람끼리 서로 가엾게 여긴다는 뜻으로, 처지가 비슷한 사람끼리 서로 동정함을 말함

- 동분서주(東奔西走) 사방으로 이리저리 바삐 돌아다님

- 동상이몽(同床異夢) 같은 잠자리에서 다른 꿈을 꾼다는 뜻으로, 같은 처지에 있으면서도 목표가 저마다 다름

- 동족방뇨(凍足放尿) 언 발에 오줌을 누어서 녹인다는 뜻으로, 다급한 처지를 일시적으로 모면하는 방법은 되나, 그 효과는 곧 없어질 뿐만 아니라 도리어 더 악화시킨다는 말

- 두문불출(杜門不出) 세상과의 인연을 끊고 은거함

- 마이동풍(馬耳東風) 동풍(봄바람)이 말의 귀에 스쳐도 아무 감각이 없듯이, 남의 말을 귀담아 듣지 아니하고 지나쳐 흘려버림을 말함

- 막역지우(莫逆之友) 서로의 뜻을 거스르지 않는 친한 벗 = 죽마고우(竹馬故友)

- 만경창파(萬頃蒼波) 만 이랑의 푸른 물결, 한없이 넓고 푸른 바다를 말함

- 만시지탄(晩時之歎) 때늦은 한탄(恨歎)

- 망년지교(忘年之交) 나이를 잊고 사귄다는 뜻으로, 나이를 따지지 않고 교제하는 것

- 망양지탄(亡羊之歎) 여러 갈래 길에서 양을 잃고 탄식한다는 뜻으로, 학문의 길이 여러 갈래라 방향을 잡기 어려움(자신의 학문의 폭이 좁음을 탄식하는 말로도 쓰임)

- 망운지정(望雲之情) 타향에서 부모가 계신 쪽의 구름을 바라보고 부모를 그리워함

- 맥수지탄(麥秀之嘆) 무성하게 자라는 보리를 보고 하는 탄식이라는 뜻으로, 고국의 멸망에 대한 탄식을 이르는 말

- 면종복배(面從腹背) 　얼굴 앞에서는 복종하고 마음속으로는 배반한다는 뜻
　　　　　　　　　　 ＝ 양봉음위(陽奉陰違)
- 명경지수(明鏡止水) 　맑은 거울과 조용히 멈춰 있는 물처럼 고요하고 잔잔한 마음
- 명약관화(明若觀火) 　밝기가 불을 보는 것과 같이 매우 명백하게 알 수 있음
- 목불인견(目不忍見) 　눈으로 차마 보지 못할 광경이나 참상
- 무릉도원(武陵桃源) 　속세를 떠난 별천지(別天地)
- 무소불위(無所不爲) 　못하는 것이 없음, 권세를 마음대로 부리는 사람이나 그런
　　　　　　　　　　 경우를 말함
- 문경지교(刎頸之交) 　목이 달아나는 한이 있어도 마음이 변치 않을 만큼 친한 사이
- 문일지십(聞一知十) 　하나를 들으면 열을 앎
- 문전성시(門前成市) 　대문 앞이 시장을 이룬다는 뜻으로, 세도가나 부잣집 문 앞
　　　　　　　　　　 이 방문객으로 시장을 이루다시피 함을 이르는 말 ＝ 문정약
　　　　　　　　　　 시(門庭若市)
- 반골(反骨) 　　　　 '골(骨)'은 기질ㆍ성품ㆍ강직함 등을 뜻하며, 쉽게 사람을 따
　　　　　　　　　　 르지 않는 기질 또는 권력에 저항하는 사람을 말함
- 발본색원(拔本塞源) 　근본을 뽑고 근원을 막아 버린다는 뜻으로, 근본적인 차원에
　　　　　　　　　　 서 그 폐단을 없애 버림
- 방약무인(傍若無人) 　곁에 사람이 없는 것 같이 여긴다는 뜻으로, 주위의 다른 사람
　　　　　　　　　　 을 전혀 의식하지 않은 채 제멋대로 마구 행동함을 이르는 말
- 배수지진(背水之陣) 　물러설 수 없도록 물을 등지고 적을 치는 전법의 하나로서,
　　　　　　　　　　 목숨을 걸고 싸우는 경우를 비유
- 백면서생(白面書生) 　방 안에 앉아 오로지 글만 읽어 얼굴이 희다는 뜻으로, 세상
　　　　　　　　　　 일에 경험이 적은 사람을 이르는 말
- 백문불여일견 　　　 백 번 듣는 것이 한 번 보는 것만 못하다는 뜻으로, 무엇이든
　（百聞不如一見） 　 지 경험해야 확실히 알 수 있다는 말
- 백미(白眉) 　　　　 여럿 중에 가장 뛰어난 사람이나 사물
- 백아절현(伯牙絕鉉) 　백아(伯牙)가 친구의 죽음을 슬퍼하여 거문고 줄을 끊었다는
　　　　　　　　　　 고사에서 유래한 말로서, 참다운 벗의 죽음을 이르는 말
- 백중지세(伯仲之勢) 　우열의 차이가 없이 엇비슷함을 이르는 말
- 부화뇌동(附和雷同) 　우레(천둥) 소리에 맞춰 함께한다는 뜻으로, 자신의 소신 없
　　　　　　　　　　 이 남이 하는 대로 따라함

- **분서갱유(焚書坑儒)** 중국 진시황이 학자들의 정치 비평을 금하기 위하여 책을 불 사르고 유생을 구덩이에 묻어 죽인 일
- **불구대천(不俱戴天)** 세상에서 같이 살 수 없을 만큼 큰 원한
- **비육지탄(髀肉之歎)** 장수가 전쟁에 나가지 못하여 넓적다리에 살이 찌는 것을 한 탄한다는 뜻으로, 뜻을 펴보지 못하고 허송세월을 보냄
- **사고무친(四顧無親)** 사방을 둘러보아도 친척이 없다는 뜻으로, 의지할 사람이 없음
- **사면초가(四面楚歌)** 사방에서 들리는 초(楚)나라의 노래라는 뜻으로, 적에게 둘 러싸인 상태이나 누구의 도움도 받을 수 없는 처지를 의미
- **사상누각(沙上樓閣)** 모래 위의 누각이라는 뜻으로, 오래 유지되지 못할 일이나 실현 불가능한 일을 말함
- **산해진미(山海珍味)** 산과 바다의 산물(産物)을 다 갖추어 아주 잘 차린 진귀한 음 식이란 뜻으로, 온갖 귀한 재료로 만든 맛좋은 음식
- **살신성인(殺身成仁)** 자신을 희생해 인(仁)을 이루거나 옳은 도리를 행함
- **삼고초려(三顧草廬)** 중국의 삼국시대에 촉한(蜀漢)의 유비(劉備)가 남양(南陽) 융 중(隆中) 땅에 있는 제갈량(諸葛亮)의 초려를 세 번이나 찾아 가 자신의 큰 뜻을 말하고 그를 초빙하여 군사로 삼은 고사 에서 유래한 말로서, 인재를 얻기 위해 참을성 있게 힘쓰는 것을 말함
- **삼인성호(三人成虎)** 세 사람이 범을 만들어 낸다는 뜻으로, 근거가 없는 말이라 도 여러 사람이 말하면 그렇다고 믿게 된다는 말
- **상전벽해(桑田碧海)** 뽕나무 밭이 변하여 푸른 바다가 된다는 뜻으로, 세상의 일 이 덧없이 빠르게 변하는 것을 말함
- **새옹지마(塞翁之馬)** 변방에 사는 한 노인이 기르는 말이 도망가고 준마(駿馬)를 데리고 돌아왔는데, 그 아들이 말을 타다가 떨어져 절름발이 가 되었고 그로 말미암아 징병(徵兵)을 면하여, 다른 사람처 럼 전사(戰死)하지 않고 살아남았다는 고사에서 유래한 말로 서, 인생의 길흉화복(吉凶禍福)은 예측할 수 없다는 말 = 새 옹득실(塞翁得失)
- **생자필멸(生者必滅)** 불교 용어로, 생명이 있는 것은 반드시 죽는다는 말
- **설상가상(雪上加霜)** 눈 위에 서리가 내린다는 뜻으로, 불행한 일이 거듭하여 겹침
- **소탐대실(小貪大失)** 욕심을 부려 작은 것을 탐하다가 큰 것을 잃음
- **속수무책(束手無策)** 손을 묶어 놓아 방책(方策)이 없다는 뜻으로, 손을 묶은 듯이 꼼짝할 수 없음을 말함

- 송구영신(送舊迎新) 묵은해를 보내고 새해를 맞이함
- 수구초심(首丘初心) 여우가 죽을 때 머리를 자기가 살던 굴로 향한다는 뜻으로, 고향을 그리워하는 마음을 일컬음 = 호사수구(狐死首丘)
- 수불석권(手不釋卷) 손에서 책을 놓지 않는다는 뜻으로, 늘 공부하는 사람
- 수어지교(水魚之交) 물과 고기의 사이처럼 떨어질 수 없는 특별한 친분
= 수어지친(水魚之親)
- 수주대토(守株待兔) 송(宋)나라의 한 농부가 나무 그루터기에 토끼가 부딪쳐 죽는 것을 보고 그루터기를 지키면서 토끼를 기다렸다는 고사에서 유래한 말로, 구습(舊習)을 고수한 채 변통할 줄 모르는 것을 비유함
- 순망치한(脣亡齒寒) 입술을 잃으면 이가 시리다는 뜻으로, 가까운 사이의 한쪽이 망하면 다른 한쪽도 그 영향을 받아 온전하기 어려움. 또는 서로 도우며 떨어질 수 없는 밀접한 관계, 서로 도움으로써 성립되는 관계 등을 비유하여 이르는 말
= 순치지세(脣齒之勢)
- 시시비비(是是非非) 옳은 것을 옳다고 하고, 그른 것을 그르다고 함. 옳고 그름을 가리어 밝힘(잘잘못이란 뜻도 있음)
- 식자우환(識字憂患) 글자를 아는 것이 도리어 근심을 사게 된다는 뜻으로, 똑바로 잘 알고 있지 못하기 때문에 그 지식이 오히려 걱정거리가 됨. 도리를 알고 있는 까닭으로 도리어 불리하게 되었거나 차라리 모르는 편이 나을 때 등을 말함
- 신상필벌(信賞必罰) 상을 받을 만한 사람에게는 반드시 상을 주고, 벌을 받을 만한 사람에게는 반드시 벌을 줌. 상벌(賞罰)을 공정하고 엄중히 하는 일
- 실사구시(實事求是) 실제의 일에서 진리를 추구한다는 뜻으로, 사실에 의거하여 진리를 탐구하는 것을 말함
- 십시일반(十匙一飯) 열 사람이 한 술씩 보태면 한 사람 먹을 분량이 된다는 뜻으로, 여러 사람이 힘을 합하면 한 사람을 구제하기는 쉽다는 말
- 십중팔구(十中八九) 열이면 그 중 여덟이나 아홉은 그러함
= 십상팔구(十常八九)
- 아비규환(阿鼻叫喚) 불교에서 말하는 아비지옥과 규환지옥으로, 뜻하지 않은 사고가 발생하여 많은 사람이 괴로움을 당하여 울부짖는 참상을 말함

- 아전인수(我田引水)　　내 논에 물을 끌어들인다는 뜻으로, 자기의 이익만을 추구함
- 악전고투(惡戰苦鬪)　　어려운 싸움과 괴로운 다툼이라는 뜻으로, 죽을 힘을 다하여 고되게 싸움
- 안거위사(安居危思)　　편안한 때에도 위험이 닥칠 것을 잊지 말고 대비하라는 말
- 안중지정(眼中之釘)　　눈에 박힌 못이라는 뜻으로, 나에게 해를 끼치는 사람, 미워서 항상 눈에 거슬리는 사람(눈엣가시)을 말함
- 안하무인(眼下無人)　　눈 아래 사람이 없다는 뜻으로, 교만하여 남을 업신여긴다는 뜻
- 암중모색(暗中摸索)　　어둠 속에서 손으로 더듬어 찾는다는 뜻으로, 어림짐작으로 추측함
- 양두구육(羊頭狗肉)　　양 머리를 걸어놓고 개고기를 판다는 뜻으로, 겉으로는 훌륭하다고 내세우나 속은 변변찮음
- 양상군자(梁上君子)　　대들보 위의 군자라는 뜻으로, 도둑이나 천장 위의 쥐를 비유함
- 양약고구(良藥苦口)　　좋은 약은 입에 씀, 충언은 귀에는 거슬리나 자신에게 이로움
- 어부지리(漁父之利)　　두 사람이 이해관계로 다투는 사이에 제3자가 이득을 얻음
- 어불성설(語不成說)　　말이 사리에 맞지 않음
- 언어도단(言語道斷)　　말문이 막혔다는 뜻(너무 어이없어서 말하려고 해도 말할 수 없음)
- 언중유골(言中有骨)　　보통 예사로운 말 속에 단단한 속뜻이 들어 있다는 말
- 엄동설한(嚴冬雪寒)　　눈이 오고 몹시 추운 한겨울
- 역지사지(易地思之)　　처지를 바꿔놓고 생각함
- 연목구어(緣木求魚)　　나무에 올라 고기를 구하듯 불가능한 일을 하려고 한다는 뜻으로, 목적이나 수단이 일치하지 않아 성공이 불가능하다는 말, 또는 허술한 계책으로 큰일을 도모함
- 오리무중(五里霧中)　　짙은 안개가 5리나 끼어 있어 방향을 알 수 없음과 같이, 무슨 일에 대해 알 길이 없음
- 오월동주(吳越同舟)　　오나라 사람과 월나라 사람이 한 배를 탄다는 뜻으로, 어려운 상황에서는 원수라도 협력하게 된다는 뜻. 또는 사이가 나쁜 사람끼리 같은 장소와 처지에 놓인다는 뜻
- 온고지신(溫故之新)　　옛것을 익히고 그것으로 미루어 새것을 안다는 뜻
- 와신상담(臥薪嘗膽)　　섶 위에 누워 쓸개를 맛본다는 뜻으로, 원수를 갚으려고 괴로움을 견딤

- 요산요수(樂山樂水)　　지혜로운 사람은 물을 좋아하고, 어진 사람은 산을 좋아한다는 뜻
- 용두사미(龍頭蛇尾)　　용의 머리에 뱀의 꼬리라는 말로, 시작은 거창했지만 결국엔 보잘것없이 흐지부지 끝남
- 우공이산(愚公移山)　　우공이 산을 옮긴다는 뜻으로, 남들은 어리석게 여기나 한 가지 일을 꾸준히 하면 목적을 달성할 수 있음
- 우도할계(牛刀割鷄)　　소 잡는 칼로 닭을 잡는다는 뜻으로, 큰일을 처리할 기능을 작은 일을 처리하는 데 씀
- 우후죽순(雨後竹筍)　　비 온 뒤에 솟는 죽순같이 어떤 일이 한때에 많이 일어남
- 원앙지계(鴛鴦之契)　　금슬이 좋은 부부를 원앙새에 비유하여 이르는 말
- 유비무환(有備無患)　　미리 준비하면 근심할 일이 없음
- 유유상종(類類相從)　　비슷한 무리끼리 서로 내왕하며 사귐
- 은인자중(隱忍自重)　　마음속으로 참으며 몸가짐을 자중함
- 읍참마속(泣斬馬謖)　　울면서 마속(瑪謖)의 목을 벤다는 뜻으로 큰 뜻을 이루기 위해 사사로운 정을 버림을 비유함
- 이전투구(泥田鬪狗)　　진흙탕에서 싸우는 개라는 뜻으로, 명분이 서지 않는 일로 몰골사납게 싸움
- 인면수심(人面獸心)　　얼굴은 사람이나 마음은 짐승 같은 사람(흉폭하고 잔인한 사람)
- 인산인해(人山人海)　　사람이 헤아릴 수 없이 많이 모임
- 일거양득(一擧兩得)　　한 가지 일을 하여 두 가지 이익을 거둠
- 일구이언(一口二言)　　한 입으로 두 가지 말을 한다는 뜻
- 일망타진(一網打盡)　　그물을 한 번 쳐서 물고기를 모두 잡음
- 일사천리(一瀉千里)　　강물이 단번에 천 리를 간다는 뜻으로, 문장이나 일이 거침없이 명쾌하게 진행됨을 말함
- 일석이조(一石二鳥)　　돌멩이 하나를 던져 두 마리의 새를 잡는다는 뜻으로, 한 가지 일로 두 가지 이익을 얻는다는 말
- 일장춘몽(一場春夢)　　한바탕의 봄꿈처럼 헛된 부귀영화
- 일취월장(日就月將)　　학문이나 실력이 날로 달로 발전함
- 일필휘지(一筆揮之)　　단숨에 줄기차게 글씨나 그림을 훌륭하게 그려냄
- 일확천금(一攫千金)　　단번에 거액의 돈을 얻음
- 임기응변(臨機應變)　　뜻밖의 일을 당했을 때 재빨리 그에 맞게 대처하는 일

- 입신양명(立身揚名) 　출세하여 (부모의) 이름을 세상에 널리 알림
- 자가당착(自家撞着) 　문장이나 언행이 앞뒤가 어긋나 일치하지 않음
- 자격지심(自激之心) 　자기가 한 일에 대하여 자기 스스로 미흡하게 여기는 마음
- 자업자득(自業自得) 　자기가 저지른 일의 과오를 자기가 받음
- 자중지란(自中之亂) 　같은 패 안에서 일어나는 싸움
- 자화자찬(自畵自讚) 　자기가 그린 그림을 스스로 칭찬한다는 뜻으로, 제 일을 제 가 자랑함
- 전광석화(電光石火) 　극히 짧은 순간(아주 신속한 동작)
- 전전긍긍(戰戰兢兢) 　매우 두려워 벌벌 떨며 두려워함
- 전화위복(轉禍爲福) 　화(禍)를 바꾸어 오히려 복(福)이 되게 함
- 절차탁마(切磋琢磨) 　옥돌을 자르고 줄로 쓸고 끌로 쪼고 갈아 빛을 낸다는 뜻으 로, 학문이나 인격을 갈고 닦음
- 절치부심(切齒腐心) 　몹시 분하여 이를 갈고 속을 썩임
- 점입가경(漸入佳境) 　경치나 문장, 사건이 갈수록 재미있게 전개됨
- 조령모개(朝令暮改) 　아침에 명령을 내리고 저녁에 고친다는 뜻으로, 일관성 없는 정책을 빗대어 이르는 말
- 조삼모사(朝三暮四) 　도토리를 아침에는 세 개 주고 저녁에는 네 개 준다는 뜻으 로, 간사한 꾀로 남을 속여 희롱함 또는 얕은 꾀에 속는 어리 석음을 이르는 말
- 조족지혈(鳥足之血) 　새 발의 피라는 뜻으로, 그 양이 적거나 거의 쓸모가 없음
- 좌불안석(坐不安席) 　불안, 공포 때문에 한 자리에 편하게 앉아 있지 못함
- 주객전도(主客顚倒) 　손님이 도리어 주인이 된다는 뜻으로, 대소·선후·경중이 바뀐 상태
- 주마가편(走馬加鞭) 　달리는 말에 채찍질한다는 뜻으로, 부지런하고 성실한 사람 을 더 격려함
- 주마간산(走馬看山) 　말을 타고 달리면서 산을 본다는 뜻으로, 사물을 자세히 보 지 못하고 겉만 대강 보고 지나감
- 주지육림(酒池肉林) 　술로 연못을 이루고 고기로 숲을 이룬다는 뜻으로, 극히 호 사스럽고 방탕한 술잔치를 이르는 말
- 죽마고우(竹馬故友) 　대나무로 만든 목마를 같이 타고 놀았던 친구라는 뜻으로, 어렸을 때부터 친하게 사귄 친구
- 중과부적(衆寡不敵) 　적은 수효로는 많은 수효에 대적하기 어려움

- 중구난방(衆口難防) 여러 사람의 말을 다 막기가 어렵다는 뜻으로, 많은 사람이 마구 떠들어대는 소리는 감당하기 어려우니 행동을 조심해야 한다는 뜻
- 지록위마(指鹿爲馬) 사슴을 가리켜 말이라고 한다는 뜻으로, 사실이 아닌 것을 사실로 만들어 강압적으로 인정하게 함, 또는 윗사람을 농락하여 권세를 마음대로 부림을 비유함
- 진퇴양난(進退兩難) 나아가지도 물러서지도 못하는 난처한 입장에 처함
- 창해상전(滄海桑田) 푸른 바다가 변하여 뽕밭이 되는 것 같은 덧없는 세상의 변천
- 천고마비(天高馬肥) 하늘이 높고 말은 살이 찌듯, 가을은 살기 좋은 계절이라는 말
- 천의무봉(天衣無縫) 선녀의 옷에는 바느질한 자리가 없다는 뜻으로, 글이 자연스럽고 완벽함
- 천재일우(千載一遇) 천 년에 한 번 만난다는 뜻으로, 매우 좋은 기회를 말함
- 천진난만(天眞爛漫) 천진함이 넘친다는 뜻으로, 꾸밈이 없이 아주 순진함
- 천편일률(千篇一律) 여러 사물이 변화가 없이 비슷비슷함
- 청산유수(靑山流水) 막힘이 없이 말을 잘함
- 청천벽력(靑天霹靂) 맑게 갠 하늘의 벼락(날벼락)이란 뜻으로, 필세(筆勢)가 매우 힘참 또는 갑자기 일어난 큰 사건이나 이변
- 청출어람(靑出於藍) 쪽에서 나온 물감이 쪽보다 푸르다는 뜻으로, 제자(후배)가 스승(선배)보다 나음
- 초미지급(焦眉之急) 눈썹에 불이 붙었다는 뜻으로, 매우 위급한 상태를 말함
- 초지일관(初志一貫) 처음 계획한 뜻을 이루려고 끝까지 밀고 나감
- 촌철살인(寸鐵殺人) 한 치의 쇠로 사람을 죽인다는 뜻으로, 간단한 짧은 말로 핵심을 찔러 사람을 감동시킴
- 칠종칠금(七縱七擒) 일곱 번 놓아주고 일곱 번 사로잡음, 즉 자유자재의 전술
- 쾌도난마(快刀亂麻) 어지럽게 뒤얽힌 삼의 가닥을 잘 드는 칼로 베어 버린다는 뜻으로, 무질서한 상황을 통쾌하게 풀어 놓는 것을 말함
- 타산지석(他山之石) 다른 산에서 난 나쁜 돌도 자기의 구슬을 가는 데에 소용이 된다는 뜻으로, 남의 하찮은 언행(言行)일지라도 교훈이 되는 점이 있음
- 탁상공론(卓上空論) 실천성이 없이 탁자 위에서만 펼치는 헛된 논설이라는 뜻
- 토사구팽(兎死狗烹) 토끼를 잡으면 사냥개를 삶아 먹는다는 뜻으로, 필요할 때는 이용하고 이용 가치가 없을 때는 홀대하거나 제거함

- 파란만장(波瀾萬丈)   파도의 물결치는 것이 만장(萬丈)의 길이나 된다는 뜻으로, 일의 진행에 변화가 심함을 비유하는 말
- 파렴치(破廉恥)   염치가 없어 도무지 부끄러움을 모름
- 파죽지세(破竹之勢)   대나무를 쪼개는 기세라는 뜻으로, 세력이 강대하여 대적(大敵)을 거침없이 물리치고 쳐들어가는 기세를 말함
- 파천황(破天荒)   천지개벽 이전의 혼돈한 상태를 깨뜨려 연다는 뜻으로, 이제까지 아무도 하지 않은 일을 행함을 이르는 말
- 풍수지탄(風樹之嘆)   바람에 흔들리는 나무의 탄식, 즉 효도를 못한 자식의 슬픔
- 한단지몽(邯鄲之夢)   한단에서 꾼 꿈이라는 뜻으로, 인생과 영화의 덧없음을 말함
- 한우충동(汗牛充棟)   수레에 실으면 소가 땀을 흘릴 정도이고 방 안에 쌓으면 들보에 닿을 정도란 뜻으로, 읽은 책이 매우 많음
- 함흥차사(咸興差使)   함흥으로 보낸 차사, 즉 사람이 돌아오지 않거나 소식이 없음
- 형설지공(螢雪之功)   갖은 고생을 하며 부지런히 학문을 닦은 공
- 호가호위(狐假虎威)   여우가 호랑이의 위엄을 빌림, 즉 남의 권세를 빌려 위세를 부림
- 호사다마(好事多魔)   좋은 일에는 방해되는 것이 많다는 뜻
- 호시탐탐(虎視眈眈)   호랑이가 눈을 부릅뜨고 노려본다는 뜻으로, 날카로운 눈빛으로 형세를 바라보며 기회를 노린다는 말
- 호연지기(浩然之氣)   하늘과 땅 사이에 넘치게 가득 찬 넓고도 큰 원기(元氣), 자유롭고 유쾌한 마음, 공명정대하여 조금도 부끄러운 바 없는 용기 등을 뜻함
- 호접지몽(胡蝶之夢)   장자가 나비가 된 꿈이란 뜻으로, 만물일체(萬物一體)의 심정, 또는 인생의 덧없음을 비유하여 이르는 말
- 혹세무민(惑世誣民)   세상 사람을 속여 미혹시키고 어지럽힘
- 화룡점정(畵龍點睛)   용을 그릴 때 마지막으로 눈을 그려 넣음, 즉 가장 긴요한 부분을 끝내어 일을 완성함
- 화무십일홍(花無十日紅)   열흘 붉은 꽃이 없다는 뜻, 권세나 영화는 영원할 수 없음
- 화중지병(畵中之餠)   그림의 떡, 즉 실제로 이용할 수 없거나 차지할 수 없는 것
- 환골탈태(換骨奪胎)   옛 사람이나 남의 글에서 그 형식이나 내용을 모방하여 자기의 작품으로 꾸미는 것, 또는 용모가 환하고 아름다워져 다른 사람처럼 됨
- 활달대도(豁達大度)   도량이 넓고 커서 작은 일에 신경 쓰지 않음

- 황당무계(荒唐無稽)　　말이나 행동 또는 어떤 상황이 터무니없고, 근거가 없음
- 회자정리(會者定離)　　만나면 언젠가는 헤어짐
- 횡설수설(橫說竪說)　　말을 함에 있어 두서없이 아무렇게나 떠드는 것
- 효제충신(孝悌忠信)　　부모에 대한 효도, 형제간의 우애, 임금에 대한 충성과 친구 사이의 믿음을 통틀어 이르는 말
- 후안무치(厚顔無恥)　　뻔뻔하여 부끄러운 줄을 모름
- 후회막급(後悔莫及)　　어떤 행동이나 말로 인한 잘못을 아무리 뉘우쳐도 어찌할 수 없음
- 휘황찬란(輝煌燦爛)　　눈부시게 빛이 날 정도로 화려함을 뜻하는 말, 행동이 바르지 못하고 과장과 거짓이 많아 믿을 수 없음
- 흉악무도(凶惡無道)　　성질이 거칠고 사나우며 도의심이 없음
- 흥망성쇠(興亡盛衰)　　잘되고 망함과 이루고 쇠함을 의미
- 흥진비래(興盡悲來)　　즐거운 일이 다하면 슬픈 일이 오기 마련임
- 희로애락(喜怒哀樂)　　기쁨과 분노, 슬픔과 즐거움이라는 뜻으로 사람의 여러 가지 감정을 의미

좋은 책을 만드는 길, 독자님과 함께 하겠습니다.

뇌가 섹시해지는 꿀잼 상식퀴즈

개정13판2쇄 발행	2024년 10월 05일 (인쇄 2024년 09월 04일)
초 판 발 행	2010년 01월 15일 (인쇄 2009년 11월 03일)
발 행 인	박영일
책 임 편 집	이해욱
편 저	시사상식연구소
편 집 진 행	김준일 · 이보영 · 김유진
표지디자인	하연주
편집디자인	신지연 · 장성복
발 행 처	(주)시대고시기획
출 판 등 록	제10-1521호
주 소	서울시 마포구 큰우물로 75 [도화동 538 성지 B/D] 9F
전 화	1600-3600
팩 스	02-701-8823
홈 페 이 지	www.sdedu.co.kr

I S B N	979-11-383-6431-7 (13030)
정 가	17,000원